Marcelo Cohen (Buenos Aires, Argentina, 1951) es un reconocido escritor, crítico y traductor. Entre 1975 y 1996 vivió en Barcelona; desde entonces reside en su ciudad natal. Ha traducido a autores como Philip Larkin, J. G. Ballard, Jane Austen, Quim Monzó o Clarice Lispector, entre muchos otros. Sus relatos y novelas, considerados por la crítica como fundamentales en la literatura iberoamericana contemporánea, han construido un mundo autónomo y coherente, en clave de ciencia ficción, llamado Delta Panorámico. Codirige con la crítica Graciela Speranza la prestigiosa revista *Otra Parte*.

T0294446

NOTAS SOBRE LA LITERATURA Y EL SONIDO DE LAS COSAS

Colección LO REAL
dirigida por Jorge Carrión

MARCELO COHEN

NOTAS SOBRE LA LITERATURA Y EL SONIDO DE LAS COSAS

MALPASO

BARCELONA   MÉXICO   BUENOS AIRES   NUEVA YORK

Marcelo Cohen es una máquina bifronte: la cara que mira al sur no cesa de imaginar, mientras que la norteña no deja de pensar. Producidos por el mismo cráneo privilegiado, todos los textos que escribe son igual de inteligentes, pero sus crónicas y ensayos han sido eclipsados por los cuentos y las novelas de ese mundo virtual diseñado con orfebrería literaria e ingeniería filosófica, su Delta Panorámico, y por las decenas de obras que ha traducido del inglés, francés, italiano, catalán y portugués. En otras palabras: los magistrales relatos de *Los acuáticos* (2001) o sus novelas más ambiciosas, como *Donde yo no estaba* (2006) o *Casa de Ottro* (2009), historias de un territorio coherente y mutante inspirado en el Río de la Plata, han consolidado a Cohen como uno de los más importantes narradores vivos; y sus versiones de Henry James, Raymond Roussel, Giacomo Leopardi, Quim Monzó o Clarice Lispector, entre otros muchos autores, lo han convertido en uno de los mayores traductores de nuestro cambio de siglo; y como no es fácil de digerir que un escritor de género fantástico y traductor de todos los géneros sea, además, un brillante autor de no ficción, sus crónicas y sus ensayos no han merecido la atención y el respeto que merecen. Hasta hoy.

O hasta antes de ayer. Porque en 2003 se publicó en Argentina *¡Realmente fantástico! y otros ensayos*, que rápidamente se convirtió en libro de culto. Y que se agotó. Y que ahora no es más que un fantasma que aparece, si lo invocas, en las páginas web de las librerías porteñas. Y en 2014 Cohen publicó *Música prosaica (cuatro piezas sobre traducción)*, que los traductores leyeron con avidez, buscando en el maestro pistas para ser mejores en su propio oficio. Pero esos dos títulos desaparecen bajo el peso simbólico de sus dos decenas de libros de ficción y de sus más de cien obras traducidas. No es justo que así sea, porque sus crónicas y ensayos no solo constituyen el laboratorio de su pensamiento creativo y de su teoría traductora, de modo que sin ellos no se entienden por completo las aventuras paranormales de sus ficciones psicoanalíticas ni las poéticas de ciertos autores que solo él ha leído a fondo mientras les cambiaba las palabras, sino que leídos autónomamente revelan que Cohen es uno de los críticos literarios más incisivos de la lengua y un testigo excepcional de las mutaciones sociales, políticas y urbanísticas de dos ciudades neurálgicas: Buenos Aires y Barcelona.

En la historia oficial de la Barcelona hispanoamericana hay una elipsis. Los años 80 y 90. Entre la ciudad de Gabriel García Márquez, Mario Vargas Llosa y José Donoso, la Barcelona del boom. Y la de Roberto Bolaño, que sería por extensión la de Rodrigo Fresán o Juan Villoro –los escritores que llegaron a principios del siglo XXI–. Entre una escena y la otra encontramos, sin duda, poderosos hilos conductores: la escritora Cristina Peri Rossi, la agente literaria Carmen Balcells o el editor Jorge Herralde. Pero –tal vez: sobre todo– varios fundidos en negro. En ellos se recortan, casi a oscuras, las siluetas de autores como los colombianos Óscar Collazos y Rafael Humberto Moreno-Durán; el peruano Vladimir Herrera; o los argentinos Germán García, Osvaldo Lamborghini o el propio Cohen. ¿Qué tienen en común? Que no se vinculan, precisamente, con marcas fuertes como la Agencia Balcells o la editorial Anagrama. Lo hacen, en cambio, con revistas que entonces eran aproximadamente centrales pero que fueron rodando hacia las orillas, como *Quimera* o *El Viejo Topo*, y con la editorial vinculada a ellas, Montesinos, entre otros sellos y proyectos que no tuvieron la continuidad ni la presencia que hubieran deseado sus impulsores (el primero: su editor, Miguel Riera).

Durante los veinte años que Cohen vivió en Barcelona, entre 1975 y 1996, se dedicó profesionalmente tanto a la traducción como al periodismo cultural, en el suplemento cultural de *El País*, en el diario *La Vanguardia* o en la mencionada *Quimera*. Tras su regreso a Buenos Aires, en 2001 funda y codirige la revista *Milpalabras*, y dos años más tarde crea con Graciela Speranza el proyecto de la revista *Otra parte*, que desde entonces ha sido una plataforma de discusión crítica de la cultura argentina e internacional, tanto en papel como en su versión digital (*OP Semanal*). O una madriguera de letraheridos, donde conviven los exalumnos de Speranza con Alan Pauls, Guillermo Kuitca o escritores y cineastas de paso. O un cuartel general de operaciones insurgentes y descabelladas, como esa caja bellísima, con dieciocho cuadernos en su interior, cada uno una propuesta distinta alrededor de la reflexión y la creación sobre lo que duran las cosas. Un «número especial», lo llamaron.

En todas esas publicaciones se reconoce una misma voz: reflexiva e irónica, experimental y sabia, hiperconsciente pero por momentos surreal, a menudo contagiada por la urgencia de querer compartir con los lectores ciertas lecturas, ciertos descubrimientos. «Nunca terminaremos de contar cómo suceden estas cosas», leemos en uno de los textos que conforman este volumen panorámico que siempre mira hacia otras partes. «Amorfo es solo algo cuya forma todavía no concebimos», leemos en otro de estos ensayos narrativos o crónicas que ensayan: cada pieza ha sido concebida en la forma idónea para contar o explicar su tema, su argumento, su caos. El fraseo de Cohen, su música, va del aforismo y la frase feliz a la subordinación del pensamiento que aduce razones y las detalla; de la cita pertinente a la afirmación paradójica; del comienzo de párrafo que plantea un problema al final de párrafo que lo soluciona parcialmente, dejando siempre una ventana abierta hacia la opinión del lector, hacia nuevas lecturas que amplíen o discutan las conclusiones –siempre parciales– a las que ha llegado. La forma de la pieza será siempre distinta: ensayo clásico, diario al borde de la corriente de conciencia, intervención crítica, reseña falsamente objetiva o con alusiones personales, trabajo de campo, divagación de paseante, cuento sin ficción. Pero la voz, pese a las variaciones de tono o las máscaras de la puntuación, es siempre la misma. Da igual que esté analizando la obra de escritores tan diferentes como Joseph Roth, Antonio di Benedetto, Zurita u Oliver Sacks; o que esté describiendo la Plaza Real de Barcelona o la estación Retiro de Buenos Aires; o que se haya enzarzado en el análisis de los malentendidos que circulan en Cataluña sobre Diego Armando Maradona. Porque todo le interesa. Desde la palabra y la oración hasta la literatura centro-europea, la tradición argentina, la poesía chilena, el psicoanálisis, las tipologías urbanas, los medios de transporte, las zonas de tránsito, los mitos tan humanos.

Si yo tuviera que destacar un único rasgo de Marcelo Cohen, no sería su inteligencia, su mente traductora, la música de su sintaxis o su capacidad de fabular un mundo completo y coherente y lleno de matices en dos dimensiones complementarias (la imaginada del Delta Panorámico, la pensada de las lecturas que nos rodean, ¡realmente reales!), sino su generosidad. Una generosidad que regala lecturas: de los clásicos, de los autores que traduce, de sus maestros, de sus contemporáneos, de la generación que tomamos el testigo en esta carrera de obstáculos que es la literatura, de las mitologías políticas, artísticas, urbanas, incluso deportivas. Como el puente aéreo Madrid-Barcelona, la cabeza de Marcelo Cohen es bidireccional. Pasó veinte años en Barcelona y ahora hace exactamente otros tantos que vive en Buenos Aires. En ambas ciudades fue fiel a un mismo proyecto personal que es al mismo tiempo una ética y una poética: crear, traducir, intervenir. En ese absurdo cuarenta aniversario se inscribe este libro, que se edita en Barcelona para que viaje, de regreso, por los distintos paisajes de América Latina, ampliando lecturas a su paso, volviéndonos un poco más sabios y –sobre todo– mucho más panorámicos.

JORGE CARRIÓN

ENSAYOS QUE NARRAN

EL SONIDO DE LAS COSAS:
NOTAS SOBRE LITERATURA

Ahí están las cosas, acumulándose pese a todo, ni al acecho ni a la espera porque, como se sabe, esperar o acechar son actitudes nuestras. No llegamos a las cosas. Aun cuando las tocamos siempre se entrometen las palabras. Las cosas son lo otro del humano y lo mismo; recuerdan o delatan, callan, se resignan. Son utilidad y redundancia, opacidad y poder, deseo y repulsión, desintegración y permanencia: son lo que somos y lo que seremos. Este tema absorbió mucho al pensamiento del siglo XX. Hoy no es tan así. Por eso emociona ver cómo se afanó la literatura por ofrecer el lenguaje a las cosas (por poner la poesía sobre el uso y la neurosis), como condición de una política de la vida no gestionada por la instrumentalidad. Tomemos unos pocos hitos:

En 1907, después de un período de crisis, Rilke publicó los *Nuevos poemas*. Se había propuesto hacer *poemas-cosas*; pero «no cosas plásticas, escritas, sino realidades como las que surgen del trabajo manual». Eran cuadros anímicos compuestos con una conciencia de hermandad con lo distinto de él, sin suspiros ni gritos intempestivos. «Cada vez me serán más familiares las cosas, / y las imágenes cada vez más contempladas.» En 1912, desde el castillo de Duino, escribió: «He experimentado que las manzanas, apenas comidas, y a veces durante la comida, se transforman en espíritu». Era la época del desasosiego por la limitación del mundo a un lenguaje caído en palabrerío. Se acercaba el paroxismo de la técnica industrial en la maquinaria de destrucción. Rilke abjuraba de la palabra que no fuera «susceptible de disolverse en la boca».

En 1920 Virginia Woolf publicó el cuento «Objetos sólidos».

John y Charles, dos jóvenes con promisorios futuros parlamentarios, caminan por una playa. John, que no está muy conforme con los negocios políticos, hunde la mano en la arena y encuentra un pedazo de vidrio tan pulido que parece una gema: «Lo intrigaba: era tan duro, tan concentrado, tan nítido comparado con la vaguedad de la costa brumosa». No tiene idea de qué es eso, qué fue antes. Atónito y fascinado, empieza a recorrer vías de tren, baldíos y casas abandonadas en busca de «cualquier cosa más o menos redonda, quizá con una llama muy adentro», y acumula tantas que le sobran hasta como pisapapeles. Desde que el hallazgo de un añico de porcelana con forma de estrella lo desvía de un mitin electoral, la carrera política de John se desvanece. Pero él no se frustra en absoluto; lo que le importa es la críptica expansión del mundo que está experimentando. Esta historia inolvidable había surgido de una aspiración programática de Woolf: que los relatos pudiesen ser como pedazos de vidrio que, afectados por una larga erosión y enterrados, bloquearan los juicios de valor y modificasen el alma del que los descubriera en otro contexto.

En 1934 William Carlos Williams, habiéndose desviado ya del mandato poético de Ezra Pound (tratar el tema de la manera más directa, usar las palabras imprescindibles y acordes, verso con valor musical pero no machaconamente regular) hacia una indagación del mundo social y natural humano centrada en detalles, escribió el poema «Entre muros»: «En las alas del fondo / del / / hospital donde / nada / / crece hay / cenizas / / entre las cuales brillan / / pedazos de una botella / verde». En el objetivismo de Williams, un poema era una suerte de ícono austero que debía aunar la cosa, la mirada veraz y el sentimiento.

En 1937 Paul Valéry tomó un caracol marino y, después de un libérrimo ejercicio de observación analítica («El hombre y el caracol»), de describir la espiral de la concha, la justa asimetría de las dos hélices, la iridiscencia y el parentesco con la flor y el cristal, después de recurrir a la teoría de la evolución y la morfología y conceder que el hombre podría fabricar algo así, se rindió elegantemente: la solución religiosa no era más satisfactoria que la cientificista; sin caer en el mito ni la ilusión no se podía explicar no solo quién había hecho eso (salvo la «naturaleza viva») sino por qué. «En nuestra mente este cuerpo calcáreo, pequeño, hueco y espiralado concita muchos pensamientos, ninguno de los cuales concluye.» Pero mirarlo bien le había servido para esclarecer qué era él mismo, qué sabía y qué no («solo sé lo que sé hacer»), y entendió que, si la necesidad del caracol había impulsado un desarrollo en su casa, así procedía la obra humana de arte: de la idea o el plan a la realización, con el azar de por medio.

En 1942 Francis Ponge publicó *De parte de las cosas*, varias decenas de prosas poéticas sobre temas que van desde la espuma o el cenicero hasta el camarón, la madre joven, el pan o el guijarro. Como tantos franceses de su generación, Ponge (que estaba en la Resistencia) se había hartado, no solo de la culminación del capitalismo en la guerra y el nazismo, sino de la literatura sectaria que servía de contracara a la vulgaridad del lenguaje depredador. Ni lírico exaltado ni positivista, se propuso hacer poesía desde un materialismo afectuoso y un espíritu vindicativo; hacer de cuenta que podía entregar su lenguaje a las cosas y coincidir con ellas en una «rabia de la expresión». Ponge pensaba, primero, que hablar no priva al hombre de ser una cosa más; segundo, que tenía que atender a todo lo que una cosa suscitaba en él. Todo: todas las jergas y discursos –científicos, mitológicos, jurídicos, lo que fuera– arrancados a sus usuarios y aglutinados en una enunciación flexible, suspicaz consigo misma, confiada en que en la indiscriminación había una chance de comprender, de que el mundo dejase de ser un telón de fondo. Ponge deshumanizó las palabras, hurgando en su espesor semántico, y deshumanizó las cosas prescindiendo del servicio que podían prestar. Acotó el proyecto a crear «objetos literarios que interesasen a las generaciones», algo «del orden de la definición-descripción-obra de arte literaria». Así por ejemplo «El agua»: «Por debajo de mí, siempre por debajo de mí se encuentra el agua. Como el suelo, como una parte del suelo, como una modificación del suelo... Es blanca y brillante, informe y fresca, pasiva y obstinada en su único vicio: la pesadez; y para satisfacer este vicio dispone de medios excepcionales: esquiva, atraviesa, erosiona, filtra... Se hunde sin cesar, a cada instante renuncia a toda forma, solo tiende a humillarse. Tal parece su divisa: lo contrario de excelsior».

En los años cincuenta vino la Guerra Fría. En la Unión Soviética, moral de la emulación productiva. En Occidente, competencia y publicidad. Coches como aeronaves, desodorante en aerosol, sillones convertibles, elepés, vestidos de poliéster, radio a pilas. De eso hasta el iPad y el bebé de diseño, lo que sucedió fue el fin de las jerarquías, no en objetos singulares como en Ponge, sino en la indistinción del deseo de consumo. En 1953 el dispensador de comida del bar automático entra en la literatura con *Las gomas*, de Robbe-Grillet, la primera novela policial fenomenológica. Metódicas, impersonales descripciones de situación centradas en los objetos sustituyen a la psicología y las razones de los personajes. «En el *nouveau roman* –dijo R-G–, los objetos no están para describir al sujeto, ya no son de propiedad humana. Están "en sí", privados de significación.»

En 1965 Georges Perec publicó *Las cosas*, una novela que es a la vez una tragicomedia sobre el apetito de poseer, una profecía sobre la saturación y un acelerado juego de clasificación. Jérôme y Sylvie, psicosociólogos de veintipocos años, hacen encuestas sobre la recepción de la publicidad; pero lo que creen la evolución del gusto es una falacia. Ellos también compran y desechan y vuelven a comprar; son puros medios de un deseo omnívoro, y la novela que protagonizan, una enormidad de enumeraciones, es un hacinamiento donde cada objeto brilla un momento y en seguida aterra.

(La filosofía ya no hablaría de autenticidad, sino de espectáculo y seducción. En la literatura, el tema *cosas* iría cayendo en la melancolía y al cabo en el olvido.)

Algo vincula estas obras y otras de esas cinco décadas. Es un impulso de salir del maniático soliloquio humano y la paralela certeza de que solo desajustando el lenguaje se podría ver de veras lo real. Después está la invención de procedimientos que hagan parte del trabajo sin que intervenga mucho un sujeto dudoso, siempre condicionado u ofuscado de romanticismo. Por fin la deliberación de construir o aparatos u organismos verbales que tengan la indefensión, la duración variable y la impavidez de las cosas. En el extremo, lo que se busca son piezas imposibles de «hacer sonar»: con sentido pero sin significación, reacias al uso y a la cháchara, como los poemas gráficos de los conceptualistas brasileños. Obras con «la callada elocuencia de las cosas».

Solo que las cosas no se callan. El universo no es silencioso. El caracol suena.

Hoy el afecto, el trabajo y todo lo humano transcurren en un plano cada vez más virtual. Ciento veinte millones de blogs. Andanadas de pedeefes. Fotos de Júpiter y de mi amigo. La carga de información estimula, hasta que empieza a exceder la memoria RAM del cerebro; en ese estado uno no recuerda ni qué fue a hacer a la cocina. A despecho del exhibicionismo pueril generalizado, la ausencia material del otro y de lo otro priva al sujeto de ser algo. Nadie salvo los técnicos tiene un trato real con las cosas; mal podemos siquiera controlarlas; o controlarnos. Despavorido, el usuario se previene de no ser nada multiplicando las apariciones e impersonaciones; en eso se enfrasca. Mientras, las cosas siguen ahí. En estantes o armarios, en órdenes, composiciones, destacamentos.

Hay una confusión endémica que la filosofía ya no puede curar y el arte agrava: una neblina semántica envuelve a *cosa* y *objeto*. Se supone que la cosa es inabordable, inefable, y el objeto una cosa tal como la incorpora la conciencia; pero hay objetos inasibles y cosas asimilables sin reflexión, como una croqueta o un toblerone. Hay objetos de contemplación y dispositivos o prótesis con funciones. Encima cunde el concepto de *obsolescencia programada*, que produce la PC o el reloj de vida efímera. El diseño, esa alianza sombría entre conveniencia y distinción, condena la cosa a trasto. Lo descartable es casi todo; la basura, el horizonte del objeto convertido en cosa. El arte, prevenido desde hace tiempo, ha elegido desmaterializarse.

Una actitud sensible muy popular actualmente es investir de sentido sacro las cosas de la biografía propia. En los altares de ese culto, donde prosperan la superstición y la culpa, las cosas son hiperhumanizadas y de paso se mercantiliza la intimidad del hombre. Pero no es cuestión de lagrimear añorando el decrépito humanismo austero; la calma de la biblioteca también cotiza alto en los mercados, incluido el del narcisismo.

Y ahora una hipótesis: durante mucho tiempo, influida por la centralidad de la visión en la cultura de Occidente, la literatura se esforzó por reformar la lengua para que las palabras viesen mejor. «La lengua es un ojo», dijo Wallace Stevens. Era insuficiente, porque la palabra *ojo*, como siempre la visión, inmovilizaba el objeto en la imagen. Así que desde hace un tiempo, la literatura abre el oído. Hay un ritmo en la distribución de las cosas en espacio, pero también una espaciosidad en cómo suenan.

La necesidad de describir, nombrar y traducir que signó a la literatura mestiza de América Latina, de los cronistas a Lezama Lima, evolucionó de la inquietud al asentimiento. América no se deja decir, pero por Saer, entre otros, sabemos que eso que se hurta al lenguaje, «lo esencial», es lo que tenemos (en todas partes) y es real; que somos con eso y ser con eso es nuestra única manera real de ser. En la violencia del continente surgió la vía apacible. Un ejemplo delicioso es el de Margarita, la señora gordísima de un cuento de Felisberto Hernández («La casa inundada», 1960) que anega su casa y se hace pasear en bote en homenaje, no a su marido, sino a la fuente de un hotel de Italia cuyo rumor le llevó recuerdos y la hizo llorar por primera vez desde que el marido había muerto. «El agua insiste como una niña que no puede explicarse», dice la señora. Como si dijera que la fuente sabe y hay que entenderla. Porque no es que las cosas guarden nuestra verdad, como fotos de un álbum; la verdad está entre las cosas y uno, y en un modo de reunión de saberes, de materias y sonidos del hombre y el ente, que podríamos llamar *extimidad*.

Es un modo que ahora vuelve, pese al climaterio de lo real, como para reparar una vida mutilada. Vulgarmente, se nota en la recuperación del cariño por artefactos de cooperación mecánico-muscular como la bicicleta; se nota en el uso del viejo casete por artistas de la performance. Y también en la lúgubre tribulación por lo que se acumula y es desdeñado, por el desperdicio y la merma. Huele un poco a devaneos de autenticidad.

En la literatura no. En 2004 Fabio Morábito publicó *Caja de herramientas*, un libro extemporáneo. Es una colección de prosas sobre esos implementos que no pueden cumplir su función sin aliar fuerzas con la voluntad humana. La mayoría de las herramientas son crueles, pero no sin ser producto de un plan de dominio calculador y despiadado. Son cosas corrientes pero mal conocidas y Morábito las investiga desde la anomalía que es el hacer humano. Les atribuye intención y táctica, carga la descripción de tropos, exaspera la falacia simpática, la facundia, la verborrea, lo más inservible para el lenguaje común, precisamente para hablar de lo más útil. «La lima obra por persuasión, disminuye la potencia del ataque a cambio de multiplicarlo; en lugar de una punzada fuerte, muchas punzadas débiles que agreden ordenadamente... con más monotonía que pasión, pero sin errores posibles.» La prosa combina impulsos, presiones y resistencias y la cosa cobra una actualidad sorprendente. Al mismo tiempo, el espesor de la lengua demuele el malentendido de que exista una autonomía, incluso de un espíritu autónomo, tanto de las cosas como del hombre; y el mito de la inocencia de las cosas.

En 2005 Laura Wittner publicó *La tomadora de café*, una colección de poemas que surge de una decisión similar pero elige respetuosamente las palabras que entrega. Una mujer, su bebé y los objetos elementales de un departamento se dan a un despertar, en definitiva el simple fin de la ansiedad, y emergen conjuntamente a una realidad sin cualidades. Los nombres, las marcas que Wittner siembra son la embajada de un mundo desmedido entre las paredes de la casa: «Jazmines avejentados / en un frasco de yogur parmalat. / Perfuman la cocina / y pueden desconcertar más que el romero». Antes que un caos, los versos desparejos y suficientes de Wittner manifiestan un vaivén, una desorganización confiada en la unidad de las cosas, en su distribución fortuita pero no independiente: «La coca chisporrotea / en un vaso / en la oscuridad». Entre la banalidad del nombre-marca, el ruidito o luminiscencia y la mujer que escucha, la vida doméstica se hace morada: «Lo novedoso aquí no es el tipo de clima / ni su abordaje, sino solo / que esté juntando las perlas dispersas / en un racimo de atención».

De obras como estas, por diferentes que sean, se extrae por igual el beneficio de, diría Ponge, «una especie de modestia». Las palabras tienden a prescindir de la persona y de la introspección; antes que ser imagen, o aun canción, tratan de consonar con lo que aparece y suena, todo unido. Época tras época el sentido común se emperra en creer que puede capturar lo real pero vive en una réplica exigua. La literatura sabe que no captura nada, y no le importa. Puede alabar la variedad de lo real, su indomable rareza. Puede, con la elasticidad de un lenguaje que nunca logramos anquilosar del todo, obrar una variedad no menos versátil e inasimilable que le permita ampliar la experiencia del mundo. Ser *co-inmensurable*.

En 1913 el futurista Luigi Russolo atronó la casa de Marinetti con dos obras para dieciséis instrumentos acústicos de vibración activada electrónicamente que llamaba *intonarumori*, «cantarruidos». De Russolo a John Cage, cuyo *Roaratorio* contiene gran parte de los cinco mil sonidos locales descritos en el *Finnegans Wake* de Joyce, y de los «sonidos sin tono» de Salvatore Sciarrino al cuarteto para cuerdas y helicópteros de Stockhausen, hace un siglo que la música se afana en reemplazar la altura, base de un sistema musical que nunca se sobrepuso del todo a la misión de representar un orden universal, por el sonido en sí. A la disonancia y la atonalidad, más acordes con el despropósito de la historia, siguió la incorporación del ruido, tanto producido por uso no convencional de instrumentos como electrónicamente. El ruido, el sonido de componentes complejos y frecuencias caóticas, saturado de información, pertenece al campo de lo difícil de nombrar, lo difuso, lo que Saer llama «lo conocido a medias»: el campo indicado para la reunión. Y vivimos rodeados de ruidos, inextinguibles ruidos del cuerpo y el mundo. El ruido es nuestra percepción del desorden, nuestra apertura heroica, dice Michel Serres, a las dificultades, a lo que escapa a la ley, y es nuestro mejor vínculo con la distribución de las cosas, tan dispersas que hay muchas que no vemos. El ruido musical (si es *música*) ha abierto el oído a una constatación: acá no estamos solos. Para la lingüística, *ruido* es todo elemento de un mensaje que no aporta información; justamente algo que a la literatura le interesa sobremanera. Por el ruido empieza una poética del contacto que no sea solo la vetusta, equívoca musicalidad. Así en el mundo como en la frase, el ruido proviene de los artefactos y de la naturaleza; carece de metro, de pie y de pauta, pero tiene ritmo; un ritmo cambiante, como el del aliento, como el del eterno ciclo de bang-expansión-contracción del universo, como el de las licuadoras en un bloque de departamentos. Dado que la música es humana, decir que las cosas cantan estropearía este ensayo de unidad. Pero ¿cómo escucha la literatura?

Todo ruido es efecto de la acción de una fuerza: la gravedad, la combustión, la mano que aprieta el alicate o pellizca la cuerda, el viento, la corriente eléctrica. Más interesante que la idea de unas fuerzas espontáneas y otras deliberadas es la de una energía total, un caudal de información abarcador pero diversamente repartido. Vivo en una casa. De noche las cosas no paran de emitir, superpuestas: siseos, crujidos, escandalosas contracciones de maderas recalentadas; chasquido de un termostato; ronroneo de la heladera; trinar de vajilla apilada al retumbo de un colectivo, además del jadeo del viento en las plantas, el aleteo de la polilla, el reventón de una grieta en la pintura, el chirrido del retén de la persiana, los quejidos de mi tripa, el gorgoteo de una pera blanduzca que empieza a supurar, y tanto, tanto más solo en este minúsculo rincón del universo, y en mí, que está claro que no tengo léxico decente de que valerme (todo sucede en la casa y en mi cabeza), y la onomatopeya es vergonzosa. Pero lo cierto es que verdaderamente no tengo por qué valerme de nada. Si el mundo es una fuerza, no una «presencia», la literatura solo puede participar, suponer que participa de esa fuerza, cada escritor con su reserva hasta que se le consuma. Puede avenirse, dispersar sus energías entre las del mundo sin constreñirlo. Un escrito también es un compuesto de naturaleza y dispositivo.

En 2000, el canadiense Steve McCaffery publicó unos poemas (en *Seven Pages Missing, Volume Two*) que, desvaneciendo los versos en un tejido intrincado y borroso, figuran a la vez la forma y el sonido de una situación, como en ese juego de chicos en que uno hace ruido con algo y el otro intenta adivinar qué cosa es. En estas manchas apasionantes, ilegibles las palabras, todo significado se funde en lo conocido a medias: se ve cómo suena el mundo.

En 2004 Arturo Carrera publicó *Potlatch*, una suite de poemas sobre el descubrimiento del dinero en la infancia, la posesión, la codicia, la caridad, la religión, la economía doméstica y afectiva, el ahorro, la escasez, el derroche. «Oh monedas que anhelamos / porque contienen restos de un habla perdida, / el oro de relieve rugoso con la cara de la esperanza ciega / que no acierta a palpar nuestra esperanza ciega // y en ella la Belleza / pide más...» En la consumada sonovisualidad de la página de Carrera, en la alternancia de amplios blancos mudos, estrofas susurrantes, prosas ceñidas y líneas que crepitan, el lenguaje se anuncia, se repliega, se abroquela, vigila, tiende a desvanecerse, y la mente lo oye como si estuviera conectada al podcast de un mundo. Lentos, discontinuos caen los versos, plon, plin, como monedas en una alcancía o un aljibe, con flujo de fondo de dinero electrónico. Carrera no ve por qué deberíamos prescindir de la palabra. Nuestro divorcio del mundo sucede en el lenguaje y solo ahí podría empezar la reconciliación.

Para una literatura así el sonido es una membrana de contacto; una interfaz entre el lenguaje y las cosas. Más que a contravenir la gramática y el léxico, atiende a los cambios de posición de la palabra en el discurso, al tono o la ausencia de tono: eso es el ritmo. No inmoviliza el remolino de lo que existe en imágenes claras y silenciosas. Oye los sonidos y su transitoriedad: aparición, inestabilidad, deceso.

CAOS Y ARGUMENTO

No termino de salir del sueño cuando la conciencia profana el amanecer con su monodia de planificaciones y reproches. Esto se agrava con las horas. A las tres de la tarde, el puesto de un florista reluce de colorido y un hombre de traje oscuro compra un ramito de fresias, las huele y lagrimea. Un enjambre de asociaciones se precipita a aumentar la realidad del instante, o su vacío de significado, pero llega el colectivo y la conciencia ya se apura a evaluar el interior y calcula cómo hacerme con un asiento, cuánto puedo leer en el trayecto, dónde conviene comprar el pollo, cuándo examinar lo que me propuso GM, y la eventual revelación se ha desvanecido, y con ella la posibilidad de contacto con lo que hay. Siempre es lo mismo. Somos antijoyces: las epifanías de lo ordinario se dispersan al viento de las necesidades.

Básicamente el pensamiento funciona de dos maneras. El modo paradigmático procura crear sistemas de descripción y explicación, generaliza, atiende a los asuntos prácticos cotidianos. El modo narrativo se ocupa de las intenciones y acciones y encadena las vicisitudes con sus consecuencias. Se supone que las historias que contamos o nos contamos se encargan del acontecimiento: de relacionar los cambios con la fugacidad de la persona y darles un punto de vista. Agrupan imágenes por analogía, por semejanza y las alinean en el lenguaje simulando causalidad o coincidencia. Sin embargo ya se sabe que el lenguaje habla por nosotros. El lenguaje es la cárcel del pensamiento y el instrumento preponderante de control; sobre todo ahora que el usuario de una lengua se confunde con el consumidor de mercancías, entre ellas la mercancía sentimental y la política. El sujeto escuálido de palabras, incapacitado de usar subordinadas que expresen algo complejo o matizado, y por lo tanto de pensarlo, luego de sentirlo, piensa y siente con las historias que le endosan.

No hay vida común ni supervivencia sin relatos, pero no hay vida falta de acontecimiento. No hay verdadera vida común cuando el acontecimiento queda neutralizado por un menú de historias que la conciencia ya tiene implantadas. No solo las de uso masivo –eslóganes, post confesionales, mitos de la pantalla, tuits, taxonomías del periodismo– sino también las del palacio de la Literatura. El lenguaje distinguido, la abundancia de nexos psicológicos o sociales, la ética formal del punto de vista, la tipificación de caracteres, las ineludibles pizcas de misterio, morbo, proeza y moralidad, las reglas de equilibrio y vivacidad, todo el aparato de tensión, reposo, expectativa y absorción sensible que derivó del realismo, y luego se perfeccionó con aportes del cine y robos a los experimentos vanguardistas, han convertido una y otra vez la novela en calmante estético para el malestar y útil de colaboración con el sistema abarcador de las oposiciones complementarias, por muy altruista que fuera el mensaje.

Pero al mismo tiempo siguió porfiando el deseo de abrir las formas a los esplendores y amenazas del desorden. La dialéctica entre un principio de realidad hegemónico y el anhelo de un orden lábil, y hasta de un caos, movió a la literatura desde el romanticismo hasta hoy en la búsqueda de formas cognitivas, perceptuales y lingüísticas para la experiencia (social, sensual, sexual, mental). Negación, contra o antidiscursos técnicos y científicos, repudio del canon digerido por los sistemas, transgresión, ironía, irrisión, acción política: el legado de esos escritores es una enciclopedia de procedimientos para rasgar la ilusión, disipar el engaño y, mientras el mundo de la conquista se aplica a aniquilarse, ensanchar la percepción de lo real con

mundos posibles, dolorosos o desopilantes: una estética ampli-
ficada.

Para William Burroughs la palabra era literalmente un organismo vírico, un agente físico de reproducción de contenidos.
El virus se expresaba en el sujeto huésped en forma de dependencia de las líneas, un fenómeno medular, comparable a la
adicción a la heroína, que afectaba a toda la civilización y a
cada conciencia. Burroughs detectó la relación íntima entre la
narrativa lineal de nudos y desenlaces, la serie aguja-droga-ve-
na y la serie del tipo Dios-país-clan-familia-matrimonio-Yo,
que cristalizaba en el gran relato de la consumación de la historia, cristiana o revolucionaria. De modo que rehizo la novela
como arma para reventar la conciencia, derramarla en múltiples planos e incorporar a la mente todo lo que el automatismo
de la línea le impide experimentar. El dispositivo clave de la
operación es el hoy famoso *cutup*, un sistema de corte del párrafo o la página para pegar los fragmentos en otro orden, luego
enriquecido con pedazos de textos de todo tipo, propios, cita-
dos o robados, una suerte de collage verbal, y más tarde practi-
cado con cintas de grabador. El párrafo poliédrico dispondría la
conciencia a captar los planos múltiples y cruzados de cada situación; a reemplazar la sucesión por la sincronía. Burroughs se
proponía nada menos que suplantar la rigidez del tiempo por la
heterogeneidad del espacio. En la novela instalación que puso a
punto y haría escuela caben el ensayo telegráfico y una mitología del humor sedicioso: la Máquina Blanda, los gánsteres ga-
lácticos, el Chico Subliminal, la Interzona.

La consigna era: «¡Corten las líneas!». Huelga hablar del flo-
recimiento de los métodos de Burroughs en el mundo de los re-
mix, la copia, el sampler, el powerpoint y la celebridad de lo
amorfo. Pero él creía que podían servir para la acción sediciosa
concreta, como probablemente fue alguna vez, y hoy uno se
pregunta si la dispersión de la conciencia en astillas, la rotura y

la recomposición en forma de *cut and paste*, las prótesis sonoras y visuales no son ya los dispositivos corrientes mediante los cuales el ciudadano concentracionario ofrece inmediatamente sucesivos planos de su cara. La imaginación del tecnoprimitivo actual depende de apresurados reordenamientos de historias ofrecidas por el periodismo de sucesos, los mitos del espectáculo, la chismografía de internet, y el reciclado terminal del gran archivo de la novela. El estilo distintivo del malcriado sujeto de exhibición es lo novelesco. Pero como todos ya conocen las historias, resulta que nadie las escucha, y así nadie se distingue.

La maestría de las series de televisión dio la patada definitiva a la flaca idea de que para un narrador solo se trata de contar bien una historia. Es evidente que en literatura se trata de algo más denso. Pero la más respetada idea de que solo nos liberan de la dependencia las novelas sin historia también está quedando caduca. Para abrir la vida al caos hay que acabar con la etiqueta de la literatura: en esto dio la política de la palabra, y es muy justificable. Sin embargo no hay muchas vías más eficaces que los relatos para sacudir el condicionamiento, poner en crisis el examen de sí y modificar la percepción, el entendimiento de cómo funciona el mundo y los caminos de la acción. Claro que si algo hace la literatura con la rebeldía es no hipotecar los sueños al sentido, como pasa con los relatos de la revolución. La literatura recela de su influencia. Una buena historia nunca está concebida de cabo a rabo. Su pieza sustancial es el enigma. Su ánimo, un sigiloso distanciamiento del discurso social.

El discurso social según Marc Angenot: «Todo lo que se dice y se escribe en un estado de sociedad, todo lo que se imprime, se habla o se representa en los medios electrónicos. Todo lo que se narra y se argumenta, si se considera que *narrar* y *argumentar* son los dos grandes modos de puesta en discurso».

O bien, más que esa cacofonía, los sistemas genéricos, los diversos repertorios tópicos, las reglas de enunciación que organizan todo lo decible, de los factores de poder hasta los grupúsculos disidentes, de las doctrinas a los eslóganes, de la búsqueda estética a la doxa trivial. «En un momento dado, todos esos discursos están provistos de aceptabilidad y encanto.» Pero hay un encanto que la Ilustración expulsó del mundo y espera palabras.

En un momento dado. Lo repito para recordarme que esto no es un manifiesto, sino un surtido de apuntes coyunturales. Por cierto, la cuestión de los caminos de la narrativa se ha estabilizado bastante. Hay narradores que dan por sentado que estas consideraciones no atañen a su obra y escriben competente, traduciblemente con la memoria puesta en la tradición central y la voluntad en el agónico avatar contemporáneo del lector común. Otros profundizan la gran tradición asimilando experimentos y rupturas, con resultados superiores en algunas novelas y con eventual riesgo, por gordura retórica, de colapsar en argumentos vencidos. Hay narradores que eluden el argumento en favor de la deriva, un mandato poético, a veces casi existencial, que redunda en paseos por girones de muchas historias, constelaciones de anécdotas y asociaciones mentales, y a veces, a fuerza de no contar nada, en la apertura de una dimensión sin medidas. Están los que socavan, desmontan y saquean el fabuloso banco de la literatura, y otros bancos, y se valen de las piezas para reensamblarlas en estructuras insólitas, de deliberada falta de solidez, que vuelven la literatura sobre sí misma en una exasperación del procedimiento que es una promesa de autarquía. Hay narradores que, confiados en la invención, en la mirada que no sabe, tiran de una imagen germinal, por extravagante que parezca, en busca de las peripecias que contiene, de hallazgos y hasta del conocimiento, sin temerle al retorno de lo sobrenatural. Están los grandes recreadores del realismo satírico, necesariamente elocuentes, mordaces, y un realismo lírico, parvo y como resucitado, y hay todo tipo de intervenciones genéricas. A menudo dos o más de estas especies aparecen hibridadas, en el continuo de una historia que antes nunca habíamos leído.

Contar es una búsqueda de contacto. Mundo, en mi opinión filosóficamente tosca, es lo que hacemos con lo real. Todas las ficciones hacen mundo, lo componen; pueden helarlo o abrirlo. Yo pienso que para abrirlo hacen falta argumentos originales. Ilación, por qué no.

El estilo fragmentario es lo que manda la subjetividad de esta época. La confesión paratáctica del chatter, el adicto a facebook, el entrevistado y la movilera rebosan de rodajas de emoción, de certezas, de deseo de decir que no dice nada. Uno se pregunta qué lenguaje puede distanciarse de la banalidad belicosa sin negarla y sin conmiserarse. Da la impresión de que el uso extenso ha limado el poder ofensivo del *cutup*. Saqueo, clasificación, copia, recontextualización son la tecnología primaria que, sin destreza ni consideraciones, se aplica cándidamente sobre el bastidor de uno mismo (o el amigo) para producir relatos estándar con patrones a mano. Autómatas o saboteadores, todos somos collagistas. El manejo general de las palabras es más bien atropellado. Una polisemia del adjetivo muy Humpty Dumpty facilita la comprensión inmediata de lo que de todos modos se sobreentiende. Y ahora, como medita el severo Benjamin Buchloh, la excepcional profecía de Warhol sobre los minutos de estrellato está saturando el espectáculo concentracionario sin que el arte atine a despegarse. La negatividad es número fijo en los festivales de literatura.

La inmediatez de la red, el post, el tuit y el mensaje de texto dan impagables oportunidades a las poéticas de la constricción. Perec estaría encantado: folletines, autobiografías, historias alimentadas de casos tomados del venero web, de curso marcado en gran parte por las leyes del medio. Lo que hace el relato cuando topa con una regla, sin embargo, depende de la imaginación y sus recursos verbales. Esto solo lo tienen en cuenta algunos escritores: Tuten, Bellatin, Vila Matas. Hace rato que sabemos que toda historia se alza sobre otras y toda frase es una reelaboración. Más: de la simple contigüidad de dos términos heterogéneos surge un tercero, un espécimen emergente que, no por encarnar acaso el eterno retorno de lo mismo, deja de tener una apariencia inusitada. Así es como los poetas del ready made lanzan partes del fragor de la web o la prensa contra sí mismos, las cambian de contexto, las alternan con versos antológicos o las componen en ritmos, como Charles Bernstein o Charly Gradín. Son la vanguardia: renuevan el acuerdo entre los medios expresivos y los conocimientos de una época. Creen que la salida de la asfixia es hacia dentro, hacia abajo. Sus obras son irónicas, casi denuncialistas, y como toda ironía, además de una súbita lucidez, dejan a su pesar una pregunta entristecida: y entonces ¿qué?

No importa cuál es el medio. La memoria, la imaginación y la lectura suceden en la mente. Son virtuales. Solo importa que la historia, que el medio no determina del todo, abra en la mente la forma verbal de una realidad más amplia que la reducción del mundo tiende a obrar. Importa la inventiva.

De modo que además necesitamos argumentos. Vías de salida hacia fuera. Necesitamos condiciones para propiciar el desarrollo y el alcance del argumento. Necesitamos cerrar la tramposa falla entre razonamiento e imaginación. Van dos ejemplos caprichosamente tomados de distintos puntos del campo abierto de la literatura. Uno: es el eoceno inferior y una yegüita manchada se pierde en una tormenta; con el corazón agitado, se debate, cae y muere; se descompone, es pasto de las bacterias y se regenera en petróleo, que un día al fin es nafta, que viaja en un coche que expulsa CO, cuyos vahos suben e invaden los pulmones de una norteamericana que –después de muchas vicisitudes y la fortuita aventura con un inmigrante ruso que conoció cuando él hacía dedo, un poeta que perdió un brazo en un accidente de trabajo– se ha asomado al balcón, y en cuyo cuerpo se transforman en un cáncer que la lleva a recurrir a un vecino que está superando una depresión y la escucha, y que, con lo que ella le ha contado se cuenta a sí mismo una historia de cientos de siglos, pródiga en conocimientos minuciosos, inacabablemente regida por el azar. (*Machine*, de Peter Adolphsen.) Dos: un lumpen simiesco, repositor de supermercado y bulímico del sexo, descubre la poesía y, por el conjuro amoral del don del lenguaje, transforma el barrio más canalla de una ciudad cicatera en una Broadway de la cumbia y el goce en bruto. (*Cosa de negros*, de Washington Cucurto.) Crítica de las causas. Parodia de la novela de arribismo social. Sí, pero ¿qué está pasando? Lo mismo que cuando el narrador imagina que un hombre se despierta convertido en un insecto monstruoso. No se pregunta si vale la pena seguir adelante. La realidad todavía no contiene nada parecido. No quiere dejar de escribirlo, pero tampoco darle una silueta que lo asimile a historias que ya conoce.

Que existen pocos temas, amor, muerte, poder, hibris, fortuna (o sus combinaciones), es un supuesto discutible que proviene del crédito de las filosofías de la profundidad, sean platonismo, cierto psicoanálisis o estructuralismo marxista. Lubomir Dolezel sostiene que todavía está por escribirse una historia de los mundos ficcionales, que pese a su soberanía son macroestructuras temáticas; la temática es la membrana a través de la cual las preocupaciones y problemas de una comunidad influyen en la evolución inmanente de las ficciones. Y no porque todas las ficciones estén pendientes del mundo real: «La imaginación ficcional es activa, constructora más que descriptora; nunca cesa de crear nuevos mundos que orbitan como satélites alrededor de la realidad», dice Dolezel. Si algunos leen para aprender sobre sus problemas, hay quien lee para expandir la vida. Y no hay pocos argumentos. En cuanto se atiende a los saltos y desvíos de cualquier historia personal, a la fluctuación constante de los saberes y las actitudes, a la danza de las apariencias y sus relaciones, de las relaciones nacen objetos nuevos y la gama de acontecimientos se ensancha. La burocracia jurídica no era un tema hasta que Dickens la pintó como infierno en vida en *Casa desolada* y después Kafka lo llevó a alegoría de la ley y de la falta, y lo desenvolvió como aventura asfixiante. No hablemos del Lager, del Gulag; de la velocidad hasta que aparecieron los trenes; del ciberespacio hasta que lo noveló William Gibson antes de que proliferasen los hackers. Cambian el trabajo y el amor; las prótesis y la programación genética de la carne cambian el cuerpo, las afecciones y los vectores del deseo. Hace décadas que la hibridación de mundos ficcionales abre zonas donde diversos mundos posibles fragmentarios coexisten en espacios imposibles. Lo sobrenatural, que la tecnología desterró al país del chiste y el gore, vuelve como venganza. (Como en *Los electrocutados*, de J. P. Zooey, donde un convincente profesor se empeña en captar la frase que el sistema solar tiene reservada a los humanos.) En la literatura esos cambios se adecuan a los medios expresivos de la época. De ahí la evolución de las formas.

La rapidez es la forma y el motivo de los relatos de Martín Rejtman: drásticas situaciones de vida hilvanadas por una causalidad que no surge de la decisión, el carácter o la historia, sino del patente paisaje contemporáneo, de las terapias espirituales y las llamadas de celular así como de la especulación inmobiliaria, el consumo antojadizo, la facilidad del viaje y la violencia monomaníaca; es como si las imágenes urdieran el destino; al son de la exterioridad y el desapego, el deseo diverge y a cada rato, con cada implausible incidente, y con gran sobriedad de medios, salen al paso terrenos de realidad que otras

historias eclipsaron. En el párrafo-secuencia de Rejtman la manifestación de un mundo responde a una puntuación experta-
mente administrada.

Gombrowicz nos precavió para siempre contra la potencia
mutiladora de la forma y la falacia de la madurez. Así que aca-
tamos el llamado libertario a la digresión, a renunciar a la se-
cuencialidad, a no someter lo real al yugo del suspenso y el alivio
y la etiqueta de competencias que compran la atención del lector. No queremos lectores subyugados. Pero queremos transporte, y el argumento es un vehículo nada sumiso si uno se
atiene a las figuras que entrevé en la experiencia, que presiente
o maquina, a lo que llega de improviso en un momento de atención entregada, un momento por lo tanto de indefensión, y
solo se preservará en una forma embebida de ese encuentro.
Así mirado, el argumento es una hipótesis de funcionamiento,
una diversificación de los usos, asignaciones y espectros de las
palabras y su disposición en el discurso: es una ampliación de la
conciencia. El mundo es una cierta posibilidad de significado,
de circulación de significados, dice Jean-Luc Nancy; cada forma argumental abre una posibilidad nueva entre las significa-
ciones elementales de la vida de supervivencia. Las historias
son prendas de intercambio, respuestas a la tribulación, la curiosidad o la duda y, con suerte, cada una es umbral de una historia más. El ideal de la novela es ser la base de una economía
política no restringida.

Hablo de argumento como síntesis plausible o latente de un
relato e incluso como ovillo que se devana en anécdotas. Pero
también del desarrollo de un razonamiento que no necesariamente acepta lo que se tiene por una verdad; es decir, como
hecho retórico. Prefiero no obviar esto en un período en que,
mientras merman la competencia verbal y la capacidad de figuración, crece la insipidez de los contenidos, el detallismo
repetitivo, y el bestialismo interjectivo reemplaza a la persua-

sión. Hasta las injurias son plúmbeas. La retórica estuvo desacreditada durante mucho tiempo, desde que en el siglo XVI resignó su vínculo con el razonamiento dialéctico para ocuparse de las figuras y tropos del lenguaje, los adornos, el «bien decir». La gran tradición metafísica occidental siempre opuso la investigación de la verdad a las técnicas de los retóricos, que se contentaba con hacer admitir opiniones variadas y engañosas. Por eso siempre buscó fundamentos sólidos e indiscutibles, intuiciones evidentes. Pero una argumentación no persigue la evidencia; la argumentación solo es del caso cuando se trata de discutir la evidencia. Paul Ricoeur dice que en filosofía hay verdades metafóricas que no pueden valerse de una evidencia de base porque proponen «una reestructuración de lo real». Me parece, oportunista de mí, una defensa muy apropiada del argumento narrativo. Contra el universalismo de la lógica formal, una historia original manifiesta lo no evidente. El argumento es un viaje exploratorio desde una situación determinada en busca de aquello que la originó y de las consecuencias que acarrea. En la novela ese periplo lo puede guiar la imaginación, que suele obrar antes de traducirse en escritura, o en el curso mismo de la escritura, dado un módico abandono y una atención despierta al horizonte que cada frase abre a las siguientes. La imaginación rastrea, teje, sintetiza: forma; de golpe. Es de la dependencia a la disposición previa, a la trama como equilibrio mobiliario –e incluso como representación escrupulosa de uno u otro desorden– de lo que hay que reponerse. No del argumento. Un argumento se alza del vaho multicolor, plural, que una revelación de lo real dejó a su paso por una red de neuronas.

Necesitamos argumentos para hablar de lo que podría hacerse; frases que no sean las que produjeron este mamarracho letal y lo reproducen; historias que produzcan más futuro que indignación. Contra los mitos de la necesidad necesitamos contra-

mitos, con sus héroes opacos, no performativos. Queremos
nuevos Josefs K, Bouvards y Pecuchets, Orlandos, Funes, Mol-
lys Bloom, Molloys. No hay que aliviar la tensión, cierto; pero
no hay por qué fomentarla. Necesitamos evadirnos de la monotonía del sentido. Más que transporte, traslado.

La broma infinita es una novela monstruosa. Cuesta decidir si
el superdotado Foster Wallace ignoraba que podía llegar a har-
tar o se propuso transmitir la vivencia del hartazgo. Como sin
embargo uno sigue leyendo, hechizado, con un narcotizado interés por la exuberancia de conocimientos específicos y vida
patente, llega al final habiendo entendido que las dos cosas
son ciertas. La acción transcurre en un futuro cercano totalmente comercializado. Estados Unidos se ha federado con México y Canadá. Nueva Inglaterra es un gran basurero de desechos tóxicos endosado a los canadienses. Obtusos terroristas
quebequeses, todos lisiados, rondan el país en busca de una posible arma de destrucción masiva: la película del director experimental y suicida James Incandenza, La broma infinita, que
atrapa de tal manera que el que la ve una vez muere sin dejar de
mirarla. La trama se reparte entre una fantástica academia fas-
cistoide de formación de tenistas, y un realista centro de recuperación de alcohólicos y drogadictos; va de los anómalos, de-
sesperados hijos de Incandenza, uno de ellos talento del tenis,
a las reuniones de NA; del estoico guardián de los drogadictos,
un exladrón del prusianismo deportivo, al callejón donde se
acuchillan los yonquis; de los modos de colocar un drive a las
neuropatologías y las psicopatologías, y cada cosa puede abar-
car páginas y cada personaje está entero; la novela es cruel,
violenta, reflexiva, repleta de disfunciones, miseria, intrigas,
formas del sufrimiento psíquico y físico y desvelos por superar-
las sin ironía ni patetismo, de conflictos entre padres e hijos,
trastornos de la percepción y presencias de otro mundo. El argumento –alguien busca una zona anímica liberada de adiccio-

nes, es decir, de tensión y alivio inducidos– se interna en cada situación que envuelve a los muchos personajes mientras los tiempos se solapan en una insólita eternidad. La búsqueda es interminable y la novela también, pero mientras la imaginaba Foster Wallace pudo razonar que la enfermedad capital de su país es el entretenimiento, y el síntoma, una desgana tan vasta que da cabida a todas las ruindades. Si uno participa del periplo hasta la última página, y termina con la visión modificada, es por el voltaje de la prosa y porque una cuerda lo lleva, sin que sepa adónde, y sin cesar se deshilacha.

Esta infinitud está también en *Los muertos*, de Jorge Carrión, pero implícita o más bien interiorizada, como si el argumento, en vez de un camino hacia lo que no se deja decir, fuera un artefacto de movimiento perpetuo. Y es que la novela aúna las dos clases de argumentación. Una como relato de una serie televisiva: en un mundo reconocible, individuos con cuerpo maduro y memoria difusa, al parecer muertos, resucitan de pronto en alguna calle; qué los envió de nuevo y por qué, complot, deseo propio o ajeno o fuerza empática es el enigma que mueve la historia, una golosina ideal para el devoto del género. La otra como dos ensayos académicos que debaten los efectos sociales de la serie, analizan la producción, identifican las referencias, interpretan el dédalo de la trama y la evalúan como metáfora del exterminio. *Los muertos* no es una «metaficción». La suma de una historia extravagante y una polémica ficticia apoyada en teorías críticas reales se resuelve en un vórtice que se traga las interpretaciones no bien se atisban. Lo que queda a flote es una elegía trémula por la vida de los personajes cuando la ficción termina.

Los cortes, los pasajes de plano, la continuidad secuencial y en paralelo, las variaciones rítmicas, la mirada forzosamente exterior, la sugerencia del estado anímico por el gesto y el diálogo, la escenografía urbana y las señas de una época: todo esto, una simulación técnica de las ficciones de masas más prósperas de hoy, no podría hacerse sin un arte de la frase, confianza en la insospechada elasticidad de la gramática y un paso sostenido en la puntuación. Tampoco Wallace podría aglomerar saberes de tantas disciplinas y tantos niveles de vida real y de futuro en el zigzagueo por un mundo posible e inacabado sin un virtuosismo de la subordinada y la nominal, el tropo, el enlace, la captación fílmica del pormenor fugaz y la panorámica de grupo, la figuración de la máquina y el edificio hipotéticos, la penetración en las sensaciones. La cualidad de aplicar sin sobresaltos muchos recursos se llama virtuosismo. Es una de las que permiten abandonarse a la necesaria duración de una historia sin subordinarse a una dirección única. Lubrica la capacidad de improvisar. Da felicidad. Tiene poder político.

Por desgracia ni el argumento más anfractuoso nos redime de las líneas. Ni la gramática más lábil puede captar el fluir de lo inmediato. Pero es evidente que la verborrea espasmódica del ambiente traduce un fracaso por desatascar las conciencias repletas; y pienso que el collage añade una tendencia a llenar los huecos. También creo que una historia original siempre suspendida o provisoriamente acabada, el parpadeo de los episodios, al aliento originario de la puntuación, los silencios, hiatos, sorpresas y dilaciones del argumento, pueden hacer sensible la pulsación de la vida, y la lejanía continua del sentido, más que la disipación del sentido común en la pura deriva narrativa. El que cuenta una historia para saber por qué se le ocurrió anhela una realización conjunta con el lector.

Es muy modesto, y mejor si poco conspicuo, lo que pueden hacer las ficciones. A un plazo muy largo. Apunta a los otros pero depende de móviles oprobiosamente personales. Yo, al menos, desde que empecé estas notas no dejo de tirar de la imagen del hombre que lloraba oliendo un ramito de fresias. Así que para suspenderlas, y en homenaje a la improvisación musical, voy a recordar una canción que (en un concierto en vivo) David Byrne canta a voz en cuello en paulatino estado de euforia: «We're on a road to nowhere». Bueno, no es tan poco. Vamos hacia ninguna parte. ¿Nos acompañan?

OCCIDENTE DESPUÉS DE LA LLUVIA

Sobre la teoría de las probabilidades hay un chiste malvado. Un científico le dice a un millonario que si pone cien monos con tizas y libros frente a un pizarrón es probable que en treinta años alguno llegue a escribir una palabra. El hombre encierra los monos y se dedica a sus negocios; a los dos meses se pregunta qué estarán haciendo y al entrar, aunque los encuentra tan monos como siempre, ve que en el pizarrón hay una frase: «Durante mucho tiempo me acosté temprano». No es un gran chiste, pero viene a la memoria cada vez que uno busca explicarse el año 1922, no solo porque en 1922 murió Proust (el autor de la frase), sino porque sugiere que jamás un golpe de teoría abolirá la «obra maestra». Menos cuando las obras maestras son aluvión. La verdad, 1922 deja al intérprete a la deriva entre la razón argumental y la fe en el misterio. Por eso se puede empezar el cuento por cualquier parte. Por ejemplo con idas y venidas.

Si algo abundaba en la Europa de los años veinte eran los desplazados: tránsfugas, expulsados y supervivientes a millares, atónitos por las fracturas nacionales y el pavor de la Primera Guerra Mundial. Un arquetipo de lucidez entre esos zombis era el judío galitziano Joseph Roth. Soldado en la guerra, periodista ebrio en media Europa Oriental, Roth casi no noveló otro tema que la caída: la del Imperio austrohúngaro en la disgregación, la del incurable filisteísmo burgués en el vértigo. En un pasaje de *La cripta de los capuchinos*, el expetimetre Francisco Trotta vuelve del frente a la casa familiar. No basta con que Viena sea ruinas y él sienta culpa por no haber muerto: encuentra a su madre viuda, incólume en la dignidad, tocando un piano que no suena porque vendió las cuerdas para comer. Por suerte la señora no sufre porque, aunque se obstine en negarlo, está sorda.

No muchos consiguieron tanta concentración simbólica. Y sin embargo no bastaba. La Primera Guerra fue mucho más: ratas y barro ensangrentado en las trincheras, cielo de zepelines derramando fuego sobre iglesias, trizas de las dieciséis culturas que aunaba la corona de Francisco José. Durante la guerra los bolcheviques instauraron el socialismo en Rusia y los dadaístas dinamitaron la gramática en el Cabaret Voltaire de Zúrich. Durante la guerra Kandinsky pintó el primer cuadro abstracto y los expresionistas ajustaron una estética de sombras para vérselas con la desaparición de Dios. A fines de 1918 el alemán Walter Gropius, que purificaría de volutas la arquitectura, escribía: «Esto es más que una guerra perdida. Un mundo ha llegado a su fin». Pero el drama excedía lo mundano. Los físicos decían que el observador modificaba la experiencia, que la luz era a la vez onda y partícula, que la materia no era sustancia sino energía; Freud describía al yo como un improvisado mediador entre dos inconscientes; la técnica creaba artefactos sobrehumanos; Bergson decía que somos tiempo en flujo. La ciudad se coronaba como arena fantástica de esa disolución del sujeto en un tapiz de sensaciones. El atonalismo de Schönberg carcomía la majestuosa fábrica de la música germana. En 1922 Spengler haría capote entre los pesimistas con *La decadencia de Occidente*. Era un problema suyo. El lenguaje que había dado potestad suprema al positivismo no servía ya más que un ramo de crisantemos agusanados.

Pero de golpe pasó otra cosa. Algunos encontraron grandes ventajas en moler los secos pétalos del lenguaje y llevarlo a una potencia que, en vez de representar la realidad según las causas, creaba algo más vigoroso, transido por la cercanía de aquello que el lenguaje no podrá poseer nunca. El lenguaje era una jaula, sí, pero extensible al tamaño del universo. Y el proceso de extensión empezó prácticamente con el año. El arrogante James Joyce se había desentendido de la guerra en Zúrich, enfrascado en mantener a su familia y escribir un libro en que la historia de la humanidad se condensaba en un día de la historia de un solo hombre. Ulises: seguidilla de sincronías en la conciencia del prototípico Leopold Bloom, judío de Dublín timorato y sensual y, como Odiseo, «hijo, marido, compañero de trabajo y padre, superador de pruebas por el sentido común». Amalgama entre la ecuanimidad de Bloom, la lucha de Stephen Dedalus por librarse del condicionamiento y el ímpetu germinativo de Molly Bloom. Minucia, espesor, sexualidad y polifonía del lenguaje en la ciudad cambiante. Ezra Pound, promotor de innovadores en apuros, no se quedó dormido. Convenció a Joyce de establecerse en París. «¿No es fantástico haber entrado en una ciudad descalzo y terminar en un departamento de lujo?», diría Joyce. Pound le consiguió zapatos, vivienda, muebles, relaciones y editor: Sylvia Beach, expatriada norteamericana y dueña de la librería Shakespeare & Co. El libro que ningún país anglosajón había querido editar por recalcitrante y escabroso salió el 2 del 2 de 1922, el día en que Joyce cumplía cuarenta años. Se vendieron mil ejemplares y pronto dos mil más; la vanguardia era una poderosa red de difusión opcional.

Como vaciado en escritura, cerca del otro extremo del año, el 18 de noviembre, Marcel Proust moría después de murmurar la palabra *madre*. Semanas antes se había agotado la reciente edición de *Sodoma y Gomorra*, el cuarto de los siete volúmenes de *En busca del tiempo perdido*. Así, se ha dicho, el crepúsculo de una era literaria coincidía con el amanecer de otra. Pero no: si la novela de Proust parece la última palabra del siglo anterior, romántico y temporalista hasta el paroxismo, su monódica exploración del sentimiento prefigura la nueva época analítica. Porque ahora sabemos que el arte de Proust no consistió tanto en recordar como en atender al recuerdo para iluminar con gracia dolorosa, no solo la generalidad de la pena, sino el trabajo fecundo del espíritu sobre sí mismo; en un desdoblamiento del yo para obtener un poco de tiempo en estado puro. Esta pureza no es amoral, pero sus leyes no son naturales.

Rilke lo sabía. «El arte es la inversión más apasionada del mundo, un viaje de vuelta desde el Infinito en que todo lo honrado se encuentra con uno avanzando en dirección contraria», había escrito. Sin embargo ese viaje inverso no le impedía ser ídolo de la insomne juventud alemana de la República de Weimar. Rilke era el vate. Daba consejos, adoraba las perspectivas vastas y urgía al amante tomar al amado como plataforma hacia la intemporalidad. Aunque sabía que no hay revés del lenguaje, Rilke pensaba que el canto es consonancia con el «otro lado» y por eso amaba a Orfeo y llamaba a acoger la muerte para completarse. La comprensión cabal de que la entrega aniquila le llegó... en febrero de 1922. Recluido en el castillo de Muzot, junto al Ródano, terminó las *Elegías de Duino* y en el mismo rapto escribió la primera parte de los *Sonetos a Orfeo*. En este punto el relato del año 1922 empieza a volverse irreal. «Todo ángel es terrible», dice un famoso verso de las *Elegías*. Pero los ángeles de Rilke no son muy cristianos; son un mito de factura humana que mira al hombre desde todo lo que el hombre no es; el resguardo de un anhelo sin el cual las palabras se petrifican y aplastan. «Estar aquí es glorioso», escribió, y de reconfigurar el alemán para que acogiera esa gloria hizo una paciencia apasionada.

Pasión y aplicación dominaban el clima. Eran los años locos, era el leninismo y era la idea avasallante, la penuria, la vigilia del porvenir, la morbidez y el derroche. La humanidad solo podía regenerarse en el arte, porque el arte sabía usar los materiales para destruir más atinadamente que los cañones y construir mejor. 1922. En la humillada Alemania hacía falta una carretilla para llevarse el sueldo a casa; se comprende que *Las consecuen-*

cias económicas de la paz irritase, porque Keynes decía que la inflación podía alentar el desarrollo. Lejos, en Chicago, King Oliver incorporó a la Creole Jazz Band la trompeta flamígera de Louis Armstrong y empezó el baile. Publicada la épica de una generación de chicas pizpiretas y galanes torturados –*Cuentos de la era del jazz*–, Scott Fitzgerald se llevó a la subyugante Zelda Sayre a emborracharse a París. Ahí ya estaban Hemingway aprendiendo el arte de la elipsis en los cuentos de Maupassant y Louis Aragon trasladando a la novela el collage de visiones urbanas inventado por Picasso y Braque. Todos se cruzaban en París: Stravinski, Diághilev, las inquilinas del burdel Le Sphinx, Gide, Cocteau, Gertrude Stein, Picasso, Pound y Josephine Baker. André Bretón, empeñado en transfigurar la vida por el azar objetivo, propuso un congreso nacional para la regulación del arte moderno. En marzo, Giorgio de Chirico llegó de Italia a exponer su pintura metafísica. El estreno de la versión teatral de Locus Solus, financiada por el propio maníaco Raymond Roussel, fue una trifulca. Cada madrugada el remoto Paul Valéry se levantaba a las cuatro a escribir su diario: «El que piensa se observa en lo que él no es». Con todo, ese año publicó *Charmes*, donde estaba «El cementerio marino». En Berlín, los dibujos satíricos de George Grosz deformaban el rostro de los plutócratas. Theodor Däubler comparó el expresionismo con la síntesis de toda una vida que percibe el que va a morir ahogado. Sintetizando dialectos, jerga de cabaret y parodia de textos religiosos, Bertold Brecht creaba un teatro anticatártico. Friedrich Murnau estrenó *Nosferatu*, el vampiro; en el arrabal volumétrico de *Doctor Mabuse*, Fritz Lang estampó los miedos alemanes. En Moscú, Lenin ascendió a Stalin a secretario general del Partido. Los poetas rusos se la veían venir. Formalistas como eran, languidecían por conciliar el igualitarismo de la Revolución con la revolución de las formas. El imaginista Esenin decidió casarse con Isadora Duncan. Desde su exilio interior en Cri-

43

mea, el más grande, Osip Mandelstam, publicaba *Tristia*, una afirmación ovidiana de la poesía como medio universal de expresión: «Solo un cuidado me queda, y es de oro: / liberarme de la carga del tiempo». En la vetusta Viena, Robert Musil terminó *Tres mujeres*, Alban Berg, la versión definitiva de *Wozzeck* y Freud recibió la exploratoria visita de Arthur Schnitzler, su doble literario, para conversar sobre los sueños. Murieron Solvay, el inventor de la soda, y Graham Bell, el inventor del teléfono. El acontecimiento del año en Italia no fue *Los indomables* –un flojo relato del *pericoloso* Marinetti–, sino la marcha de los fascistas sobre Roma, que el 28 de octubre impuso a Mussolini como jefe de gobierno. Ese mes, cincuenta mil personas habían escuchado a Adolf Hitler en Múnich. Los ingleses solo tomaban ligera cuenta. En el seno del intenso grupo de Bloomsbury, Virginia Woolf conoció a su futura amada Vita Sackville-West y publicó *El lector común*, ensayos de una lectora inigualable que trataba los libros como seres vivos. Fernando Pessoa, un traductor comercial de Lisboa, avanzaba en la división de sí mismo en diversos poetas mayúsculos. El 21 de enero, en Checoslovaquia, Franz Kafka anotó en su diario: «Todos me tienden la mano: los antepasados, el matrimonio y la descendencia, pero están demasiado lejos para mí». Subrepticiamente vuelto de una misión diplomática en China, sin otra cosa que alabanzas para la marcha del mundo, Saint-John Perse acrecentaba el prodigio publicando *Anábasis*. Einstein recibió en Estocolmo el Premio Nobel de física. El de literatura lo ganó Jacinto Benavente; si el castellano brilló en las circunstancias fue porque en América el mestizo César Vallejo publicó *Trilce* y Oliverio Girondo, *Veinte poemas para ser leídos en un tranvía*. En noviembre el Parlamento italiano dio plenos poderes a Mussolini. Semanas antes, T. S. Eliot, después de psicoanalizarse en Suiza, había lanzado en Londres el primer número de la revista *The Criterion*, que contenía íntegro su poema *La tierra baldía*.

Lo que antecede es una especie de montaje, un aglomerado de retazos que no se pretende fehaciente. Antes de las vanguardias esta técnica casi no existía. La obra del artista clásico quería ser retrato vivo de una totalidad; el novelista del XIX llevaba un espejo en la mochila. La vanguardia probó arrancar del contexto fragmentos de realidad, despojarlos de su función y reunirlos de modo que crearan sentido. La obra de arte se había vuelto artificial, susceptible de ser interpretada por partes; pero hacía honor a la verdad «admitiendo los escombros de la experiencia». Serguéi Eisenstein definió un nuevo cine creando el «montaje de atracciones». Los collages de Max Ernst eran montajes, y en parte lo eran el *Ulises* y las novelas de Dos Passos. El montaje reunía en un solo espacio acontecimientos paralelos; era apátrida, veloz, y sobre todo impersonal. El montaje fue el fetiche de los vanguardistas, la sustitución del yo por el infinito sincrónico. A Eliot le pareció que al presente de la lengua había que restañarlo con vestigios del pasado. El simultaneísmo de *La tierra baldía* fue el apogeo de la alta modernidad poética. «Abril es el mes más cruel; alumbra / lilas de la tierra muerta, mezcla / memoria y deseo, despierta / sosas raíces con lluvia primaveral»: esa ironía macabra que abre el poema y se devana en cancioncitas, himnos védicos, tercetos dantescos, órdenes de altoparlante y hastiados diálogos de alcoba, en imágenes de purgatorio, de reuniones frívolas y basura en el Támesis, se interpretó como una metáfora de la agonía de Europa; pero bien podía ser la cinta de una conciencia neurótica fecunda en mitos. «El lector más curtido no se preocupa por entender», dijo Eliot. La poesía era una fusión entre emociones y una teoría de la escritura. Quizá por eso había aceptado que el infalible Pound, a quien al fin dedicó el poema, lo mejorase cortándole quinientos versos. De todos modos le agregó un aparato de notas explicativas y así completó ese regalo de las vanguardias que aún no hemos desenvuelto del todo: complejidad, dificultad, obras que suponen nuevas maneras de leer e incluyen directivas para la crítica. En *La tierra baldía* se encastran las dos utopías de 1922: exactitud de la imagen y divagación creativa. El arte como inductor de una percepción emancipada.

Quizá lo que pasó ese año deba explicarlo la numerología. A lo mejor un día pensamos que tampoco fue para tanto. En todo caso el lenguaje había chocado contra sus ardides, sus distinciones tiránicas, sus letales repeticiones, y en el parpadeo de los añicos se detectaba la presencia de lo que escapa al dominio humano. El lenguaje era la forma fáctica de toda vida mental, y por lo tanto el campo de acción del artista. El seco vienés Ludwig Wittgenstein, que en el frente de guerra había concebido una respuesta final a todos los equívocos filosóficos, también publicó su libro ese año increíble, en Oxford, por intercesión de Bertrand Russell. Era el *Tractatus logico-philosophicus* y ahí Wittgenstein decía: «Los límites de mi lenguaje son los límites de mi mundo». Proponía una filosofía hecha solo de elucidaciones; comparaba las palabras con una escalera que se tira después de pasar al otro lado (lo místico). Hay una foto del vigilante Wittgenstein con los ojos en llamas, como avizorando cuán poco puede decirse con claridad. Él había señalado la impotencia y el filo del lenguaje. También era un principio. Claro que en los mismos meses el gran Mandelstam refutaba la irrisión de la poesía con un aleluya por el contacto: «Soy el jardinero, y también soy la flor». Después de él vinieron Stalin y Hitler; pero en el cristal de la eternidad quedó la huella de su aliento.

EL MEDIADOR
(SOBRE ANTONIO DI BENEDETTO)

La familia de personajes de ficción que se despegan del suelo es surtida y temperamental. Podemos elegir entre el estilita Simón de Luis Buñuel, que al modo español se pudre de aguantar a Dios, el barón rampante de Italo Calvino, que como buen italiano se apoya en un arrebato para hacer obras mayúsculas, o los levitadores melancólicos de las películas de Tarkovski; todos son gente de carácter. Pero también está la adusta rama de los jinetes, que en la América de las llanuras a veces se quedan pegados a la silla como para siempre, y si bajan es solamente para cumplir sentencia. Me acuerdo de William Munny, por ejemplo, el héroe estropeado de *Sin perdón*. Uno de los tres o cuatro regalos que le valdrán a Clint Eastwood la gratitud del cinéfilo es la invención de ese cowboy solemne, ceñudo y cainita que por dormir al raso como los buenos cowboys recibe un chaparrón y se resfría. Como quizá se recuerde, Munny, exborrachín pendenciero y matador tramposo, fue convertido a granjero decente por una mujer amorosa que después lo dejó viudo. Munny cría cerdos y expía solitariamente sus pecados, hasta que un día un amigo negro y un joven pistolero miope le cuentan que en el pueblo de Big Whiskey un peón deformó a navaja la cara de una prostituta, que las amigas de la muchacha ofrecen recompensa por vengarla, pero en el pueblo manda un sheriff cínico y traicionero que decide qué es el orden y a quién favorece. Si bien Munny no tiene la menor gana de reincidir, si bien está viejo y le duelen huesos, hay justicia que hacer, dinero útil para su granja en juego y un amigo con el que cabalgar otra vez; de modo que monta; y el despegue romántico de la tierra no impide que se agarre una pulmonía, ni la pulmonía le impide ejercer la justicia vengadora, incluso sin falsas limpiezas. Pero a estas alturas Munny ya está tanto más allá del satanismo como de la buena conciencia; ha purgado sus faltas, o más bien sabe que no las purgará nunca y puede dejar que la fiebre lo consuma. Que la película sea una ensalada filosófica importa poco. Eastwood demuele el mito enhiesto del hombre de a caballo y con el mismo impulso lo restaura, pero en estado de ficción difusa, indefinida; es una de esas imágenes más inmortales porque, al contrario que los mitos, no organizan conductas. El cowboy de *Sin perdón* es un trasunto de todos los jinetes solitarios del continente americano. El otro día, yendo por el Paraná en una lancha de pasajeros, vi en un campo de San Pedro un peón que galopaba sobre un zaino, por entre el monte bajo y unas vacas adormecidas. Iba bordeando la orilla, curvado sobre la montura, seguido de una tropa de perritos. En la tarde azulada, ese jinete volvía a conjugar muchos opuestos: desplazamiento y fijeza, ingravidez y aplomo, soltura y esfuerzo, aire y tierra, tránsito fugaz y eternidad.

Así es Aballay, el gaucho purgador del cuento de Di Benedetto. Antes que estilita de la llanura americana es la leyenda languideciente del jinete vivificada por los detalles.

Y *Aballay* es un relato que no para de crecer y cambiar en la memoria. Cuando uno vuelve a leerlo después de años (al menos esto me pasó a mí), en la materia flaca de la historia encuentra poco en relación a lo que recordaba: un argumento agudo y lineal, media docena de anécdotas, un puñado de descripciones incomparables, reticencia y agilidad en el tratamiento de largos trechos de tiempo. Desde luego que esta escasez no es efecto de una avara poética defensiva, sino un privilegio muy premeditadamente dado a la forma; es una parvedad de palabras y una sintaxis muy elástica, y en definitiva sirve a que el relato se amplifique en la memoria, porque es la manifestación del pensamiento severo de Aballay y de su modo de presentarse: «Un pobre». En términos cristianos, el pobre es el que está más cerca de lo ilimitado.

Y no hay por qué ir derecho al cristianismo. La sucesión cortante de escenas, la técnica de contrastes, acerca a *Aballay* a la historieta caricaturesca, una cercanía cuya prosapia literaria va por lo menos de los villanos hiperbólicos de Christopher Marlowe a los enredos negros de Kafka. Más todavía: la historia de *Aballay* bien puede contarse como un chiste. Algo que para mí parece confirmarlo, y a la vez reafirma la evolución incesante del personaje en la mente, es que durante años me olvidé de cómo terminaba el cuento. No sé qué significa el lapsus. En todo caso, *Aballay* se deja resumir con facilidad.

En un impreciso pasado argentino, en el que Facundo es una presencia fabulosa y todavía hay indios sueltos, el paisano Aballay acude a una celebración de la Virgen en un cerro desolado y oye disertar al cura sobre unos anacoretas de la Edad Media, los estilitas, que se montaban de por vida en pilastras para alejarse de la tierra, acercarse al cielo, y en la incomodidad y la reducción expiar sus faltas o las de los semejantes. El huraño Aballay se atreve a preguntarle al cura sobre condiciones de la penitencia, constricciones, salvedades. No es que él quiera confesarse; solo necesita purgar, porque en una noche de alcohol mató a un hombre y ahora lleva grabada la mirada del hijito del muerto, que estaba ahí. Pero como en el llano no hay columnas que sobrevivan de templos antiguos, y Aballay no puede quedarse quieto con el remordimiento, opta por montarse en su alazán, no sin advertirle al caballo que «es para siempre». Empieza una vida de penurias y reorganización de los hábitos. Un día en un rancho lo convidan con achuras; por otros largos días pasa hambre. Enlaza un caballo cimarrón y lo usa para darle descanso al otro. Visita una pulpería y tiene suerte en la taba, pero no puede recoger la ganancia. Intenta cazar ñandúes, cuyas plumas le ofrece comprarle un buhonero. Hace fuego en desniveles del terreno. Se fríe una mulita en el caparazón. Pasa mucha sed. Sueña que está en una columna, que en la de al lado hay un viejo que despide agua por el pecho y se despierta en el barro, tumbado por la lluvia. Aguanta el solazo del verano y por poco no muere helado en invierno. Come con unos indios, ayuda una temporada a una carretera con hijos y un marido enfermo, pacta un armisticio con un comisario, despierta el respeto de un grupo de malandrines, cambia dos palabras con un grupo de indigentes vagabundos, otras dos con un caminante envidioso de su sobriedad. Con los años, muchos lo conocen «de mentas»: porque Aballay es el casi santo que lleva una cruz de palitos colgada al cuello y nunca, nunca se baja del caballo. Aprende a rezar hincado en la silla y a veces delira. Un día se le aparece un zaparrastroso y Aballay reconoce al hijo del hombre que él mató. Por toda defensa, contra el cuchillito del vengador Aballay empuña una caña «como de un metro»; pero en la refriega hiere al otro en la boca, lo ve sangrar mucho y piensa que dado el caso le está permitido desensillar. Cuando se acerca a ayudarlo, el otro le abre el vientre.

Aballay muere –esta es la última frase del cuento– «con una dolorosa sonrisa en los labios».

Es una sonrisa bastante enigmática. Tal vez se deba a que hasta el último momento Aballay se ve justificándose embarazosamente por haber infringido la penitencia. «Por causa de fuerza mayor, ha sido...», murmura el pobre echando los bofes. Después sonríe. Es que la disciplina que se impuso lo llevó a vivir apremiado por dilemas crueles, pero en el fondo enternecedores. ¿Cuán a menudo puede echar pie a tierra para evacuar? ¿Le está permitido lavarse? ¿Y si tiene que ayudar a gente en apuros? ¿No es de soberbio aceptar un bocado de caridad y comerlo mirando desde arriba? ¿Cómo se reza arrodillado en la silla? Si el que observa la conducta de Aballay no es una persona que crea en Dios, la explica transpolando causa y efecto y bor-

dea la patafísica, como cuando los indios concluyen que Aballay es una síntesis de hombre y caballo. Pero lo que sobre todo
produce el efecto de chiste es el aparato de maniobras, soluciones prácticas repetibles, tabúes y contorsiones de economía
privada ambulante que desarrolla Aballay para cumplir su penitencia; un repertorio que, justificado en la necesidad, se reduce en unos aspectos pero aumenta en otros y evoluciona hacia la liturgia, como si además de ser un trabajo el ascetismo
entrañara una administración. Claro que el carácter adminis-
trativo es habitual en el ascetismo encaminado a pagar deudas,
y Aballay debe una muerte. Descolgarse por el flanco del animal, pendiendo de un solo estribo, para acercar la cara a flor del
agua y beber. Buscar una falla del terreno para que el desnivel
permita servirse de la parte alta como mesa o fogón. Arrimarse
solo a las pulperías que tienen reja en el muro. Programar la
mateada y el acrobático acto de evacuar, o adecuar la limpieza
al régimen de lluvias para no abusar de la licencia de apearse.
Gestionar las monedas de una rastra, calibrar la vía media entre
lo que el otro aceptará como forma de fe o tomará como una payasada o una ofensa. Hasta el desprendimiento mayor, como
cuando Aballay usa su última moneda para retribuir con unas
chucherías la generosidad de la mujer de la carreta, entra en la
serie de inversiones en el fondo del perdón. En la forma de ascetismo que es la penitencia no hay derroche ni aflojamiento.
Como toda expiación de culpa, es gris y neurótica, y propende
a lo interminable.

La sordidez de la culpa, por supuesto, abarca casi toda la obra
de Di Benedetto. Por momentos alcanza una claridad culminante, casi ofensiva, como cuando en «El cariño de los tontos»
Amaya promete que renunciará a tratar a Cataldo, su única
fuente de alegría, si la hija cuya vigilancia ha descuidado por
ver a ese hombre aparece viva, «aunque enferma, aunque herida, pero viva»; y la chica aparece, y Amaya renuncia a su ami-

go y se hunde más en una vida tenebrosa. Es un tema universal. El deudor organiza la vida en función del cumplimiento de la deuda –un cumplimiento que no solo es su salvoconducto a la salvación, sino el fundamento de su identidad–, recela de todo lo que interfiere en un programa siempre urgente y en el extremo se vuelve fanático porque para él todo siervo de otro señor es un estorbo y un enemigo. En el fondo, el deudor no asimila que ha pecado; solo quiere cumplir. Y si el ascetismo del cuerpo y la renuncia al ruido y lo superfluo estimulan la lucidez, la organización de la vida en función de ganar la disculpa pone un velo en el mundo, obnubila. La culpa es el motor del deseo de mística, pero también su obstáculo. Cuando el cura que habló de los estilitas le pregunta a Aballay si se le ha acercado porque quiere confesarse, Aballay le dice que todavía no. Confesarse lleva a la contrición, que es descarga auténtica. Pero claro que no. Hablar no va a dar alivio a Aballay. Él tiene que ganarse la salvación trabajando. Y hacer un cálculo tras otro, como cuando cae dormido a tierra, por culpa de un trueno, y decide que esa bajada no hay que ponerla en la cuenta. Entonces «admite que lo tiene agarrado un yugo que él mismo se echó».

Hoy cualquier hijo de vecino sabe que todos, al menos en el mundo del Dios único y parece que en muchos otros también, venimos de origen con una falta ya cometida cuyo resumen sería la frase que Yahvé dispara a Job cuando este le pide explicaciones por sus desgracias: «Pero ¿cómo te atreves? ¿Dónde estabas tú cuando yo creé el mundo?». Como dejó bien patente Kafka, esa admonición y la condena que trae aparejada se realizan, fuera del Paraíso, en imágenes cada vez más gruesas. Todos tenemos un gurí que nos está mirando y, regrese o no para vengarse, esa mirada azuza el arrepentimiento, el ansia de perdón y la necesidad sorda de penitencia. Todos vivimos entre la esperanza de ser y el miedo a no ser absueltos. Expiando, buscando la salud. Todos vivimos montados a caballo. Tomar conciencia del hecho podría alentar a hacer de esa difícil situación un arte. Y bueno: el deslumbrante juego de técnicas de presentación, la suma de torsiones de la lengua, exactitudes descriptivas, abundancia de nombres y contracción al silencio que Di Benedetto acomoda en un transporte de veinticinco páginas quizá fuese su manera de ir montado. Hay algo de tranco, trote o galope en muchos estilos, y uno de los rasgos definitorios del estilo de Di Benedetto es que se le oye el repique de los pasos. Y si toda rítmica tiende en el fondo a encantar al lector y al que escribe, incluso a extasiarlo, que el encanto suceda, que los dos se distraigan, es la prueba de que ha empezado a desvanecerse la pura obsesión de pagar. Como parece adivinarse al final de *Aballay*, todo se juega entre cada uno, las sonoras responsabilidades del mundo y el silencio basal de las cosas, más allá de la gloria y la ruindad, todo inefable por falta de creador y acreedor.

Pero mientras la obsesión no se desvanezca, el trabajo de salvarse requiere un lugar acotado: morada, domicilio, una lengua personalizada, un escritorio aislado; para el dispuesto al desprendimiento del mundo y el desapego de sí, la gruta del asceta, la columna del estilita. En *Aballay* el espacio lo crea el desplazamiento del caballo. El espacio adonde Aballay se retira es la vida, tan completa como pueda dársela cabalgar. Las maniobras, las técnicas vueltas rito, son las que ponen el tiempo, pero sobre el caballo el tiempo se espacializa. Que el tiempo se vuelva espacio es una liberación considerable, imprevista, facilitada por esa forma singular de renuncia. Y a lo largo de la historia el tiempo se desvanece más a medida que Aballay se va desprendiendo de las monedas de su rastra, y más todavía cuando Aballay, por no ridiculizarse descolgando el torso por el ijar del caballo, renuncia a recoger del suelo lo que ganó jugando a la taba. Junto con el dinero se pierde el tiempo.

Pienso que la figura íntegra de Aballay es un resarcimiento

que el arte de Di Benedetto ofrece a la vida lúgubre, denodada, y la derrota neurálgica del protagonista de *El silenciero*. Me parece que la integridad de la figura de Aballay tiene una relación con el hecho de que crezca y cambie en la memoria. ¿En qué género entra *Aballay*? ¿Es un emblema, un precipitado total del gaucho? Las nervaduras se ven como en una hoja: el viraje en la serie de gauchos matreros, respeto por el cristianismo y parodia existencialista, traducción telúrica de la mística universal, Borges, Gutiérrez. Pero esa prosa medio xilográfica y medio conceptista que sienta insólitamente a la concentración descriptiva, esa pachorra eficaz, alumbra algo de cuño propio. Graciela Speranza ha observado que podría abordarse *Aballay* como Boris Eichenbaum abordó *El capote*, que según él tomaba procedimientos de la historieta oral rusa llamada *skaz*. Si Di Benedetto toma procedimientos y lengua del folletín gauchesco, pongamos, es antes que nada como base para inventarse una voz. En la enunciación que esa voz propicia aparece, como condensándola, la expresión «vivir montado», que ocupa el centro del relato. Quedan en segundo plano si se trata de regionalismo, parodia, naturalismo trágico, o de parábola, leyenda folclórica, lo que sea. Da la impresión de que de «vivir montado» salió todo.

Importa la montura, pero también el vivir. Necesariamente Aballay está a la intemperie, y su desprotección lo prepara para la entrega a aquello que supera cualquier vida y da la muerte y da la vida sin cesar; eso que une a cualquiera con la eternidad, con solo que se preste la atención que exige; eso que para Plotino era el absoluto y Kafka llamaba «lo indestructible». Aballay, como se ve al final del relato, no se defiende. Para el protagonista de *El silenciero*, un seudomártir de la lucha contra el ruido, el ruido, más el que irradian las personas que el que hacen las máquinas, es «un instrumento-de-no-dejar-ser», y aunque achaque este razonamiento a «una ráfaga de sinrazón», se le ve la hilacha existencialista de poner el infierno en los otros. Ese hombre se encierra y trata de escribir en una «piecita de estar solo» que «cabalga» la casa donde vive. Uno ve en seguida cuántas cosas representa el personaje de *El silenciero*. En cambio Aballay no representa nada. El personaje de Aballay es más bien una fuga de la experiencia de la realidad hacia lo real ideal, dicho al modo de Proust.

Que ya antes del final del cuento Aballay empieza a volverse ilimitado se ve en que cuando reza no implora por su salud, en que «su rezo es como un pensamiento que continúa después que ha dicho las frases de la doctrina». De noche y con mucho frío, separado de la tierra por el caballo, nota las majestuosas pinturas del cielo. Aballay está ahí, en ese plano intermedio, y es como si quisiera escuchar el silencio. El silencio es intemporal, es el indicio de un vacío raro. El silencio parece imposible pero insiste en darse a sentir y, de la percepción de que hay un modo de contar que media entre lo que no habla pero es imborrable, abarcador, inexcusable, y la ilusión de sentido, Di Benedetto obtiene para su gaucho el poder de contagiarnos descubrimiento y congoja. Miren a Aballay de rodillas en el lomo de su cimarrón rezándole al cielo nocturno. No solo no quiere quejarse; presiente que no hay a quién alzar la queja. En ese momento ni se le ocurre esperar perdón. Por otra parte no va a haberlo. El silencio no dice nada, quizá porque aquello que hace silencio no es nada que pueda hablar. No es nada que tenga poderes. El poder del silencio, en el fondo, radica en su neutra impotencia. El silencio que escucha Aballay bajo el cielo nocturno no es una elección expresiva, como cuando alguien, por ejemplo, concede callando; es ese silencio que solo se revela a sí mismo. (Es inexpresable en palabras, pero el que presta atención lo percibe. Por otra parte los hombres hablan, es asombroso, no paran de hablar, y llega un momento en que las únicas palabras que afectan son las que quieren dejarse oír entre la impasibilidad del silencio y nuestro irremediable deseo de sentido. Y si esas palabras pueden afectar, pueden no ser un mero ruido más, es porque son palabras que escuchan. Escuchar es primero una disposición, después un arte, que como todo arte es de aprendizaje largo y no es cosa de poseer, y en definitiva es un asunto de confianza. Palabras que escuchan son las que dejan experimentar cielo y tierra, todo junto e indiferenciado, en una sola cosa concreta: el duraznero desbordante de flores, pongamos, que anuncia a Aballay que se terminó el invierno.) *Aballay*, el relato, hace evidente el poder del silencio porque está hecho de palabras que han intentado escucharlo y lo transmiten, palabras que, como un sacramento, hacen efectivo lo que afirman y por lo tanto cambian la realidad. Palabras que transportan a ese gaucho desde la falta, la culpa y la agotadora tarea de acallarla, no a la absolución, lo que sería una soberbia muy poco literaria, sino al desapego o a la valentía sin más, si se quiere a la indiferencia, discreto borde de lo inexpresable.

La tradición dice que el gaucho malo termina mal, y termina bastante pronto. Pero ¿por qué Aballay muere «con una dolorosa sonrisa en los labios»? El dolor es porque acaban de abrirle el vientre, en principio. Y es posible que, sabiendo que muere porque ha transgredido la penitencia para ayudar a su némesis, sonría por sarcasmo. También es posible que sonría porque el acto de caridad que le cuesta la vida es la prueba de que ha sabido escuchar y ya está liberado; porque se alegra de que, desde la aparición del otro y el anuncio de que venía a pelearlo, él se limitó a hacer un gesto sereno de conformidad y ni abrió la boca. O tal vez sonría porque comprende que la recompensa por su acatamiento es no tener que ocuparse más de sí mismo, ni afanarse por un Aballay que pueda ser perdonado. Pero al cabo la sonrisa dolorosa se mantiene inmune a los abordajes, como si no tuviera contenido. Probablemente esto se deba a que, no bien Aballay se despega del suelo, el mundo intermedio donde transcurre el cuento es un mundo de lo no resuelto. Mejor dicho, el cuento mismo se transforma en un lugar de lo no resuelto. Pensándolo bien, debe de haber algo de ironía en esa sonrisa. Y una duda, que también es nuestra. Nada permite afirmar sin matices que las frases pasmosas, abisales de Di Benedetto sean únicamente indicios del vacío inefable o compromisos con la sentencia de Mateo: «Por vuestras palabras seréis juzgados». No, ni el silencio es el absoluto de la vida, ni el ruido es, como dice el silenciero, un instrumento de no-dejar-ser.

Si me alargo un poco en esto es, no solo para restituir cierta honra poética a la gris neurosis, sino porque en el nudo que forman la tendencia a la quietud, el placer compulsivo y la indefectible necesidad de generación viene de perillas para desvariar una vez más acerca de vida y literatura. Es decir: como la vida, la literatura sería un rodeo muy ornamentado y productivo con el fin de llegar a la quietud más quieta; solo que la literatura subsiste porque de vez en cuando acepta que el rodeo le importa más que la muerte. Que una palabra más la resarce del minuto menos. Y bien: si *Aballay* no deja de crecer en la memoria, si se transforma constantemente más allá de la página, es porque continúa traduciendo a la órbita verbal «gaucho» esa ambivalencia libidinosa, angustiosa y universal. La tierra hierve, prospera y llama; el cielo calla, cubre y perdura; el hombre que se ve entre una y otro se entrega a aquietar los ruidos mediante la palabra.

Por el fondo de los campos estaba subiendo el sol, pero Aballay no terminaba de despertarse. Helaba, y él se estaba congelando. Lo poseían vagas sensaciones de vivir un asombro, y que se había vuelto quebradizo. No intentaba movimiento y lo ganaba una benigna modorra. Mucho rato duró el letargo, ese orillar una muerte dulce, mas atinó a reaccionar su sangre a las primeras tibiezas de la atmósfera.

Buena parte de la obra de Di Benedetto es campo de una lucha entre nihilismo y expectativa de trascendencia. El choque se reproduce en otro, entre la desconfianza por las palabras –una cautela exasperada, casi un desaliento– y un cuidado tan peculiar de la enunciación que inevitablemente seduce. Di Benedetto habría concordado con Freud en que las dos tendencias surgían de la pulsión de muerte, pero saberlo no lo eximió de mantenerse en vilo entre la impotencia como marca humana y la voluntad porfiada de seguir escribiendo. Pocos escritores se han establecido mejor en esa incomodidad que Samuel Beckett. Como Beckett, a cierta altura Di Benedetto comprendió que su camino poético debía ser no la adición, sino el empobrecimiento. Todas las antinomias que lo apretaban debieron de resumirse en una preponderante, entre el ser y la forma, y la tarea siempre inconclusa se ciñó a romper el orden formal del lenguaje, fraguador del pensamiento y el recuerdo, para ver qué quedaba. Beckett lo dijo así: «Y cada vez más mi lenguaje me parece un velo que debe ser rasgado para llegar a las cosas (o la nada) que hay detrás... Abrir en el velo un agujero tras otro hasta que lo que se agita detrás, sea algo o nada, empiece a filtrarse. No concibo meta más alta para un escritor de hoy». Dos secuelas del propósito de abrir agujeros en el velo del lenguaje son, primero, que el escritor tiene que enfrentarse una y otra vez contra su facundia natural, si la tiene; y segundo, que debe aceptar que tras la superficie veladora del orden del lenguaje está, no solo el «ser», sino una verdad del ser a la cual se intenta llegar.

Muy a menudo uno ve que Di Benedetto, como Beckett, sabe que en el fondo toda palabra es una tergiversación, que lo indestructible es el silencio, que detrás del velo no hay nada, que por lo tanto, no solo la facundia es una inutilidad, sino que incluso abrir agujeros es una pasión inútil. Pero también ve que posterga el momento de aceptarlo del todo, que pierde aún una moratoria al descubrimiento radical del vacío, y no solo porque no logra resignarse a que haya en la vida algo dispuesto a recibirlos, a acogerlos en la salud si han pagado debidamente, sino porque el trabajo de escribir para acallar la excitación puede ser enfermizo pero da mucho gusto. Qué nudo este, qué contrasentido. Robert Walser lo caracterizó como nadie. «El reposo se alegra de renovarse en la agitación», dijo. Desde el momento en que Aballay le dice al cura que no quiere confesarse todavía, el relato cuenta la postergación terca, laboriosa y fecunda del reconocimiento de la nada.

Lo cuenta con una musicalidad llamativa, irresistible.

> Acechó al ñandú. No para faenar sus carnes (empresa imposible sin echar pie a tierra). No que quedara sin vida, quería Aballay, que quedara sin plumas.
>
> Supo de pacientes vigilias, aplicó el ojo avizor, se sometió a la inmovilidad (por no someterse al zancudo).

En estos párrafos-estrofa de frases en staccato e identidad lábil, Aballay va pasando de los esfuerzos de ascesis a una paulatina desenvoltura. La rítmica versátil de Di Benedetto, la entonación dura y porosa, la sintaxis falta de patetismo, la designación llana lo preparan para desfallecer en el silencio. Ciertos místicos, Bataille entre ellos, recuerdan que la comunicación verdadera, entregada, se da de la herida que uno reconoce en sí mismo a la que ve en el otro. Aballay hiere al vengador en la boca, y rompe su penitencia por compasión. Después las sangres se mezclan, podemos suponer, pero no hay unión mística. Aballay puede dudar de haber obtenido la absolución, pero ha alcanzado la soltura: ha constatado que el sueño humano de ir más allá de la existencia es trágico, pero también un devaneo insignificante. Todos venimos heridos y salpicados de origen; como intento de paliarlo, todos vivimos haciendo maniobras más o menos aparatosas sobre un caballo. Nada hay que pueda conceder una redención ni el trabajo de obtenerla puede aspirar a justificarse. No había deuda que pagar, ni nadie que en efecto pudiera pagarla; solo palabras que decir, y ahora ya apenas queda quien las diga. Alborozada desilusión. Levedad. Todo esto trae la sonrisa dolorosa de Aballay, y es como si, librando a su gaucho de los lastres de gravedad, los ritos contractuales, las obligaciones interesadas del cristo-paganismo que prevalece en Latinoamérica, Di Benedetto aliviase las frases de muchos otros pesos muertos. Como si dijera que el fin de la penitencia, en los dos sentidos de la palabra *fin*, es la disipación del penitente en el silencio; que nihilismo y fe se neutralicen mutuamente en el cese de toda dualidad y tanto afán. Es muy tentador pensar que Aballay sonríe de contento, como los panzones buditas chinos, pero estas cuestiones son absorbentes, nada fáciles de asimilar para uno, y no está permitido afirmar gran cosa. Supongo que es por esto que durante muchos años, mientras Aballay me crecía en la mente, me olvidé de cómo terminaba el cuento. Aballay seguía ahí, sobre el caballo, como el gran mediador, señalando un vacío que calla pero impele, custodia, desengaña, anonada.

Sigue ahora, todavía. Piérdanse, susurra, que los espera el infinito.

ESQUELETOS
(SOBRE AGOTA KRISTOF)

Aunque en las novelas de Agota Kristof casi no hay desgracia que no pueda ocurrir, crimen que no se cometa ni prohibición que no se viole, la desmesura de los hechos no tiene nada de trágico. Tampoco hay augurios de redención ni actúan otras potencias que las terrestres; no hay destino, ni bromas del destino. El tono es invariablemente flemático ante el horror. Tomemos un párrafo de *Ayer*: «Agarré el cuchillo grande que había en el cajón, un cuchillo de cortar carne. Entré en la habitación. Dormían. Él estaba encima de ella. La luna los iluminaba. Había luna llena. Hundí el cuchillo en la espalda del hombre y me eché encima para que penetrase bien y atravesara el cuerpo de mi madre. Después me fui». El que hizo esto a los diez años era un chico que vivía en la mugre y no soportaba más los gruñidos conjuntos de su madre, la puta del pueblo, y su maestro; el exiliado que lo cuenta ahora sabe que ese maestro era su padre; está enamorado de la hija de él, su medio hermana –casada– y no por descubrir que los amantes no murieron se siente huérfano ni desterrado.

Este complejo perpetuo es típico de las fábulas de Kristof. Casi siempre están en un presente que absorbe todos los incidentes, las filiaciones falsas y verdaderas, las formaciones y deformidades, los amores y las pérdidas, y se extiende a la espera, los reencuentros y los aparecidos. Un presente tan dilatado y tan lleno que raya en lo sobrenatural; que asfixia pero también ampara, en la medida en que puede escribirse. Abunda en personajes oscuros, «agazapados», insomnes, lastrados de aflicciones y faltas imprescriptibles. Son exudaciones de la historia en la vida ordinaria, frutos de la barbarie y el avance, de la falacia del sentido, y, aunque pueden ser muy compasivos, viven esa inmediatez agitada e inconexa como un sueño lúgubre. Querrían despertar a la quietud, a la muerte. Sin embargo algo los empuja y, mientras el deseo no se extenúe, en esas condiciones tienen que sobrevivir. A eso aplican sus mejores recursos: trabajan, observan, traman, se adiestran y cuando los vence la desazón beben y fuman hasta destrozarse. Las narraciones de Kristof son breves momentos de deseo de muerte en cadenas constantes de actividad y sucesos atroces. Todo se lleva a cabo, y de una realización se pasa a otra, no importa el tiempo que medie, sin que la frase tenga ocasión ni interés en matizarse con metáforas, en general ni siquiera con adjetivos. Entre el dolor de la privación, las necesidades del cuerpo, los chispazos de reflexión y el peligro del desaliento, entre los daños de la historia y el denuedo de los personajes, una tras otra las lapidarias frases de Kristof se consuman llevadas por el delirio. No alojan juicios ni interpretaciones. Su verdad es la acción. Solo presentan escenas decisivas, como en los folletines.

En este plano de fantasía dolorida existen Claus y Lucas, los gemelos de *El gran cuaderno*, la novela inicial de la trilogía que Kristof, húngara exiliada en Suiza, escribió tardíamente en francés; una novela que demudó a los lectores y le dio a ella un lugar único en la tradición moderna de la literatura extraterritorial. Un interrogante enhebra las docenas de espantos de las tres novelas, y es quién está contando todo; porque sobran contradicciones. Pero si *El gran cuaderno* maravilla es en primer lugar porque está narrada en primera persona del plural, un recurso con muy pocos antecedentes novelísticos que no sean meramente retóricos.

Ha estallado la guerra. Una mujer cuyo marido marchó al frente decide probar suerte en otro país y va a dejar a sus gemelos en casa de su madre, en las afueras de un pueblo. La vieja viuda, avinagrada, ascética hasta la avaricia, la acribilla a reproches y, si acepta a los chicos, advierte que ellos lo pagarán caro. Para ellos empieza una educación en el sufrimiento, la suciedad, la estrechez y el desprecio. «Antes de venir a vivir a esta casa no sabíamos que nuestra madre todavía tenía madre. Nosotros la llamamos la abuela. La gente la llama la Bruja. Ella nos llama "hijos de perra"». Claus y Lucas no opinan; ellos miden todo por el rasero de las vivencias y la necesidad. Desde que quedan en manos de la vieja se funden en una sola fuerza de duración. No bien pueden, se aprovechan de que los demás no los distingan. Si tienen que diferenciarse, dicen «uno de nosotros hace de sordo; el otro, de mudo». La abuela los instala en la cocina y les raciona la comida y la leña. Plantan papas, despluman pollos, cuidan cerdos. Se cubren de roña. «La letrina está en el fondo del jardín. Nunca hay papel. Nos limpiamos con las hojas más grandes de determinadas plantas... Ahora olemos mal, como la abuela.» Pero ese «determinadas plantas» es una señal del discernimiento que los va a alzar desde el chiquero a la notoriedad en la comarca. Como medio mundo les pega, se templan en el sufrimiento con bofetadas y patadas mutuas, ponen las manos en el fuego, vierten alcohol en los cortes que se hacen en el pecho. «No dolió», se comentan. Después vienen los ejercicios espirituales, como tirarse horas de cara al sol, y por fin el estudio, con diccionarios, libros y lápices que le exigen al librero del pueblo que les fíe con el incontestable argumento de que son huérfanos y tienen que educarse y, siendo muy aplicados, un día le retribuirán con creces. Pero también les es imprescindible contar cada peripecia en un cuaderno grande, porque con la distancia del relato se consolidan y entienden mejor el mundo. Gracias a esta evolución que incluye el cálculo comercial, ganan la apariencia suficiente para juntar monedas actuando en las tabernas. Hacen acrobacias; tocan la armónica y cantan, y la gente arrasada por la pena llora. La autodocencia se completa con estrategia humana. No solo equilibran la relación de fuerzas con la abuela gracias a haber descubierto que mató al marido; chantajean al cura del pueblo, se las ingenian para masturbar a una muchacha que los baña, y se dejan seducir por un «oficial extranjero» que los quiere de veras. Aprenden que la astucia es útil pero el cumplimiento calma. Son recelosos, pragmáticos, no tienen escrúpulos ni miedo. Pero también son caritativos con los más débiles que ellos, respetuosos de las obligaciones y enemigos de la pereza. Son fabulosos prometeos, pulgarcitos, miniulises ilustrados. Alrededor pululan la traición, el doblez y el egoísmo mortífero. Ellos persisten en el conocimiento. Como si su sensatez embebiera las circunstancias, todo el mundo en la novela habla con formalidad despiadada y gramática impecable hasta en el insulto. Pero a ellos esto les demanda una consecuencia agotadora. Aquí están, por ejemplo, con «el oficial extranjero» que los mima: «Nos empuja suavemente, nos alborota el pelo y se pone de pie. Nos tiende dos fustas y se acuesta en la cama... Lo golpeamos. Una vez uno, otra vez el otro. La espalda del oficial se llena de rayas rojas... La sangre se nos mete hasta en los ojos, se mezcla con nuestro sudor y seguimos golpeando hasta que el hombre lanza un grito inhumano y nosotros caemos, agotados, al pie de su cama». No es la única perversidad en que se comprometen; pero ninguna es mayor que la retahíla de traiciones, represalias y asesinatos y suicidios que la guerra provoca o devela. Hay un ejército ocupante, locos de guerra emboscados, bombardeos, una frontera cercana y peligrosa, maldad que se escuda en el hambre. Corre mucha sangre en esta historia; pero para Claus y Lucas pervertirse de varias maneras es una tarea más. Son indefectiblemente prácticos. No amorales; no tan indiferentes como para no compadecerse de los más débiles y aconsejar a los idiotas. Un día, de pronto, reaparece la madre con un bebé en brazos. El extranjero que la acompaña la apremia a partir porque ya se oyen los disparos de otro ejército. Los gemelos se niegan a dejar a la abuela. «En ese momento hay una explosión en el jardín. Después vemos a nuestra madre en el suelo.» Ha sido un obús. El pasaje no tiene ninguna relación con lo que suele considerarse climático. Diez líneas después la madre está enterrada. Tres páginas después termina la guerra. «A todo el mundo le falta de todo. A la abuela y nosotros no nos falta nada»: es que han descubierto que la abuela tiene un tesoro acumulado. Pero ocurren otros cambios: «Más tarde tenemos de nuevo un ejército y un gobierno propios, pero son los liberadores quienes los dirigen... La foto de su líder aparece por todas partes. Nos enseñan sus canciones, sus bailes, proyectan sus películas en nuestros cines... Hombres y mujeres desaparecen sin que se sepa por qué... Reconstruyen la frontera. Ahora es infranqueable». Pero los retornos no cesan: soldados que perdieron las uñas en la tortura, hombres demolidos que reclaman derechos en hogares ilusorios y en seguida desisten, osamentas de cadáveres de la metralla o la codicia. Una vez más, una de tantas, los gemelos atienden a lo suyo sin flaquear ante ninguna transgresión; su ingenio impávido los ayuda a que «uno de nosotros» pueda irse «al otro país» sorteando la frontera mediante una operación macabra. Porque la última fase de la ordalía que se han impuesto es aprender la separación; individuarse.

Será un fracaso. Más bien una amputación de la simetría; la única herida que no va a cerrárseles ni podrán ignorar. *La prueba* –en indirecto libre– es la novela de la maduración de Lucas, el que se queda, y de su lucha para no pudrirse en la soledad. Acoge a una muchacha cabeza hueca que se fajó un embarazo para conservar el empleo; y adopta al niño, que nació tullido, con tal amor que para no perderlo le miente y termina matando. Mathías es un precipitado de generaciones de error y grosería; un cerebro fulminante en un cuerpo desgraciado, y sus ambivalencias infectan la novela. Ni él ni nadie pueden retribuir el ardor sistemático con que Lucas entrega afecto; ni la mujer que enloquece esperando al marido deportado, ni el secretario del partido que oculta su homosexualidad, ni la ralea sentimental de las tabernas. En la pieza que fue de la abuela, Lucas tiene colgados los esqueletos de su madre y el bebé; deberían ser talismanes, pero son la coagulación de su vida y contaminan el entorno. Demencia, arribismo, represión, alcohol, suicidio; los personajes de estas novelas vomitan mucho.

La tercera mentira, que está narrada en primera persona por Claus, el que se fue, pone el contenido de las dos novelas anteriores en un limbo. La primera persona literaria suele ser eficaz pero engañosa; la tercera es mediadora y empática en su distancia; la primera del plural es tan inexplicable que derriba las prevenciones. La combinación de las tres da un nuevo tipo de novela. Es como si del «nosotros» de *El gran cuaderno* emanara hacia las otras un trastorno fulgurante: el registro pasa del cuento folclórico siniestro a la novela familiar desguazada, y luego al melodrama truculento y al fantástico existencial. Entre sueños, mentiras y cuadernos que se mencionan pero no se esgrimen, las versiones de los gemelos se solapan, se glosan, se interpretan; las identidades se interpolan, suplantan y anulan como variaciones excesivas sobre el tema de la pérdida. Es una inestabilidad de desierto alzada sobre la historia de Hungría a través del nazismo, la guerra, el estalinismo, la revolución del 56 y todas las matanzas y los exilios. El don que ofrece Kristof es una forma que aumenta la visión. Por el flaco cauce de su estilo sustantivo, guionístico, un caudal de géneros seculares y modernos –el mito, el cuento popular, el poema en prosa simbolista, el cine neorrealista, las experimentaciones– se depura y prepara la novela para las auspiciosas vacilaciones del siglo XXI.

En una de las versiones que escribe el gemelo Claus de su vida en otro país y el regreso al pueblo, asegura que le mintió a la policía sobre cómo pasó la frontera, sobre su edad y sobre su nombre. Pero la revelación de que no se llama Claus también puede ser falsa. Imposible saber si hubo gemelos; o cuál de los dos escribe. Todos mienten en estas novelas. Mienten para defenderse del Estado y el prójimo; velan con mentiras sus crímenes y la corrupción incesante de la sangre de las generaciones: mienten para librarse de la identidad. Pero mentir es suplantar por otra una identidad presuntamente verdadera. Lo negado vuelve como congoja; los sepultados que no afloran como esqueletos perviven como fantasmas. Por eso los héroes de Kristof escriben sin parar. Escribiendo la identidad se disuelve. Del insomnio del obsesionado, el desvarío de la literatura hace una casa. Afuera quedan los pavores de la historia, el vino nihilista, el llamado del suicidio, la necesidad. Adentro, el deseo sin objeto, lo que cada frase extingue y recobra a la vez, todos los tiempos conjugados. En un cuento de *No importa*, el último libro de Kristof, un hombre invierte su fortuna en buscar la casa de su infancia; cuando la encuentra, un chico soñador sentado en la entrada le dice que está mirando, no la luna, sino el futuro venturoso. El hombre contesta que él viene de ese futuro y es un cenagal; pero viendo que el chico se enfurece, admite que quizá el problema sea que él se fue. La literatura es eso: una casa, no un hogar, y es toda ahora. Así piensa Tobías, el protagonista de *Ayer*, en uno de los pocos arrebatos de la obra de Kristof: «El tiempo se desgarra. ¿Dónde encontrar los terrenos vagos de la infancia? ¿Los soles elípticos inmovilizados en el espacio negro? [...] En un momento nieva. En otro llueve. Después hace sol, viento. Todo es ahora. No ha sido, no será. Es. Siempre. Todo a la vez. Ya que las cosas viven en mí, no en el tiempo. Y en mí todo es presente». En este presente absoluto suele suceder la invención. De la convivencia de lo que el tiempo arbitrario divorció surge algo que antes no estaba: un país, un artefacto, unos gemelos inauditos.

PROSA DE ESTADO Y ESTADOS DE LA PROSA

Llamo prosa de Estado al compuesto que cuenta las versiones prevalecientes de la realidad de un país, incluidos los sueños, las fantasías y la memoria. La prosa de Estado instituye un supraestado que excede a todo aparato estatal. En Argentina, sus ingredientes básicos son los anacolutos del teatro político, las agudezas publicitarias, el show informativo y sus sermones, la mitología emotiva de series y telenovelas, la pedagogía cultural, psicológica y espiritual de los suplementos de prensa, las jergas progresistas, juveniles y canallas parasitadas por los comunicadores, todo con incrustaciones de traducciones españolas y doblajes centroamericanos. La prosa de Estado plasma los valores de la mente pequeñoburguesa –avance, posesión, distinción y a la vez pertenencia–, tan seductores que absorben a los desposeídos y conquistan a los oligarcas que antaño los despreciaban. Es enloquecedora: mantiene vivo el deseo de mercancía y fomenta la persecución de metas contradictorias. Y, en contra de su proverbial filisteísmo, hoy ya no recela de la literatura; al contrario: se refuerza, ecumeniza y eleva patrocinando una literatura que expresa, y hasta expresa bien, cosas que los demás discursos de la prosa de Estado no saben articular. Los escritores hablan de la angustia y el mal y la ambivalencia; proveen sabiduría y ética; también señalan saludablemente las llagas de los hablantes. La prosa de Estado se reviste incluso de una poesía de Estado, como en el gusto de los políticos por la lírica combativa. Porque así como el Estado de la religión democrática necesita oposiciones complementarias, la prosa de Estado solo puede implantarse si se reconoce débil e incompleta. Para fortalecerse mantiene a la literatura en invernadero, exquisita flor-ortiga, pero dentro de su parlamento total.

La integración de la literatura nos plantea dilemas graves. ¿Creemos que es posible librarse de los valores y las estafas de la prosa de Estado dentro de su tutela omnívora? ¿Es posible reformar ese lenguaje para contar otras cosas, o la única libertad depende de un ataque frontal, demoledor? Y si hay que demoler, ¿se podría destruirla de veras sin terminar con nosotros mismos? He aquí uno de esos dilemas que comprometen toda una vida. Porque ¿hay una prosa, otra, realmente soberana? ¿Y en qué puede consistir su soberanía? El «nosotros» a que aludo vendría a ser: los que estamos hartos del engaño y pensamos que las ficciones literarias que la prosa de Estado asimila, aun las que denuncian sus lacras, son indispensables para mantener las condiciones que hacen a nuestro hartazgo; y que el mero hecho de que nos hartemos es síntoma de nuestro poco valor. Querríamos, como Debord, participar no del espectáculo del fin, sino del fin del mundo del espectáculo. Pero Debord sabía que este deseo entrañaba la necesaria abolición del arte, y nosotros... nosotros nos preguntamos: ¿Henry James, Virginia Woolf, Borges también son virus a eliminar? No estamos seguros, por más que los usen y los disfruten los filisteos. Bien: desde hace un tiempo esta incertidumbre aflora en dilatorias polémicas (entre Martínez y Tabarovsky, entre Kohan y él no revela quién) sobre la colaboración de cierta narrativa con el enemigo, o sobre la inadaptación vocacional de otra narrativa, lo que es tirar afuera la pelota del partido que verdaderamente estamos jugando. En mi opinión, tendríamos que volver un poco a la retórica. Leer y escribir son artes del desmentido, de la diferenciación (aunque aspiren a lo indiferenciado), y frutos de impulsos de individuación para los que importan los estilos.

La prosa de Estado siempre es escrita. Desde hace varios siglos la letra se imprime en la carne a tal punto que hasta los conscientes de ese silicio hemos adoptado la metáfora inversa del texto como cuerpo. Pero hay reacciones. Desde comienzos de la modernidad, la estrategia dominante de crear un espacio limpio, y en él un texto que afirme un sistema exterior y sea eficaz, viene compensada por movimientos que realzan la enunciación, los acentos particulares o íntimos, decididos a penetrar en los misterios del mundo y en las conductas que los enunciados aplanan: son los casos de Shakespeare o de Quevedo. La consecuencia de estas irrupciones, parejas al progreso tecnológico y exacerbadas en el romanticismo, es que las escrituras individuales distinguen, pero por eso mismo jerarquizan y terminan contribuyendo al empuje gestionador de la tecnocracia progresista; paradoja esta que explica la cíclica tentación de los escritores de derribarlo todo o dejar de escribir. Por encima de la individualidad que parece fomentar, la prosa de Estado (hoy, febrero de 2006) es acumulativa, conquistadora, aglutinante, neutralizante e implanta no solo la ley, sino la burla de la ley y las formas del placer y la espiritualidad. A las diez de la noche, mientras en un canal muestran torturas a prisioneros, en otro Tinelli se burla de un zapateador enano y en otro el ofuscado Nobel comunista José Saramago ensalza una novela que premió a sueldo del diario *Clarín*, verdugo cotidiano de la lengua. Párrafos de la novela completan el mundo. Este coloide, el escritor lo sabe, cuaja en una lengua siempre realimentada que se imprime en las redes neurales y las satura. La prosa de Estado es un dispositivo de control más eficaz que las policías. Con todo no es tan nueva. La máquina estampadora de sentencias en lomos humanos, la de *La colonia penitenciaria*, data de hace un siglo.

Pero la máquina del cuento de Kafka, una verdadera berretada, se avería en mitad de la faena porque la carne del reo ofrece sus resistencias, y la invención de esa alegoría es una de las grandes réplicas de la literatura al control por la palabra. Hay muchas otras: esquivez desdeñosa, «silencio, exilio y astucia», dispersión del sentido, terrorismo logomoral, desorden de la percepción, literatura menor, quiebra de las líneas de asociación, asesinato de la gramática: de todas se han alimentado los escritores del siglo XX para expandir la conciencia. Como sea, sin embargo, en el fondo del ataque al lenguaje siempre nos encontramos con el rencor contra su fuente, la vida, y por lo tanto con la pulsión de muerte, con el nihilismo letal de Sade. En este umbral la mayoría nos detenemos. Adoptamos programas menos suicidas: por ejemplo, abdicar de todo poder que no sea el de llegar a una verdad; una verdad del caso. Ahora bien: para hacer verdad con un lenguaje que permanentemente la falsea, el escritor tiene que falsear ese lenguaje (dice Barthes); si puede, pulverizarlo. Solo que, otra vez, comprende que no lo conseguirá sin pulverizarse él también. Es un loop muy dramático de la conciencia literaria, que también puede ser muy gracioso. Entran ganas de estallar, de volverse esquirlas, ¡BUM!, y de que en los vacíos intermedios rija al fin la posibilidad infinita. Si la prosa de Estado es una demencia lógica, garantizada por su hueste literaria adjunta, para que renazca la literatura hay que reventarla y reventar. Pero destruir es una tarea triste, y además no se termina fácilmente con uno mismo, entre otras razones porque en cada uno hay vástagos de alguna tradición y retoños de porvenir. Sí: en los efímeros agregados que somos alientan las generaciones. Y si se mira hacia atrás, entre la apabullante historia de desastres, gramáticamente incólume, se ve la llama delicada de aquello por lo que vale la pena «subsistir en el ser». Una cadena de fuerzas de oposición, inconformismo, desintegración, engarzadas a otras fuerzas que han celebrado, preservado, querido. La forman Jarry y Whitman, Huidobro y Martí, y algunos poseídos por todas las fuerzas, como Lispector o Celan.

La pelea de los narradores con la prosa de Estado es por la

propiedad de la lengua y la verdad de las historias. Para Pound, la mayoría de la buena prosa literaria nace de un instinto de negación; es el análisis detallado y convincente de algo detestable que se pretende eliminar. La poesía, en cambio, asevera valores positivos, o un deseo, y es más perdurable. Si esto es cierto, y la buena prosa literaria ha sido asimilada por la prosa de Estado, un modo de desbaratarla sería incorporar a los relatos la carga aseverativa de la gran poesía, empezando por la palabra plena y afirmativa. Sin embargo, lo que hoy gana adherentes en nuestro medio literario es una «mala escritura» (es decir, impropia), por oposición a las Bellas Letras o la mera prosa funcional «de mercado». En su última versión, esta idea alegre y fecunda proviene de Aira; óptima razón para estudiarla. Habría dos razones para romper con la buena escritura. Una sería el odio a la burguesía mundial que la ensalza y usufructúa; un plan de revuelta, en algunos valientes de aniquilación, en los astutos de derrocamiento y reemplazo. La razón contraria sería un deseo de liberarse del trabajo de la belleza (que no habría contribuido poco a la prosperidad del mal, como sentía Rimbaud), y en general de lo trabajoso, y de escribir como vía de calma, acaso de saber: como ejercicio contra el resentimiento.

En la Argentina de hoy diferentes narrativas deliberadamente mal escritas, antiartísticas, se agrupan en una infraliteratura que enarbola un linaje local y universal: Arlt, Céline, Nicanor Parra, Copi, Lamborghini, Zelarayán. La infraliteratura parte de la convicción de que una sintaxis brusca y lisiada puede ser sincera, y una frase bien construida, un mero disfraz. Pero, aunque por su carácter destructivo debería ser impasible y altiva, a menudo se encuentra en un brete. Por un lado quiere hablar en nombre propio, escapar de la uniformidad y la chatura; por otro, contra la belleza normativa, representa los usos vulgares que colectivos relegados o sectarios hacen de la lengua: travestis, como en Alejandro López; mundo atorrante y bailantero, como en Washington Cucurto; chabonería barrial de rock y fútbol, como en Fabián Casas. En la realidad, es el estereotipo lo que proporciona a esos grupos la fluidez que no alcanzan en la lengua oficial. En la infraliteratura, el habla, los modos de interlocución, son armas primordiales contra la prosa de Estado. Pero el escritor que adopta estereotipos pierde individualidad. Si quisiera hablar en su nombre inalienable, reivindicarse autónomo, también debería destruir ese lenguaje de intercambio. Tendría que forjarse un lenguaje privado, definitivamente no comunicativo (es a lo que tiende el idioma pansudaca de Cucurto). Pero he aquí que, si se anima al extremo, la infraliteratura choca con el reto de la literatura absoluta, la obra embarazada de su teoría *ad hoc*: *Finnegans Wake* o, exagerando menos, *Gran Sertón* de Guimarães Rosa. Dados los materiales con que se ha aviado, la infraliteratura argentina reciente no está a la altura del reto; y se resguarda de sus déficits reclamando una herencia de pobreza, de bajeza, de exclusión, de urgencias, y denigrando la literatura elegante. No obstante, no se ataca una literatura sin atacar simultáneamente toda literatura posible. Y, en la medida en que tiene ancestros, cada escritor separado de la institución literaria se enfrenta con otra que él mismo está empezando a instituir. Crea y enseña la guerra a la Literatura, una entidad que solo existe en sus ciclos de alianzas, hundimientos y resurrecciones. Más allá de esto, la escritura plebeya y procaz de novelas como *Keres cojer? = Guan tu fak* (López) o *Las aventuras del Sr. Maíz* (Cucurto) dan la incómoda sensación de compartir involuntariamente el asco por la palabra adecuada, y hasta el desconocimiento de las normas que se infringen, en que se deleitan el periodismo caradura, las telenovelas y las tertulias radiofónicas. Por eso creo que la virtud de la nueva infraliteratura es reformular la pregunta de cuánto queremos destruir y cuánto conservar. *Las aventuras del Sr. Maíz*, memoria de cómo un repositor cabeza negra es coronado semental sudaca y se crea como poeta negativo, alegre y soez, modera su violencia engarzándola en la lírica del salón bailable: «Así es como todo gira, como todo tiene su lado oscuro con un poquito de luz por donde tenemos que entrar todos al mundo; gracias al dólar-dolor dulce del neoliberalismo tuvimos entre nosotros a estas heruas de extraña coloración caoba; a estas subdesarrolladas princesas de chocolatada Nesquik usando enloquecidas sus piernas, sus chuchas y sus hablas de lenguas coloradas». En cambio *Keres Cojer?*, una trama negra montada con chateos entre travestis, recortes de prensa e informes policiales, es representación consecuente de lengua molida. Pero si la aniquilación de la ortografía también merma la capacidad de diferenciar y sugerir, y si hay emociones complejas que solo pueden sentirse con subordinadas, ¿estamos dispuestos a destruir también la sintaxis, la morfología? No olvidemos que en el parlamento global de la prosa de Estado relucen la cursilería, la agresión, la guarangada y el error, y hasta palabras tiernas como *tolerancia* y *contención* se lanzan como gargajos. De modo que: ¿no será la infraliteratura un descarrío, un deseo de no escribir que en su frustración se ensaña con la literatura? Porque el escritor no puede dejar de escribir; en cuanto termina un libro siente que «lo esencial no se ha dejado decir», y necesita seguir lidiando con una lengua que vive como una constricción.

Por eso algunos eligen una vía igualmente parcial pero menos enconada e ilusoria; y desde luego más ardua: la llamaré *hiperliteratura*. Como escribir simplemente «bien» les parece envenenarse, los narradores hiperliterarios exacerban la escritura mediante tropos, relativas y cláusulas prolongadas, siembran asonancias y digresiones y arrastran todo lo que la frase vaya alumbrando, pero sin perder nunca las concordancias ni resignar la enteraza de la sintaxis, hasta volverla sobrenatural a fuerza de escrita. Contra la demencia lógica de la prosa de Estado, la hiperliteratura enloquece a la narración de sí misma. Hay hipernarradores para todos los gustos: Proust, Faulkner, Lezama Lima, Sebald. En Argentina hiperescribir fue la insubordinación estética de Saer; ahora es la de Alan Pauls y, se diría, la de Chejfec. He aquí una frase de Pauls: «Recién en el taxi, cuando el juego de la luz en las copas de los plátanos, el ancho de la avenida y la elegancia discreta y funcional de los edificios –con la vieja óptica que dominaba toda una ochava– ya lo devolvían a esa provincia de su vida que sus archivos llamaban "Hospital Alemán" y que, inmóvil, atravesaba sin embargo épocas distintas, todas enlazadas alrededor de la tristeza y la muerte, Rímini se dio cuenta de que no se había cambiado de ropa» (*El pasado*). En la frase hiperliteraria hay una socarrona ilusión de vida póstuma; en su larga distancia, un robo de tiempo para poner algo más a resguardo del fin de la literatura, y ningún temor a enfrentarse con el tiempo. Parece que apuntara a un arte por venir de la performance literaria.

Mientras, entre estos dos estados extremos, en la corte de la prosa de Estado, a menudo honradamente e incluso sin medrar, se ofrece la *paraliteratura*. No hay por qué enfrentarse ni señalar con el dedo, teniendo cada cual tantas dudas. Pero: la paraliteratura es arquitectónica; dispone espacios para mensajes inquietantes o la moral de las causas que la sociedad del cumplimiento cree imprescindible tener en cuenta; su crédito es el buen gusto desasosegado. En el imperio de la economía acumulativa, cumple su destino de reducirlo todo a contenido. Sin reparar en que escribir es morir un poco.

Pero no vayamos a creernos que la infraliteratura, por derrochadora que se conciba y pasajera, es tan desprendida. RT, un narrador internacional constructivo, se afinca en el legado de Henry James, o de Borges, o de Cervantes y hasta de Svevo. ZF, un narrador destructivo, se ampara en Genet o en Calvert Casey o en Gerardo Vallejo. Parece que para cada uno de los dos la tra-

dición que él declara es la Literatura. De modo que, o una estética es la literatura y la otra no, o la literatura es bárbaramente
heterogénea. Por supuesto, la disyuntiva es engañosa. Literatura no es enarbolar la estética de Cervantes o la de Tolstói, ni la
de Dostoievski o la de Lamborghini, sino decidir una acción
hoy como hizo alguno de ellos, o varios combinados, con los
medios expresivos, las tradiciones y el horizonte de conocimiento de su época. Dado el potencial estratégico de la escritura de Estado, bien podemos hablar de tácticas literarias. Los relatos tienen contenido, claro, pero también pertenecen al arte
del golpe: son rodeos que, a partir de un hecho o una cita, se
hacen para modificar un equilibrio recibido tomándolo por
sorpresa; pero nada modifican si algo en el proceso no sorprende al narrador también. El relato, dice de Certeau, «se caracte-
riza más por un modo de *ejercerse* que por la cosa que indica.
Sugiere otro sentido que el que parece estar diciendo. Produce
efectos, no objetos... Algo en todo relato escapa al orden de lo
que es suficiente o necesario saber y, en sus características,
concierne al estilo de la táctica». La diferencia más relevante
entre las literaturas de Estado y las otras está en el discurso: de
algunos temas es imposible hablar con cierto lenguaje; y vicever-
sa, ciertos temas se pueden decir de diversas y consabidas formas bellas, pero si logramos decirlos de otra forma los trans-
formaremos en otros temas. Es una diferencia de concepción,
no de cálculo mercantil. Ningún escritor está del todo libre de
ganas de poseer la exterioridad de la cual se aísla para escribir;
aun la absorción de un solo lector es un ejercicio de poder. La
infraliteratura no debería desdeñar preguntarse cuánto poder
del que indefectiblemente obtendrá atacando la buena escritura se propone gestionar, y cómo, visto que no contempla morir
en el ataque. Deduzco que Cucurto o Casas no contemplan morir en el ataque porque, siguiendo otra fértil noción de Aira,
aplican buena parte de su poética a la creación de una figura de

escritor. El antiestatismo de López es de otra índole: el poder de su escritura vendría de la alianza con desahuciados inquietantes y anómalos, de enarbolar un habla menesterosa, pero para implantarse requiere del lector el esfuerzo de recomponer un autor ausente en lo que el relato reparte por completo entre voces y textos de otros.

En todo esto ronda la cuestión del fin de la literatura. Por un lado, es evidente que en grandes dominios de la prosa de Estado ya está acorralada, cuando menos desplazada por otra cosa, y que sus defensores más reverenciados son muy dudosos. Y si el peligro es real, nadie querría que la propaganda estética de la mala escritura precipitase una desgracia, ¿no? No. Claro que no. «Escribir mal» no es una maniobra de arrasamiento, sino la imitación de un gesto repetido en la literatura moderna. El escritor infraliterario se inspira en determinadas ideas y gestos pasados; y, como sabe que no existe escritor sin padres, suponemos que también le importa procrear. No obstante hay que discriminar inspiraciones. La mala escritura de Aira, inspirada en fuentes tan diversas como Arlt, Rimbaud y Roussel, pero templada en Chateaubriand, anega preceptos elementales de la novela –progresión, clímax, equilibrio, crecimiento de los personajes, coherencia de la voz, desenlace– en una continuidad irrefrenable (corregir un libro escribiendo otro), el cambalache genérico o el reemplazo del argumento por una teoría insostenible; por lo demás, Aira adjetiva superlativamente, tiene una prosodia como una brisa y coordina con una levedad impecable. Otros elementos –como la exuberancia léxica, la polisemia y una prosodia indefectible– podrían hablar de la bondad profunda de la prosa renga, interjectiva y mugrienta de Zelarayán. Hablamos entonces de autores que escriben mal una literatura agotada para escribir bien la posibilidad de un augurio. Poco de lo mejor que las malas escrituras actuales conservan de esta tendencia es la perversión de una lengua obsesiva, patrimonial, agórica, parlamentaria. Menos interesante es que la perversión pase, por escasez de recursos o indolencia, a avalarse en el referente, por ejemplo en taxonomías sexuales que engalanan la tele o se ofrecen en internet, o en el elogio de la vida amoral, a modo de distinción retributiva del pelagatos. En algunas de las variadas y arriesgadas hiperescrituras últimas, en cambio, la sensación es otra: por momentos es como si la sobreabundancia, en vez de expandir paulatinamente la visión, de ser vehículo para buscar con cada añadido un nuevo enfoque, dilatara una vaguedad de la visión o disfrazara una inseguridad, algo que un escritor con la vocación de cualquiera de ellos no tiene por qué disfrazar.

Hablamos de narradores de mente anárquica; de escribir como insumisión al civismo místico, a la presunta novedad de la noticia y a una prosa de Estado que, en su suficiencia abarcadora, encandila la mirada y la inhabilita para contemplar siquiera una hoja. Por eso agitar la lengua, como ha sido siempre, es despejar el ojo. En la prosa de Estado todo tiene ya su lugar, manda la lógica del tercero excluido y todo significa. La prosa de Estado trama apretadamente la cita poética con la sentencia y la guarangada, pero reprime el matiz. El matiz, dice Barthes, es insignificante; solo expresa la posible autonomía de un lenguaje, una particularidad sin atributos. El matiz, por ejemplo el matiz sentimental, necesita estilo, esto es, decisión sobre la diversidad, la complejidad, la relación y el orden de los elementos de la frase. Cuanto más matizada la frase, más la prosa de Estado la censura. Claro que el matiz estremece la fijeza del mundo, pero también sacude al que matiza. Matizar es desflecarse. He aquí un buen punto de partida para esclarecer qué sería buena y mala escritura. Para empezar, no aceptaremos la perfidia de que lo complejo es complicado. Hubo un momento de la narrativa argentina, entre los sesenta y los setenta, de prosa clara y matizada, ágil sin apresuramiento, confiada y asertiva pero prudente, oportuna para la sinuosidad; descendía de las ricas síntesis que habían hecho los grandes narradores norteamericanos. Yo diría que esa línea se ha perdido, salvo –para ignorancia de la crítica– en la versión pulsátil, cinemática y aforística de Piglia. Era la prosa de Walsh, de Briante, de Gallardo, del Conti de *Sudeste*. La ambigüedad que la hiperliteratura confía a los vericuetos de la frase, este estilo la delegaba en la trama. En sus momentos óptimos, realizaba el ideal estilístico de Jean Rhys, la de *El mar de los sargazos*: aguas tranquilas levemente rizadas por una turbiedad de fondo (exactamente lo contrario que la prosa de Estado). Y, aunque individuada, era inasimilable a lo personal (algo que la prosa de Estado tampoco soporta bien). Por cierto, con frecuencia nos emperramos en importar para la prosa la potencia de verdad de la poesía apostando todo al metro y los tropos. En realidad, lo que al narrador más conviene de la poesía es la relación íntima con los momentos, su peso variado, sus ritmos. Como si no se pudiera contar nada de veras sin «diferenciar la música sucesiva de los días» (Proust). Pero diferenciar es un arte de la distancia, y la prosa de Estado nos embriaga de familiaridad, de promiscuidad: de todos con la lengua y de cada cual consigo mismo. De modo que el narrador antiestatista indaga en lo siniestro de toda familiaridad a ver si consigue divorciarse de sí, para que en donde era una ilusión ocurran por fin el mundo y él mismo. Es ese empeño lo que hace necesario un estilo y puede habilitarnos para contar, no ya historias originales, sino incluso una historia que valga la pena.

El efecto de lo familiar siniestro aparece hoy en una escritura de paso ligero y como indiferente a la combustión, resuelta a usar trucos del cine y las series, contaminada de vulgaridad (por mor de precisiones) pero calibrada en el gran museo del relato directo y la elocuencia más granada del idioma, y por tanto con un insoslayado resto simbólico: la de Daniel Guebel en *Matilde* o *El perseguido*, la de Sergio Bizzio en *Rabia* (y antes de ellos la del Fogwill categórico y fulminante de *Vivir afuera* o «La liberación de unas mujeres»). La novela de Bizzio cuenta el romance entre un albañil y una mucama en el marco de una casa de alta burguesía, y es una fábula que erige a un proletario humillado en vengador, luego proscrito, luego casi fantasma y al cabo en ángel. Odio social, ascesis y redención: la rabia del título es literalmente la enfermedad, pero también la del narrador contra la prosa de Estado y la del héroe contra la distinción de los imbéciles que la prosa de Estado modela. Solo que el odio no obnubila a Bizzio como para colaborar con el fin de la literatura ni ceder a los imbéciles, como si estuvieran obsoletas, las preciosas armas (tiempo, elipsis, transiciones, alternancia de diálogo dramático de base oral y narración en indirecto libre) que la literatura se forjó para restablecer los matices; armas que hoy nada restablecerían sin incorporar, recicladas, las groseras armas del enemigo. La prosa de Bizzio absorbe con tanta voracidad como la de Estado (en la novela hay una biblioteca burguesa, *Reader's Digest*, charla de porteros, y letras de Cristian Castro), pero lo vierte todo en negativo, como una extraña entre sus bienes. No en vano *Rabia* trata de un intruso en un hogar ajeno y de filiaciones y procreaciones dudosas. Vean un pasaje cualquiera: «... el señor Blinder era abogado, hipertenso, obsesivo e infeliz; la señora Blinder había montado en algún momento de su vida una galería de arte, era una alcohólica "social"..., usaba muchas cremas, adoraba los colores pastel y, probablemente, mantenía una relación amorosa secreta, a juzgar por alguna que otra prenda de diseño demasiado chillón relegada en el fondo del placard». *Rabia* es una de esas novelas intempestivas que hoy se escriben en los resquicios del colapso literario; templadas en la tradición, pero manchadas de clichés.

En este tipo de escritura se perfila una suerte de clasicismo de emergencia. Décadas después de los experimentos terminales, el narrador atraviesa el boquete que abrieron los demoledores, pertrechado con los lenguajes que ellos llegaron a dominar y transformaron, cargado con escombros y con residuos útiles, y del estrecho corredor en donde se encuentra hace una casa, y la cuida, y se empeña en ampliarla. No capitula. No se acomoda. No se atrinchera. Pero no desdeña procrear, porque sabe que escribir, tarde o temprano, es preguntarse en qué ha consistido, consiste y podría consistir en el futuro la esencia de la literatura. No hay que desdeñar que un clasicismo enturbiado, desenvuelto, no sujeto a nociones, sea una posibilidad. Y si es transitoria, mejor. Como la hiperliteratura (y probablemente la infra) abre una vía paulatina para iniciar por fin el éxodo a campo raso. Porque el escritor ya no se oculta que afuera, en el desahucio, espera una intemperie inmune a los virus de la prosa de Estado, incomprensible a sus categorías, donde elaborar un arte de la palabra del cual solo sabe que quizá deba tener otro nombre. Un arte del todo extranjero, bárbaro, que solo guarde de los clásicos de antes el poder de irradiar –otra vez Pound– «una irreprimible frescura». Tómese como un deseo.

DEL PASAJE

La querella entre vida política y vida poética no deja de alargarse. Ni la tendencia de los políticos a distinguir su vestuario con detalles de poesía ni la fe de los artistas que acercan sus productos a las causas y caen prisioneros de la propaganda contribuyen a zanjarla. Bien que uno desvíe la mirada, el asunto sigue siendo acuciante. Porque, si bien tenemos ya ideas bastante acotadas de qué es la vida política, sobre qué es la vida poética hay demasiadas y difusas. La política, la vida que conforma, es plan, estrategia, productividad, control, y también denuedo en la conquista de dominio, dentro del sistema de oposiciones complementarias, en nombre del bien común. La política consume el presente como proteína de lo que debería venir. Su obsesión es alcanzar cargos, número de adeptos, representación, metas –y seguridad–: la vida política no es solo la de los que hacen política; es la vida burguesa que se impone en todo el globo con su potaje de labor sacrificada y placer instantáneo. En cambio las nociones comunes sobre la vida poética son muy dispersas, como corresponde. Vivir poéticamente podría significar: contemplación, atención abierta a la realidad y sus detalles, dedicación a las palabras de la tribu, desposesión, donación, apartamiento, leve locura, desinterés por el poder, confianza en que la virtud es su propia recompensa; o, en otra variante, rebeldía intransigente, simpatía por el mal, como si la única cura para el condicionamiento de la razón fuese el propio e impuro daimon, o la rabia. Un credo muy difundido sigue siendo que, como solo disponemos de un breve intervalo antes de caer en el olvido, algunos lo pasan en la indiferencia, otros inmersos en grandes o pequeñas pasiones y los más sabios refugiados en

el arte y el canto, personal o ajeno. Menos sublime es la variante de que, si la vida política trata de polaridades, la vida poética
transcurre en un clima de analogías, en un infinito relacionable
donde una ciudad puede ser una rosa de fuego, tal vez para que
al fin «una rosa sea una rosa sea una rosa». La vida poética no
quiere alcanzar nada. Pero la poesía desborda la letra: es un
acto que engendra nuevas realidades. Desechemos ya la superchería de que ciertos oficios la perjudican. Hubo, hay, poetas
(escritores) empleados de compañías de seguros, profesionales
de las letras, funcionarios públicos, ingenieros de puentes, ca-
milleros o periodistas cuyas éticas costaría desmentir que, a
despecho de las obligaciones, nacieron de un desarreglo de los
sentidos; basta leer las cartas de Kafka. Lo importante, según
Baudelaire, sería mirar mucho las nubes; estar siempre un poco
borracho. Pero hay una ebriedad de alcohol o hierba y una ebriedad del sexo, la palabra, la montaña, el amor o el dolor y hasta
del resentimiento, como el de Céline. Buena parte de la vida
poética consistiría en una ebriedad que afina la detección de la
cursilería y el oportunismo; una negativa constante a aportar
pensamiento mágico a la agarrotada razón política. Es que la
política, en sus momentos honestos y apasionados, busca un
mundo mejor; la literatura quiere otro mundo. A menudo
transcurre en otro mundo, u otros. Hace unos meses, cuando
murió Luis Alberto Spinetta, cuántos no pensamos que hasta
los títulos de las canciones que recordaremos, «Durazno san-
grado», «Paquidermo de luxe», eran objetos del universo de
pensamiento en paralelo que él se había hecho, y evidente-
mente habitaba, con la gnosis, Huidobro, Artaud, el tango, la
visión de un boliviano durmiendo bajo un toldo, Baudrillard y
mucho más. No es una excepción: de la contigüidad de elementos de distintos órdenes siempre surge algo que no estaba
en el catálogo común de la realidad; de un aglomerado de cosas
disímiles y momentos alejados puede surgir otro mundo. Esto

sucede en el lenguaje, y el mundo que aparece inscrito es una superación virtual de los límites del discurso social. Las transformaciones de la literatura son, entre otras cosas, consecuencias del empeño inveterado de salir de los marcos, y atañen tanto al que escribe como al que lee, y la vida poética es la ilusión de pasar a otro mundo sin enajenarse. Al contrario: la mayor ilusión es que el pasaje no se cierre y afecte a la vida política, que olvida fácilmente, por ejemplo, que el derrumbe de un sistema corre parejo con la esclerosis de las palabras en la consigna y el mamarracho épico.

La literatura realista facilita el rebote de la ficción a este mundo; por eso la vida política desprecia la evasión a cualquier mundo que no pueda leer en clave de utilidad o entretenimiento. En la literatura realista, los datos necesarios para hacerse una idea de lo que un novelista no explica se obtienen del conocimiento de la cultura en donde transcurre la historia; de modo que el lector se mueve en su mundo. Las ficciones de mundos posibles o imposibles, en cambio, han ido acumulando su propio archivo de ítems inventados, que es la que permite al lector inferir los datos de paisaje, identidades o circunstancias que el relato da por sentado o sugiere vagamente. Ese es el bagaje que la literatura fantástica quiere traerse a nuestro mundo para apreciar mejor su real vastedad, y para eso la evasión tiene que ser radical. Pero está en duda que el pasaje de vuelta sea efectivamente posible. Además de que, no nos engañemos, el arte es tenue en sus efectos.

En todo caso, la ciencia ficción, que tanto amuebló el siglo xx y tan bien cumplió su función profética, ha quedado consumida por la voracidad del progreso técnico, que aspiró todas sus proyecciones, y bastantes profecías, y dejó ese territorio de la imaginación muy desierto. En eso estamos. Hoy la que pone algo en el terreno disponible es una literatura que, más que fantástica, habría que llamar de lo improbable. Cierto que el blanco ya está colonizado por la *fantasy*, un género que da compuestos de rara consistencia mítica, como las novelas de Liliana Bodoc, pero demasiados productos para «adultos jóvenes» aptos para entretenerse, incrustarse de bagatelas de asombro y perversidad y obtener una enseñanza moral; un género literal como *Los juegos del hambre* o *Crepúsculo*. Pero no está tan saturado como para que no se puedan cortar, confundir y desbordar las líneas de los relatos genéricos, que es una vía para que otros mundos ocurran, por así decir, de facto y espontáneamente.

Detrás de los fundadores de lo improbable (de Mervyn Peake a Angela Carter y Gene Wolfe, uno de los más grandes e inasibles escritores vivos), una tendencia anarquista del fantástico se agrupa bajo la etiqueta de ficción *weird*, rubro en que sobresalen los cuentos de la extraordinaria Kelly Link. Qué entiende Link por *weird* se vislumbra cuando en las entrevistas dice que ella saca «una diferencia sumando algo de Lovecraft y algo de Lorrie Moore». Es así, se nota; pero peca de modestia. *Weird* designa lo extraño, excéntrico y aun estrafalario y sugiere una influencia sobrenatural. Al contrario que en la tradición fantástica de montaje paulatino del misterio y velado de la manifestación, la de Machen o Aickman, uno de los rasgos de la ficción *weird* es el tratamiento directo de lo sobrenatural, una desfachatez de las apariciones. En la literatura del monstruo hay tanto prodigio como violencia y sangre. Link encuentra la soltura para mostrar el monstruo, no solo en la literatura de horror, sino también en la nitidez naturalista del gran cuento norteamericano y el versátil costumbrismo del cine y la tele, y la alianza de opuestos le aumenta la percepción: sus cuentos arrastran la sombra de las brujas quemadas y los ocasos lúgubres que Hawthorne veía en su país, el disparate verbal performativo de Lewis Carroll, los enredos diabólicos de E. T. A Hoffmann, los fantasmas de M. R. James, pero también el melodrama pudoroso de Capote o de Cheever, y los encadenamientos de

Las mil y una noches, y el cuento folclórico secular, y, una vez ha ganado distancia, incorpora a Tolkien, el cine de zombis y de vampiros, los cómics de CF, el Scrabble, facebook y los mensajes de texto, y todo lo devora y lo transmuta. El héroe o la heroína (a menudo él y ella) suele ser el adolescente desajustado e insatisfecho de un grupo de amigos de pueblo, al modo *Dawson crece*, o bien un niño que barrunta que lo ha capturado otro mundo, o que él ha logrado reemplazar un mundo poco fiable por otro aún difícil de valorar.

La duplicidad originaria del escenario de los cuentos de Link genera posibilidades incontrolables, y ese descontrol es fuente del escalofrío, desasosiego, risa y ebriedad. Hoy las series de televisión son más intrincadas que montones de novelas, más opacas; abundan en subtramas, personajes plenos y/o huidizos, referencias varias y llamados a la cooperación del espectador, pero también en galletitas de misterio. Link usurpa el terreno de la tele, saquea trucos, se aprovecha de algunos y de otros obtiene efectos más rotundos porque suceden en la letra, es decir, en la mente. En «The Faery Handbag» (El bolso de hadas), un bolso donde uno puede meterse a riesgo de caer en un abismo temporal, contiene una población minúscula, refugiada bajo una montaña para salvarse de una invasión carnicera, que no para de pedir provisiones a los que meten la nariz. Al comienzo de «Pretty Monsters», la impúber Clementine Cleary sale de su casa en un rapto de sonambulismo y se mete en el mar; un surfista rubio, Cabell Meadows, la salva de ahogarse y ella se enamora en el acto; será una humillante obsesión de años. En otro hilo del cuento, la adolescente Czigany Khulhat y su hermanita Parci, hijas de un diplomático difusamente carpático, son sometidas por sus compañeras de colegio (una de las cuales está leyendo un libro que quizá sea la historia de Clementine) a una «ordalía», un rito de iniciación, digno de Mike Kelley, que se pone más tenso a medida que parece asomar una bestialidad latente de las Khulhat. En una de las dos historias alguien está leyendo la otra; cuando debería apuntar cuál de las dos es la real, Link introduce una historia más y el cuento se vuelve crispantemente maleable. La superposición de mundos complica el amor en general, como en «The Wrong Grave» (La tumba equivocada), donde un chico que quiere recuperar los poemas que dejó en el ataúd de su novia muerta, porque no tiene copia, resucita a otra muerta (con ortodoncia) que se prenda comprometedoramente de él y no se le despega. Algo similar puede pasarles a los adultos. «The great divorce» es un drama de alejamiento en un matrimonio legal entre vivo y muerta, con hijos muertos, supervisado por una terapeuta-vidente. Y, por supuesto, el registro de Link abarca inversiones del cuento maravilloso secular. Así «Los brujos de Abal», con su niña vendida al servicio de unos hechiceros haraganes, siempre metidos en sus cuartos, que dominan un pueblo amenazado pero no se dignan obrar ningún conjuro salvador. En estas comedias dolorosas, la heroína o héroe solitario se fuga de la estupidez ambiente entrando (o cayendo fatalmente) en una región de mezclas concebida al unísono por las ficciones fantásticas de todo linaje y su propia confianza y sus candorosos terrores. Como en los ritos de pubertad, el tránsito a un lugar nuevo es un logro y una desolación, porque entraña más de una pérdida. Soledad, malevolencia de madres y padres, obediencia y venganza y ayuda por parte del fantasma no resuelven los acertijos. No hay acertijos. Por más pop que sea el clima, nada que contengan los cuentos de Link encaja en las pautas del relato popular, según Propp al menos. Y no es que no concluyan: se detienen en alguna de sus transformaciones, porque lo que han instalado está fuera de la lógica de la consumación; es un mundo pendiente de multiplicarse, siempre incompleto.

Hay una historia de la literatura que es la del derribo periódico de los límites de la imaginación narrativa. En 1911 un pelotón de poetas vanguardistas en París fue a ver la versión teatral de *Impresiones de África*. «Que Raymond Roussel nos muestre todo lo que no existió. A algunos de nosotros solo nos importa esa realidad», se exaltó Paul Éluard. Más tarde Michel Leiris iba a precisar lo que estaba en juego: «En Roussel todo sucede como si lo bello no tuviera la menor importancia y del arte solo hubiera que quedarse con la invención, es decir con la parte de la percepción pura por la cual el arte se despega de la realidad». Cien años después la literatura querría que sus aparatos más extravagantes y menos bellos se posaran sobre el ahumado cristal político de la realidad; pero no sabemos si la literatura hace contacto. En 1986 el filósofo David Lewis publicó *On the plurality of Worlds*, una teoría lógica sobre los mundos posibles, el tema que reconocidamente abrió Leibniz, basada en lo que él llama realismo modal. La tesis de Lewis dice que cuando se habla de mundos posibles se habla de una verdad. El mundo que habitamos, el cosmos del que somos parte, es apenas uno de una vasta pluralidad de mundos, *cosmos*, todos espaciotemporalmente aislados entre sí. Cualquier cosa que habría podido ser en nuestro mundo es efectivamente en un mundo posible: un mono que canta y un Bolaño vivo con un hígado trasplantado. Según el realismo modal, lo real y lo meramente posible no difieren en rango ontológico; solo difieren en su relación mutua: a los mundos posibles no podemos acceder. Se comprende que este platonismo tonificante haya entusiasmado a los narratólogos. Uno de ellos, Lubomir Dolezel, propone apartarse de la historia ya abundante de los tipos de ficciones y atender a casos singulares, entendiendo que los mundos ficcionales, con toda su soberanía, son estructuras temáticas y están influidas por los problemas de una comunidad. Solo que parte de las preocupaciones de una comunidad provienen de ficciones. Por eso hay tantos mundos ficcionales híbridos en donde numerosos mundos posibles fragmentarios coexisten en un espacio imposible.

Pero hay una literatura cuya razón de ser sería encapricharse en un más allá de la superficie de las palabras. Como los de Kafka, los de Angela Carter y los de Cortázar, los cuentos de Kelly Link sondean la índole de la realidad y su relación con la índole de las historias. Los mundos que fundan están tan compuestos de historias como de cuerpos. La impresión que causan radica en que uno experimenta, no lo real en pie de igualdad con lo fantástico, o al revés, sino nuestro mundo en términos de historias; de esas historias. Pueden leerse como argumentaciones de que las historias son, no un tipo de realidad, sino realidad sin más: la nuestra.

Link lo asimila todo –el milagro, el lobo o el fantasma convertido en dije de pulsera, el pantano de aldea arcaica, el surf, los divorcios, el chat, las marcas de muesli, el destripamiento, Dante Gabriel Rossetti y la remera que dice «Soy tan gótica que cago vampiritos»– y todo lo celebra en un estilo que corre sin esclusas de la balada medieval al limerick y al magisterio norteamericano del diálogo coloquial; un estilo de una inmediatez y una amoralidad campantes: «Jeremy llega a casa del colegio con la sensación de que al fin y al cabo aprobó el examen de matemáticas. Es un optimista. Tal vez en la tele haya algo pasable. Se instala con el control remoto en uno de los sofás mimados de su padre: desmedido y retapizado en un corderoy color jugo de naranja, parece que el sofá se hubiera fugado de una prisión de máxima seguridad para muebles asesinos dementes. El padre de Jeremy es escritor de novelas de terror». El resto de la persuasión la obra la sensualidad: «Los pantanos tenían un olor salado y espeso como una taza de caldo. El caballo de Tolcet avanzaba hundiendo los cascos en el sendero. Detrás brotaba agua y llenaba las depresiones. Gordas moscas enjoyadas rondaban las cañas, vibrando, y una vez, en un charco de agua clara, Onion vio la cinta verde de una víbora enroscada en yuyos blandos como nubes de pelo». En el ambiente que crea este lenguaje lo sobrenatural puede transformarse en mundo natural invisible. Pero se deja leer, contar, y al fin y al cabo se deja ver por la tele. Los personajes leen mucho y cuentan con exuberancia y siguen series y discuten por qué los personajes de las series se toman el sexo con más sencillez que ellos. En algunos cuentos, como «Magic for Beginners» (Magia para principiantes), la convicción de que las historias intervienen, o interfieren, se concentra y termina por desbordar. «Magic for Beginners» cuenta con escrupuloso realismo una serie que trata de un grupo de amigos adolescentes adictos a una serie llamada *La biblioteca.* Una chica del grupo es aturdida e iluminada, otra es maniáticamente equilibrada, otra, una emo presumida; uno de los varones es un mitómano agudo y envidioso y Jeremy, un lector atormentado, perceptivo, que padece la inacabable separación de sus padres. Menudean las charlas triviales, los chismes esquinados, los amores cruzados y la psicología del televidente compasivo. Como la serie que los desvela se emite a intervalos arbitrarios y horas imprevisibles, la cadena de anuncios de urgencia es lo que más los mantiene unidos; eso y un amor sanguíneo por los personajes. El escenario excluyente de la serie es la Biblioteca del Árbol-Mundo del Pueblo Libre, un edificio desmesurado, y narra las andanzas de una muchacha llamada Fox, su lucha en defensa de los bibliotecarios contra las huestes sádicas del príncipe Wing, la catastrófica muerte de Fox y el intento de reanimarla por una estatua de George Washington; el aglomerado de géneros es tal que nadie logra figurarse sobre qué normas se va a encarrilar el siguiente capítulo. El enigma de la continuación fluye de la serie a las alertas (¡están dando uno!), inunda la vida de los chicos y se los lleva en su curso; y como Jeremy se deja entrenar por la incertidumbre, de su intuición se agarran, para durar en la realidad, los personajes que en la ficción están zozobrando.

En un capítulo intempestivo, la estatua de George Washington transporta a la exánime Fox por infinitas escaleras hasta el umbral de la Biblioteca del Árbol-Mundo del Pueblo Libre. Los fans quedan demudados. «Nadie en un solo episodio de *La biblioteca* salió nunca afuera. La biblioteca está llena de todo de lo que uno solo puede disfrutar si sale: árboles, lagos, grutas, campos, montañas y precipicios (y también está llena de cosas de interior, como libros, claro). Fuera de la biblioteca todo es polvoriento, rojo y ajeno, como si George Washington hubiera transportado a Fox a la superficie de Marte.» Desde ese mundo incompleto pero pleno que tiene su propio exterior, el mundo al que él pasa, Jeremy ve que el drama de su pálida vida en nuestro mundo no es la familia disfuncional; es que la disfuncionalidad no puede no ser la norma. Ve claro.

Convendría no acudir una vez más al blablá de las cajas chinas y la puesta en abismo, esas adhesiones timoratas a la teoría fuerte de la soberanía de las ficciones. El asunto de los cuentos de Link es más jovial y crudo. Es la naturalización de las historias y la animación de la naturaleza; y también la impregnación mutua de las historias y el lector. Es un animismo de los mundos inventados. Link quiere una superación dialéctica del quijotismo. Regularmente la voz narrativa de «Magic for Beginners» reitera que lo que está contando no es la realidad, sino una serie. Link se lo permite porque sabe que al lector ya no le importa la diferencia. Es imposible no reconocer que el realismo modal tiene razón: no tenemos acceso a los mundos posibles. Sin embargo uno puede elegir en qué ficciones vive. A los personajes de Link, elegir las ficciones en que creen los libera del miedo y la esperanza. Los cuentos de Link no son soluciones al dilema de la vida poética. Son ejemplos.

ALUMBRAMIENTO

Una noche del invierno de 2004 el sello BAU Records presentó en el club Notorius, uno de los locales porteños asociados al jazz, un acontecimiento musical raramente difícil de describir para la claridad de lo que había a la vista. En el escenario estaba Lucía Pulido, una cantante colombiana que ha grabado folclore de su país y hace improvisación en Nueva York, en medio de una formación argentina de dos saxos (Luis Nacht y Rodrigo Domínguez), guitarra eléctrica (Juan Pablo Arredondo), contrabajo (Jerónimo Carmona) y batería (Carto Brandán). Fernando Tarrés, arreglador y factótum, tocaba la guitarra española, dirigía sobriamente y a veces tecleaba una laptop. A nadie que conociera a los músicos lo sorprendió que el primer tema fuese «Agüita demorada», una chacarera, forma mimada hasta la malcrianza por el jazz local de otras décadas y revivida por diferentes combinaciones del sello BAU. Pero la voz lírica, franca, versátil y fresca de Pulido auguraba más, y a partir del segundo tema, un tradicional de la costa colombiana, el repertorio hecho de dos folclores muy diferentes se resolvió en una música como de una sola pieza: júbilo, precisión firme, alarido lastimero, encuentros y divergencias con la línea melódica, todas propiedades de esa voz, se tramaron con arreglos hechos de abordajes jazzísticos personales y conjunción camerística. «Un espejito pintado / una cinta en seda azul, / un pañuelito de tul / y un amor desesperado»: raro, muy raro, ese cancionero de congojas y paisajes agrestes mecido por acordes complejos, en ocasiones chirriantes como esas bandas sonoras de series tipo *Bullit*. Y sin embargo no irritaba que el canto de Pulido pareciera a veces arcaico, a veces hipercosmopolita, ni que la conversación con los instrumentos, del dueto leve a la disonancia estrepitosa, fuese un drama sin desenlace. Si acaso uno escuchaba azorado, no solo por la intensidad emotiva del concierto, no solo por la espesura del sonido, sino porque estaba pasando algo, la inminencia de un pequeño alumbramiento. Era una delicia. Como sucede con algunos conciertos, pasajes de la música duraron varios días en la memoria, antojadizos, llamando al ensueño, pugnando por unirse, fugándose hacia una dimensión de donde el caos de la vida podría obtener, no sentido, sino una liviandad curativa. Porque esa noche la música popular, con su carga de mensajes y fundamento, se había disuelto con palabras y todo en su reverso de mera música. Hoy la impresión no merma si uno escucha el disco grabado en estudio: *Songbook I (Beliefs)*. Hay ahí una forma incipiente que asimila y celebra tradiciones diversas sin que sus grandezas la abrumen.

A la música argentina le vienen bien arranques así. Durante décadas su relación con las invenciones fuertes del mundo estuvo signada por una rigidez embarazosa. A comienzos de los sesenta, en las fiestas de la juventud acomodada estaba de moda rasguear las zambas más lúgubres del repertorio de los Chalchaleros. A mediados de los setenta la fiebre telúrica ligada a la militancia llevaría a otros jóvenes a cantar el folclore áspero y bello que tomaban de Mercedes Sosa, Yupanqui, o el par Isella-Tejada Gómez. Después vino el aluvión de grupos vocales con armonías barrocas, Anacruza con su bajo eléctrico, y de Chile los Jaivas, pero la obsesión por el mensaje dejó de lado la aventura más desprejuiciada de esos años: las espesas armonías bebop y las síncopas casi locas con que los Huanca Hua del Chango Farías Gómez sacudían el cancionero. Otra veta mayor del folclore reconstituido fue por supuesto la obra de Cuchi Leguizamón, y entre los hitos subsiguientes deben figurar, entre otros, Eduardo Lagos, Dino Saluzzi, Raúl Carnota, Peteco Carabajal y Liliana Herrero, todos exponentes de apertura tímbrica y cromática en pro de una mayor plasticidad expresiva. Pero, bien por sentimiento de deuda con los males del país, bien por culto cerril a las raíces o a la ponderada consecuencia, la música popular argentina siguió presa de una responsabilidad que la embargaba de tristeza. Todo era triste: indios, gauchos, chinas, y en el tango compadritos, madres, cabareteras, la fauna completa. La institución de la melancolía culposa, de la cual no nos libró ni el genio de Piazzolla, cementó el cuerpo de nuestras formas musicales y fue un estorbo para los nuevos cruces. ¿Faltaban negros, acá? ¿Playa? ¿Juerga? Tal vez, pero para perpetrar una invención integral como la bossa nova también faltaban una alianza músico-intelectual y una consideración de la felicidad, al menos de la soltura. Sin embargo hubo intentos. En estos días se ha editado una antología del Litto Nebbia de los primeros setenta; el disco contiene una zamba socarrona y oscilante con algo de balada Shorter, «Si no son más de las tres», que prueba que el verdadero deseo de regenerar la música argentina en registros multicolores vino del rock, y quizá por eso el rock argentino es apreciado en muchos países como género en sí, efusivo, completo, inventivo, estimulante. En aquellos setenta Almendra ya había incluido el bandoneón de Mederos y Roque Narvaja componía candombes políticos. Un goce auténtico de la herencia peleaba sordamente con la demagogia, como se veía en León Gieco, e hicieron falta desplantes crudos al ideario progresista para zafar de una vez por todas en busca de transformaciones reales. Ahora por fin pasan otras cosas. Dicen que Zamalea no toca bien el bandoneón, pero sus discos conceptuales, como los de Axel Krygier, son organismos que, pensando, pensando, absorben de todo y eligen perder alegremente el rumbo. Por poner otros ejemplos, ni la cantante y percusionista Mariana Baraj (cuyo primer disco fue arreglado por Tarrés), ni la salvaje orquesta típica Fernández Fierro acatan otros patrones que la inquietud. Regocijo, performance. ¿Y qué?

«Una acción experimental es aquella cuyo resultado no está previsto; y es única», dijo Cage. Y bien: si se trata de tantear posibilidades, pocos géneros más aptos que el jazz. Está la improvisación, claro, el vaivén entre libertad y control, entre aislamiento y cooperación, la composición sobre la marcha que puede irse al cuerno. Por otra parte, el jazz siempre vivió en los intersticios entre la música de concierto y el entretenimiento, entre lo comercial y lo experimental. Como dijo Dexter Gordon, el jazz es «un pulpo»; y si en un tiempo amalgamó son cubano con blues, hoy puede añadir grunge y serialismo a su propio hard-bop, todo sin perder contacto con el antiguo himno de iglesia. Si algo hay de jazz en la sublimación que Pulido-Tarrés hacen del folclore, más que los instrumentos es una posición.

Lucía Pulido publicó en Colombia cuatro discos de canciones populares (algunas anónimas) con el compositor Iván Benavides. En Nueva York, además de haber grabado una selección de valses y boleros, *Dolor de ausencia* (2004), suele cantar (no en inglés) para el saxofonista David Binney e improvisar sin letra a dúo con el chelista Erik Friedlander. Se diría que trabajar con estos músicos rompedores, ligados a John Zorn y la Knitting Factory, templarse en beats complejos, imprevistos politonales y aun en el ruido le afinó el sentimiento dulce o trágico de lo familiar.

Para La Raza, el combo *ad hoc* que formó Tarrés, nada mejor. Los arreglos consiguen apartar de la tiniebla y la burla los soliloquios de desamor típicos de la poesía popular: muestran que la música puede fundir la autoconmiseración en el placer. Por ejemplo: sobre un motivo en guitarra eléctrica apenas reverberante, que evoluciona hacia los bajos, la voz cae como de un cántaro: «Nube blanca bajo el cielo / lumbre de estrellita sola, / espuma de vieja ola / mi soledad sin pañuelo». Cuando la guitarra abre paso al estribillo, la voz flaquea, se queja de una punzada, «ay, morena / yo no tengo quien me quiera a mí», y el asunto se volvería trivial si no fuera porque ya se oyen unas escobillas y el contrabajo hace algo en el diafragma, y porque la voz toma conciencia de sí y al repetir la frase se aligera, se desvanece; en la segunda estrofa resurge enlazada a un saxo soprano, que, después de transportarla, aprovecha una maraña de redoblante y platillos para irse de excursión a un mundo ancho, ajeno, coltraniano, y desmayar casi en la atonalidad antes de volver. Se recupera la voz, cada guitarra suma una línea diferente, otra el contrabajo y la batería un tejido de murmullos. En «Zamba timbiqueña», la disposición es mínima: saxo alto y voz como dos cintas sobre un beat incógnito de Brandán. Pero en «Cholita traidora», un tradicional de la Puna que ya desborda rencor, las cuerdas atruenan y se frotan, la batería redobla de furia, saxos y trompeta (Juan Cruz de Urquiza en el disco) disputan y la voz se crispa en medio de una batahola estrepitosa, tan vinculada a las fanfarrias de bandas del altiplano como a las harmolodias de Ornette Coleman.

El último otoño, La Raza y Pulido presentaron en La Trastienda un segundo álbum, *Songbook II (Prayer),* con un repertorio más meditabundo que mereció arreglos muy enrarecidos, politonalidades, algo más de electrónica, más rezongos. Durante la versión de «Cholita traidora», al segundo salto ascendente de tono que le exigía superar el pandemonio instrumental, Pulido, abrumada, se encogió de hombros, calló y hubo que empezar de nuevo. (Ese gran momento en que la música se hizo palpitación y verdad no mosqueó a los músicos, al contrario, pero para parte del público entendido demostró que Tarrés estaba alardeando. A otros, en cambio, nos pareció que ellos, los profesionales del público, no soportaban la carga real de muerte que el grupo aceptaba de ese tema, y mucho menos aceptaban la decisión de tratar todas las facetas de un cancionero en una música todavía no acabada.) Después, con una zamba de

Leguizamón, volvió el cool. Pero la experiencia colectiva de brío, roce, desaliento y reanimación (cuya huella son sendas versiones del tema en los dos discos) representa con esplendor tres ideas que animan el jazz de hoy: la de que en cualquier música hay mucho más que lo escrito en la partitura, la de escribir para una comunidad de músicos y la de lo escrito como bastidor para idiomas personales que en momentos de improvisación pueden volverse casi imposibles de anotar. Lo que se obtiene con todo esto, dice John Zorn, es un drama. «Un drama *humano*. Se obtiene *vida misma*, o sea la médula de la experiencia musical suprema. Músicos relacionándose uno con otro por medio de la música.»

Sin embargo en el caso de Pulido-La Raza el descontrol no es grande ni frecuente. Y no es un defecto. El grupo conserva poco de la escena consabida en que músico hace un largo solo mientras los demás callan respetuosamente esperando empezar los suyos. La atención a lo transitorio no suprime la aspiración de lo colectivo; los arreglos tienden a extraer lo máximo de dinámicas y relevos, de modo que ningún sonido, ni el de la voz, se extiende mucho sin convertirse en asunto del grupo. El resultado son cuadros de alta energía. Por supuesto, todas estas decisiones giran sobre la actualización de un impulso hoy recurrente y que para Tarrés, cordobés que pasó por Berklee y por Nueva York, debe de ser natural: el encuentro y hasta la confusión de planos disímiles como arte de masas y arte alto, ánimo urbano y sonido tradicional, formas raigales y géneros internacionales.

La dificultad de unir el jazz con el folclore de la Sudamérica mestiza radica en la falta de esas partículas de origen común que propiciaron la unión del jazz con la samba o el son cubano. Pero bueno: el gran Dino Saluzzi descubrió que bastaba filtrar la blue note para que su bandoneón, que un tiempo tocó «Zamba de Lozano», con los Chalchaleros, pareciera consanguíneo de

Joe Henderson en el disco más jazzístico e inolvidable de Rickie Lee Jones. En base al mismo elemento mínimo, Adrián Iaies puede abordar «Malena» como si fuera un estándar de Jerome Kern. Pero frente a temas andinos, la vía de Tarrés es otra: aprovechar las alianzas del jazz con la música contemporánea e incorporar el folclore desde un terreno ya ampliado.

Interpretadas así, las canciones que recopilan ambos *Songbooks* causan varias conmociones a la vez: del oído, de la memoria musical y la educación sentimental, de las expectativas, de las malsanas obstrucciones entre el placer que dan ciertas formas y la exigencia de propiedad, entre cariño y recelo por lo telúrico, entre goce del presente y desconfianza por su efecto amnésico. Y una conmoción más.

Jacques Rancière sostiene que una de las formas que adopta hoy el disenso estético «clásico» (y el jazz es disidente desde Armstrong) es el misterio. «Misterio no significa enigma; tampoco misticismo. Desde la época de Mallarmé, misterio equivale a un modo específico de reunir elementos heterogéneos. [...] El misterio instaura una analogía: una familiaridad de lo extraño que da fe de un mundo común donde las realidades heterogéneas están tejidas en una misma tela y siempre pueden remitir unas a otras por la fraternidad de la metáfora.» Entre las canciones llanas que canta Lucía Pulido y los arreglos de alta elaboración que las abrigan, importunan o transportan no hay un choque del cual debamos sacar conclusiones culturales. Pero tampoco hay «fusión», ese apelativo para músicas sin carácter. Ambas partes están a la vista y, como los términos de una metáfora, su presencia conjunta alumbra el surgimiento de algo indestructible. Una fraternidad imprevista, reacia a las descripciones, que sin embargo ahora parece que se caía de madura.

NUEVAS BATALLAS POR LA PROPIEDAD
DE LA LENGUA

Este texto es la secuela de otro que escribí una vez para un co-
loquio sobre exilio y literatura argentina. No crean que intenté
sacar ventaja. Pensando en el famoso lema de Joyce, «exilio, silencio, astucia», por un momento se me ocurrió que un buen
título para esta crónica sería «Del exilio del traductor como ar-
duo pasaje a la soltura». Solo que entonces me acordé de Ca-
brera Infante, un tristísimo caso de privación forzosa de la lengua y el lugar amados, y decidí ser más prudente. Si trabajé
sobre ideas anteriores es porque escribo y traduzco y porque a
veces pienso que, quizá más aún que escribir, traducir provoca
en uno dulces o ácidas y siempre interesantes perplejidades sobre el lenguaje, el entendimiento y la política, el exilio como
condición existencial generalizada y las verdades y falacias de
la identidad. Pero nunca he conseguido abstraer por un lapso
muy largo, y menos teorizar. Creo que la única forma de ir al
grano es atacar la enésima variación de algunos episodios.

Llegué a España en diciembre de 1975. No me había ido de
Argentina por miedo ni en un peligro mayor que el de cualquier
militante político de superficie. Tenía una sensación de asfixia,
proveniente de algo más que el ascenso de López Rega y las tres
A, aunque no me lo confesara, y quería viajar durante uno o dos
años. Estaba lleno de Hemingway y de Blaise Cendrars. Tres
meses después, en marzo de 1976, fue el golpe de Estado militar
encabezado por Videla. Viví en Barcelona hasta enero de 1996.
Desde luego, es una patraña que veinte años no son nada. En
esos veinte años me enamoré e hice parejas que después se
rompieron, aprendí tres idiomas que no conocía, gané amigos
y a veces los perdí, viví en ocho barrios diferentes, leí a la ma-

yoría de los escritores que hoy cito más a menudo y vi las películas y escuché la música que hoy prefiero; tuve empleos y subsidios de desempleo; jugué campeonatos barriales de fútbol, escribí en la prensa y participé de un ateneo de pensamiento libre; traduje más de sesenta libros, la mitad muy buenos, y escribí doce; esas dos décadas hicieron del joven maximalista argentino de clase media judía un impreciso precipitado de nutrientes de otras personas, libros y acontecimientos surtidos. Llegué el 12 de diciembre de 1975. Tres semanas antes, el 20 de noviembre, había muerto Francisco Franco. No voy a exprimir la memoria para componer un extracto de todo lo que vi surgir a chorros después de que saltara el tapón de la dictadura. Hoy casi todo ese frenesí de vida cuajó en la estasis de una sociedad de satisfacciones súbitas y malestares digeribles, como cualquier sociedad de módica abundancia. Pero recuerdo que en el comienzo, una tarde, vi desde una ochava que una manifestación por la autonomía de Cataluña confluía con otra por la libertad de los pájaros que se vendían en las Ramblas y otra más de Comisiones Obreras, y de que esa misma noche, en las Ramblas, me arrastró un tropel de travestis que desfilaba entre dílers, solapados carteles de las Brigadas Rojas e impunes puestos callejeros de siete y medio. Recuerdo que una revista cultural en donde yo escribía, *El viejo topo*, cambió de orientación cuatro veces en medio año, de la autonomía obrera a la afirmación de géneros, del anarquismo surrealista a la ética foucaultiana. Me acuerdo de que cada semana se publicaban traducciones recientes de libros relegados durante años, de Dylan Thomas a Alfred Döblin y de Gérard de Nerval a Guy Debord. Me acuerdo del erotismo que embriagaba cualquier emprendimiento editorial, cotidiano, periodístico, político o recreativo, como ir a un concierto de rock. La exaltación que me causaba este carnaval se multiplicaba por el hecho de que, por la doctrina consuetudinaria del transterrado, yo imaginaba que solo me comprometía en porción mínima. El involuntario subterfugio consistía en creer que mis compromisos verdaderos estaban en otra parte, allá, en mi país, y en lo que el horror de mi país despachaba hacia España. Una noche me llamó por teléfono un amigo de infancia que no veía desde hacía lo menos diez años. Estaba con la mujer en el aeropuerto; dos días antes habían matado a su hermana, militante como él de la JP, y no sabía adónde ir y no tenía la menor idea de qué era Cataluña. Recuerdo que se pasaron una semana sin salir del cuarto que les conseguí. Llegaba gente que se había sumergido en la clandestinidad y el matrimonio casi desde la adolescencia, antes de haber conocido bien la calle, y recordaba con lágrimas una Rosario o una Buenos Aires que desconocía. Aparte de la rabia y el desconsuelo de la derrota había desesperación, dolor, añoranza de amparo familiar y hasta de una forma familiar de desamparo. Pero todo esto la España de la Transición lo absorbía en su caldo efervescente, tendía a disolverlo, lo perfumaba, lo metamorfoseaba. Era una situación de una ambigüedad irritante, y a veces ridícula. No duró mucho más de dos años; tres, quizá, hasta que la democracia logró institucionalizarse, España acató su papel geopolítico y empezó el lento rumbo al liberalismo concentracionario. También ese proceso lo seguí con algún desapego; pero no demasiado, porque entretanto muchos habíamos reaccionado a la derrota argentina con un contraaprendizaje acelerado. El clima libertario de la España de fines de los setenta lo había favorecido: una casi inmediata crítica de la ideología, que en mi caso comprendía no solo el leninismo, todos los socialismos reales y la filosofía de la toma del poder, sino los apéndices locales de porteñismo integrista, machismo familiero, verticalismo militarista, violencia sexual, sentimentalismo, culto de la pasión impúdica, represión pequeñoburguesa generalizada. Todo esto iba a decantar en un programa de ampliación de la conciencia, de intento de destrucción de los paradigmas, que estuviera a la altura de un urgente deseo de independencia. El programa iba cuajando en eslóganes fragmentarios. En la idea, por ejemplo, de que no se trataba de cambiar la realidad para poder seguir siendo como éramos, sino de cambiar nosotros para hacer posible otra realidad. O más adelante aún: en la certidumbre de que ese cambio conllevaba reconocer que uno no se pertenece, que cada vida o biografía es una forma pasajera y mudable de algo que la antecede, la posibilita y la disipa al cabo, que salimos de una corriente intemporal, indiferenciada, cuyas otras formas deberían ser objeto de trato cuidadoso. Lo que yo no había asimilado todavía es que esta condición nos pone más cara a cara con la responsabilidad. Por cierto, irresponsablemente, después de hacer diversos trabajos más o menos típicos de exiliado joven, acepté la traducción de un libro que me ofrecieron por intermedio de un amigo. Traducir me parecía digno, entrañaba aceptarme como hombre de letras más que como narrador aventurero y en general me parecía una prueba mental absorbente. En revistas literarias argentinas creía haberme fogueado traduciendo a poetas beat y cuentos de ciencia ficción y sabía suficiente latín para exhibir una necia suficiencia. Me di un golpe. El libro que me encargaron era una biografía de Indira Gandhi y cuando salió criticado el reseñador opinó que estaba traducido a un «español descuidado a más no poder». Me chocó que la acusación solapada de barbarie descansara en un giro, «a más no poder», que usaba mi madre y yo creía argentinísimo, y más me chocó tener que plantearme en el futuro, si quería sobrevivir, qué era un descuido del español y qué no. Comprendí rápida, casi atolondradamente, que nadie que piense con frecuencia y alguna profundidad en el lenguaje puede no desembocar en la política, o cambiar su manera habitual de pensarla. Y empecé a entender por qué algunos visionarios, como William Burroughs, aseguraban que el lenguaje es el instrumento más eficiente de control de las conductas y la sociedad; pero un control que se ejerce no solo desde fuera, por medio de los eslóganes políticos, publicitarios, informativos, educativos, sino desde uno mismo; desde las ilusiones constrictivas, el proyecto que somos desde que nacemos y el miedo a no cumplirlos, las redes neurales de la ideología. Por desgracia, mi primera reacción fue parapetarme en la devoción por mi lengua uterina. Pero dentro del brete de ganarme la vida como traductor profesional en España.

Mientras, apenas terminado el período de crítica del izquierdismo irredento, y como para rematarlo, un día, en el bar de la esquina de mi casa, iba a ponerme a conversar con un argentino que resultó ser Osvaldo Lamborghini. Quiero hacer un homenaje a este escritor tremebundo. Por entonces leí *La causa justa*, donde, como se sabe, un japonés que vive en Argentina termina haciéndose el harakiri porque no puede sufrir que en vez de palabra de honor los argentinos tengan una chistografía, y me di cuenta de que la literatura aberrante de Lamborghini –como solo quizá la de Puig– era la iluminación del carácter pornográfico de la política argentina, que a su vez era la manifestación de la mente argentina. Él era un hombre irascible y muy incorrecto. Una mañana de 1983 subió a mi casa, tocó el timbre, entró y sin pedir permiso pispeó mi máquina de escribir, donde mediaba una traducción del *Fausto* de Christopher Marlowe. «No lo vas a traducir al gallego, ¿no?», me dijo, y discutió cómo podíamos colarle a la floreciente y jactanciosa industria editorial española las esquirlas subversivas de una literatura periférica. Me exigió que leyera *Kafka, por una literatura menor*, el libro de Deleuze, y que releyera con más cuidado algunos ensayos de Borges, sobre todo *Los traductores de las 1001 noches*. De esa manera psicopática pero efectiva, situó las tensiones de nuestro exilio en su meollo, la lengua, de donde para mí ya no iba a moverse, con lo que otras cuestiones se resolvieron casi de un plumazo. Incluso me beneficiaría a la larga de otro modo, creo que contra su voluntad. Porque ya entonces, aunque el temor reverencial me impidiera razonarlo a fondo, me pareció que entre la condena de Borges al prestigio de la identidad, a lo que él llama «la nadería de la personalidad», y su afirmación férrea de las variantes locales, de las traducciones irreverentes ante los mandatos verbales del Occidente central, había una contradicción. Las políticas localistas del verbo quizá contribuyan a la independencia de las naciones periféricas; pero, como se vería a la larga, el hincapié en la singularidad nacional, religiosa o lingüística es catastrófico. Solo que Borges, era de tontos no advertirlo, no patrocinaba una emisión anticolonial, sino la recreación continua de la literatura, para sortear la trampa de este mundo ilusorio, mediante la transformación local de los giros heredados.

En cuanto a mí, en realidad tenía unas ganas muy insistentes de estallar, quizá para estar a tono con la inusitada libertad contra la cual me estaba estrellando. Habían desaparecido los más firmes dispositivos de encauzamiento: no tenía familia, no tenía partido, no tenía carrera universitaria en marcha, ni trabajo ni pareja estables, solo tenía amigos, afinidades electivas, y ningún proyecto fuera de la literatura. Como exiliado de escasos medios, aún indocumentado y libertario incipiente, coqueteaba con una módica amoralidad. La fantasía de estallar culminaba en una miríada de esquirlas heterónimas que resolverían el engorro de la personalidad en una pérdida de mí, una diáspora que saltaría los límites de la percepción, de la posesión, del simulacro, luego del temor del paso del tiempo. Por desgracia, los dispositivos de encauzamiento, atrincherados en el superyó, se habían concentrado en una insidiosa defensa de la identidad argentina, y a la menor provocación me habrían acribillado con culpas. De modo que en el fondo me sometía. El sometimiento consistía en una negativa maniática a españolizarme. Tenía mucho de campaña de salubridad. Yo quería desintegrarme, sí, pero conservando la voz. Se sabe que la Voz, con mayúscula, es el absoluto metafísico, la inabordable, inexpresable realidad de que el lenguaje tenga lugar. Pero la voz que yo quería conservar no era ese puro querer-decir que separa la cultura de la naturaleza, sino esa voz segunda, específica y ya afinada, que si nos une a la fuente del ser es solamente, suponía yo entonces, por la vía del origen biográfico; una especie de huella digital comunitaria. De ahí al culto a las raíces, tan perjudicial para quien quiere despersonalizarse, no había más que un paso; pero yo no lo sabía. Lo único que sabía era que mi voz pugnaba contra la gravosa atmósfera del español peninsular. Yo era un extranjero en una lengua madre que no era mi lengua materna. Desde el punto de vista de la lengua madre, con su larga prosapia de integrismo, su centralidad imperial y teológica restituida por el franquismo, su estolidez pulida por la Academia y su agonía en la tecnocracia, eran los latinoamericanos los que «decían mal»; los argentinos, en especial, voseábamos y, como ya dije, rezumábamos unos argentinismos que en la industria editorial estaban malditos. Editores y correctores nos trataban con afable socarronería. En mí predominaba el escozor de un permanente malentendido, de vivir en una lengua que no había desarrollado una cultura de la sospecha, que no interpretaba; que, como decíamos, «no tenía inconsciente». Los españoles practicaban el refrán como si solo pudiera significar una cosa, esa que el refrán decía, pero que implantaban a un sinfín de casos. Confundían el pretérito perfecto con el indefinido –decían «el año pasado he estado en Londres»– y no distinguían el objeto directo del indirecto; se creían llanos pero pensaban sin precisión. Crucificaban lo que habrían podido ser delicadas gamas de sentimientos en sentencias garbosas pero pétreas. Los españoles y yo decíamos cosas muy diferentes con casi las mismas palabras. En vez de examinar estos malentendidos por las dos puntas (sopesando, por ejemplo, el abuso jactancioso y cursi del eufemismo con que los argentinos creen emular a grandes poetas que no leen), yo canalizaba cada malentendido en recelo, y al cabo en desdén. Una vez le llevé fotocopiada a una editora el artículo del María Moliner donde se dice que el pronombre «lo» es el correcto para reemplazar al objeto directo y el «le» la excepción tolerada. Olímpica y justamente, ella me explicó la noción de uso y no me llamó más. Estas y otras embestidas eran lo que me aconsejaba el superyó de exiliado, que por entonces había impuesto una idea del exilio a cualquier posibilidad de abrirme a la vivencia, o mejor a la sensación. Ya se sabe que las ideas funcionan como cercos. La más extendida de las ideas de exilio se nutre y es origen de la obsesión de volver al país, con la condición nacional lo más intacta posible, como fin rector de todo movimiento (en este sentido suplanta muy bien a la de Revolución), y método para recuperarse a uno mismo. Como relato personal dominante, que prescribe desarrollos y finales pertinentes, la tensión de este propósito es fomentar un extrañamiento de lo real que en nada nos beneficia el entendimiento; un extrañamiento espurio, esclavo de la comparación constante. Había, desde luego, una carga de rebeldía política en mi exasperación. El español ambiental me alejaba de mi cultura, cuya lengua era una de las herramientas de su posible emancipación; me mancillaba, me opacaba la voz, me anulaba como vehículo de una particularidad. Como se ve, yo estaba inmerso en una lucha por la propiedad de la lengua, y en los dos sentidos de la palabra propiedad. No solo se trataba de dirimir a quién pertenecía esa lengua, sino quién la usaba mejor. Inevitablemente estaba repitiendo el rencor de Sarmiento («los españoles traducen poco, mal y no saben elegir») y los sarcasmos de Borges para con el doctor Américo Castro. La disputa era acre, diaria, avinagrante, más trabajosa que el deber de cultivar la memoria de un ambiente patrio, y las insignias de un pasado, para que el relato que dictaba la idea del exilio no se rompiera en simples episodios sin ilación. Yo me sentía en poder, no de un imperio, sino de los detritos pasados por el periodismo, los doblajes de películas, los anacolutos de los políticos, los eslóganes publicitarios y la creciente, deprimente, tendencia de las grandes casas editoriales a aplanar las traducciones –atenuando relieves estilísticos, reduciendo y segmentando las frases con más de una subordinada– para facilitar el acceso de los consumidores al libro. (Les pido un momento, por favor, para revisar este proceso. La costumbre española de doblar todas las películas extranjeras en vez de subtitularlas había acuñado formas básicas de la lengua «traducida» que el público reconocía cómodamente aunque nadie hablara así. En los años ochenta muchos traductores adoptaron esas fórmulas, que ofrecían soluciones rápidas y reconocibles, y al cabo algunas editoriales decidieron exigirlas. La serie de maniobras de arrasamiento de las particularidades estilísticas se llamaba «planchado» del original. La consecuencia no infrecuente era que en gran parte de las traducciones españolas de los ochenta, en especial las pagadas por los consorcios editoriales, la prosa de Michael Ondaatje manifiesta una ominosa semejanza de familia con la de Stephen King. Los más surtidos personajes de los dos eran capaces, por ejemplo, de decir «Da una de cal y otra de arena», «¡Mira que eres cateto!» o «¿Qué es lo que te está ocurriendo?». Y en esta mezcla de coloquialismo impostado y estilismo cursi empezaron a escribir, esto era lo bárbaro, varios novelistas incipientes que leían abundante literatura traducida y poca tradición de su lengua.)

Tantos motivos de querella me provocaron una erupción de fundamentalismo rioplatense. La tensión entre los deberes del exiliado para con su verbo raigal y la obligación de traducir para el idioma de la península habría podido ser muy provechosa, como terminó siendo al cabo, si yo no me lo hubiese tomado como una situación de guerra fría. A los enojosos plurales de segunda persona y los diferentes nombres de las mismas cosas no me costaba adecuarme porque en el trato cotidiano ya era de hecho, no exactamente medio español, sino medio español catalanizado. Pero estaban, sobre todo, las maneras peninsulares de ordenar la oración, la cadencia del interrogativo y varios elementos más que señalaban una diferencia capital, angustiosa, en la dicción, la entonación y la prosodia, es decir, en el temperamento de esa lengua con la mía. En esa diferencia me solazaba. Era una diferencia abstracta, peligrosa, sublimada, pero basada en la constatación justa de que las diferencias importantes entre el dialecto español central y los dialectos sudacas no eran las léxicas, sino las relativas al orden de los elementos de la frase y sus consecuencias en la entonación, al escandido, a la preferencia por ciertos tiempos verbales y las respectivas obediencias o desacatos a las normas y las tradiciones, por ejemplo la del uso o no de la preposición en «debe de haberlo hecho él». El taimado Ezra Pound recordó que no existe ninguna lengua que contenga la suma de la sabiduría humana; ninguna capaz de expresar todas las formas y grados de comprensión. En vez de reflexionar sobre este adagio, yo sometía cada término con pinta de posible argentinismo a un control de calidad que ceñía cada jornada de traducción en un mareo de ebriedad delirante. A escondidas incluso de mi superyó, entretanto, disfrutaba de la sutileza de grandes traducciones españolas del momento, como las de Miguel Sáenz o Javier Marías, y les envidiaba una riqueza que, lo sabía, solo podía provenir de un trato más íntimo con la parte menos reciente de la tradición central. Mi tradición debía incluir a Quevedo, pero también a la gauchesca argentina y las traducciones latinoamericanas de literatura norteamericana.

Dado que así vivía la traducción, como un lugar asfixiante donde todos enjuiciaban la existencia de los otros, intenté paliar la molestia ejerciendo el contrabando y la insurgencia lingüística menuda. Pensaba que si practicaba injertos, desvíos, erupciones en el lenguaje que se me imponía, quizá produjera islotes de realidad anómala, moradas frágiles cuyos usuarios evitaran la condición ya fatal de consumidores, que era el nuevo estatuto general de los oprimidos y del cual Latinoamérica aún podía librarse. Insistía en el pretérito indefinido, evitaba rigurosamente el leísmo, los personajes de mis traducciones exclamaban «¡Flor de mentira!», como mi abuela, acaso. «¡Pedazo de mentira!» y no «¡Menudo embuste!», como mi tabaquera española, y en vez de «vale» ponía «de acuerdo». Paraba obsesivamente la oreja en busca de la expresión coloquial más rara y más cercana a las «nuestras» que las editoriales pudieran tolerar –*camelo*, por ejemplo, o *bochinche*– y atesoraba términos del Siglo de Oro cuya existencia el barnizado español actual ignoraba pero habían sobrevivido en la ductilidad de nuestro sudaca –*irse al mazo*, *sacar el pellejo*– o palabras milagrosamente compartidas por el cheli madrileño y el lunfardo porteño, como *guita*. ¿Hay que decir que me prohibía el verbo *coger*? Mi meta, cuando el original lo posibilitaba, era una emisión elegante, a la vez cosmopolita, zumbona y hogareña, sobre todo consciente de que la lengua es un problema, más aún, de que el lenguaje es un desgarramiento, la incesante, fatal pérdida del hecho que pretende capturar, la eliminación de lo que nombra, y que en la traducción el problema se duplica. Este mejunje, que daba a mis trabajos una textura levemente caprichosa, no produjo grandes reacciones. Algunas editoriales seguían llamándome, otras me echaron flit discretamente y terminé trabajando más que nada para dos empresas dirigidas por argentinos, Minotauro y Muchnik, o para editoriales independientes como Anagrama, Icaria, la Lumen de entonces. Para entonces ya tenía el privilegio de traducir a Martin Amis o a Clarice Lispector, incluso a William Burroughs, a Henry James nada menos, y en la medida en que decrecía la autocompasión aumentaba la responsabilidad. Mi siguiente subterfugio consistió en desplazar la inquina hacia el español literario estándar de ese momento que, en pos de una narrativa de pura historia, y del supuesto equilibrio de la forma, las reseñas periodísticas del momento encomiaban como «lenguaje fluido». ¡El equilibrio de la forma! Esa gente no había leído a Gombrowicz. El elogio del lenguaje fluido era la bestia negra de mi ser de escritor, y la campaña por la higiene de mi lengua íntima irrumpió en una rabieta pública contra la lengua contaminante: un larguísimo artículo en dos partes bajo el título de «Algunas cuestiones sobre la propiedad del idioma», que se publicó –y esto habría debido hacerme pensar– nada menos que en *La Vanguardia*. La primera parte se llamaba «Del escritor como ablandador de zapatos», en homenaje de pícara melancolía a un oficio, ablandar zapatos nuevos de gente rica, que algunos pobres extravagantes habían ejercido en la Buenos Aires de los años cincuenta. Muy en breve, decía que al nacer caemos en un idioma como en un par de zapatos que nos adjudica el azar; que las primeras molestias irritantes aparecen cuando queremos decir una cosa y nos entienden otra; que sin embargo no es fácil resignar un signo esencial de pertenencia; y que al fin uno se olvida que los zapatos le duelen y termina aceptando el lugar común, porque permite tender lazos fáciles. Después acusaba a los escritores españoles de haber claudicado ante el uso de un repertorio de invariables útiles para protegerse de la intemperie o de andar descalzos, o sea defenderse de la vida como la aborda la literatura. Los españoles usaban los zapatos heredados como si se sintieran cómodos; se entregaban a la palabra instrumental, confiados en ilusión de su transparencia. Lo que distinguía a la literatura latinoamericana, en cambio, era la conciencia de una incomodidad irremediable, la constante duda sobre el uso correcto, el trabajo de insolentarse, la sospecha de la palabra y de su emisor, la sensación de impertinencia, el reconocimiento de que toda voz sale por una máscara, de la dificultad y la impureza; porque la literatura nacía de una insatisfacción y la única palabra justa era la que atacaba el equívoco de la familiaridad. El inocultable rencor, producto de la idea no del todo falsa de ser un proletario cultural a sueldo de la industria lingüística de su madre, destilaba más claramente en un pasaje dedicado a la difusa pero sostenida campaña que por entonces, época de establecimiento y afirmación de la narrativa y la industria editorial españolas, se había desatado contra las traducciones sudamericanas de los años cuarenta, cincuenta y sesenta, que habían alimentado a los lectores durante la penuria franquista y ahora eran calificadas de burdas e insostenibles. No quiero entrar en esas minucias recurrentes en las jornadas de traductores. Todos sabemos que cuando un argentino dice «voy a lo de Juan» debería decir, correctamente, «voy a casa de Juan»; pero pocas veces discutimos cuán sagaz es que esté asimilando *vado da Giovanni* del italiano, e incluso el francés *chez Jean* o el catalán *can Joan*. Tampoco importa mucho discutirlo; es un hecho. Lo que importaba para mí entonces era que los escritores españoles no solo denigraban las traducciones sudacas llenas de expresiones como *cuadra* (por *calle*) o *durazno*; también se negaban a pensar que millones de lectores latinoamericanos no sabían qué era un *melocotón* o un *chaval*.

Y así. Si ocultamente esperaba alguna réplica, lo cierto es que no pasó nada. Tampoco obtuve rédito, salvo una mórbida hinchazón del amor propio. A las semanas el bulto era un hematoma, un derrame, y me sentía bastante idiota. Unos años después, los fastos del Quinto Centenario del Descubrimiento de América, expresados en el español ecuménico del iberoamericanismo oficial, un idioma que no habla nadie, iban a probar que la democracia de la simulación tiene muchas cirugías para reparar las huellas que dejan en la lengua las literaturas y usos populares y locales. Traducir era la vía idónea para disgregar ese simulacro de unidad en un multiverso de voces simuladas pero particulares. El caso es que después de mi manifiesto sentí por fin un lento estallido. No era el que yo había deseado. Era una disgregación del romance con las leyes del desasosiego que me organizaban la conducta. Comprendí que mi sentimiento del exilio era un aparato superpuesto, implantado sobre una experiencia real de atención, curiosidad y transformación cotidiana, fabricado por *a prioris* sobre la cultura y la biografía. Ese aparato u objeto replicaba una larga serie de exilios documentados, acumulando sobre sí la tradición y la historia, y trabajaba todos los días en reproducirse a sí mismo. Muchas teorías, tradicionales y contemporáneas, afirmaban la superioridad moral del ser individuado que puede reconocerse en un relato coherente de sí mismo. Por mi parte, no solo las sensaciones sino también la memoria tendían a la discontinuidad; a veces extrañaba mi país y en general, si quería ser sincero, no extrañaba tanto. El presente no me daba tiempo para extrañar, y en vez de *extrañar* me inducía a *echar de menos*. La comida, los acentos de los amigos y los amores, la lectura del diario, las letras de las canciones que cantaba, los olores que me salían al paso o entraban por la ventana a cualquier hora del día, emociones adosadas a una hora, un estado del tiempo y un rincón preciso de la ciudad: de todo eso era tan actor como de mis recuerdos de adolescencia porteña. Yo era una asamblea de delegados de tendencias surtidas que contaban anécdotas de tiempos y escenarios disímiles, presentaban mociones contradictorias y discutían respuestas a acontecimientos asincrónicos; y lo peor era que a veces una facción entera abandonaba la asamblea. El silencio estupefacto que se hacía entonces en mi interior delataba una falta de mando, de buró director, un vacío central de poder. Sobre un fondo vaporoso aparecían elementos heterogéneos: la máquina de escribir y la computadora, el voluminoso cruasán español y la pequeña medialuna porteña, miembro del rubro pastelero llamado «factura», el hule grasoso y tajeado del asiento de un colectivo 60 y el camarote acolchado de un tren de alta velocidad, el mediterráneo y el río Luján, la planta llamada Santa Rita y la misma planta llama buganvilia, las patillas de Menem y las canas de los dirigentes socialdemócratas. En mi relato más íntimo del exilio, si hubiera habido algo así al alcance, el movimiento de regreso había perdido momento de inercia. Para hacerse clara, la atención al presente me suplicaba una lengua a la altura de su multiplicidad, del milhojas temporal y espacial que era cada momento. Beckett se proponía hacer agujeros en el lenguaje para que a lo mejor, al fin, con paciencia, segregase alguna verdad. Según Deleuze, escribir era inventar una lengua extranjera que al entrar como viento en la lengua del escritor la sacudía y a la vez desquiciaba todo el lenguaje. Y para Walter Benjamin, después de Babel, de la dispersión, cada lengua vivía dramáticamente su defecto de fondo, su carácter incompleto. Con esta batería de argumentos, por entonces procedí a hacer mi trabajo cotidiano a la vez como ejercicio de anulación de mí y como demolición de las constricciones. «¡A disgregar! ¡A disgregar!», era la consigna, así, dicha dos veces. Exaltación. Entrega, quimera de la pérdida de sí en la fusión pasajera con la palabra del otro, etcétera. Estaba totalmente convencido de este programa. Sobre todo cuando traducía autores muy contemporáneos. Tal era el gusto diario de ofrendar mi lengua a la presión diversificadora de Alasdair Gray, de Kathy Acker, de quien fuera, que llegué a la teoría de que la fidelidad de la traducción consistía en idear una manera de traducir para cada libro. Fue una época rara en la que solo me importaban las frases, luego los párrafos, y trataba de informarlos con furibundos safaris al diccionario de autoridades, excursiones por Quevedo, Larra, Sarmiento, Mansilla, Lezama Lima, la lírica del tango, las coplas madrileñas, Onetti, Juan Benet, Arguedas, las traducciones de Lino Novás Calvo y las de

Consuelo Berges, gran atención a las voces de los otros y una revisión de la gramática que me acercara lo más posible a la parataxis. Pero no estaba preparado. Y, como para corroborarlo, justo entonces salió en un diario argentino una reseña de *La vida de Jesús*, una novela de Toby Olson que para la periodista estaba muy bien traducida, decía ella, «por un españolísimo Marcelo Cohen». Todos los aspectos de la cosa me satisficieron enormemente, desde el elogio hasta el sarcasmo, pasando por la ingenuidad argentina de la reseñadora, que tomaba por españolísimo lo que era una mezcla personal. Más o menos por entonces me tocó también traducir las memorias de Mezz Mezzrow, ese judío que aprendió el saxo en el reformatorio, tocó con Armstrong y terminó vendiendo marihuana en Harlem, y nada podría haberme complacido más que el comentario de que el conglomerado de argots que había fraguado se dejaba entender poco pero al fin tenía un sonido inconfundible. Lo que quiero decir es esto: el *self*, eso que se supone que uno es medularmente, signo de identidad irreductible y término que algunos se ven obligados a traducir como *yo*, es verdaderamente recalcitrante en su apego a sí mismo y a la congruencia de los relatos sobre sí mismo o sobre cualquier cosa en que se refleje, incluso si apela a voces de otros. Su astucia más irreprimible, su codicia más sutil, es por supuesto el estilo. Y yo quería un estilo de escritor y de traductor, y era muy pretencioso: quería una argentinidad de incógnito y, digamos, una hibridez distinguida.

Ahí estaba entonces, de nuevo agarrado infraganti. Los españoles decían *pillado*, no *agarrado*. El malestar y la revuelta con el español contemporáneo, la lengua del amo de casa, la herramienta de castración del entendimiento, habían tenido un impulso de liberación política. Pero con toda mi genealogía rioplatense y mi voluntad joyceana de anarquía sexual de las palabras, había ido a dar en el deseo de distinción, una de las lacras que pueden entregar al exiliado típico, como un corderito, a un fascismo reflejo al del fascismo del que lo segrega. Si el estilo es una avidez del self, y el arte de objetos como símiles del conocimiento, una estratagema de dominación, el self es el objeto burgués por excelencia. El self es una falacia *a posteriori*; exactamente como el fetiche. «El self es la pensión y los ahorros del rentista estático.» Esto lo dijo Carl Einstein. Y por eso Einstein pensaba que la «destrucción del objeto» practicada por los pintores cubistas y por Malévich no era una cuestión meramente formal, sino la destrucción de un orden social y epistémico, un orden burgués fundado en la posesión, el individualismo y la ficción de cosas y sujetos constantes. No era mi caso. En vez de dejar que por la herida del exilio fluyera una comunicación, yo estaba construyéndome un lenguaje bien sólido. Como si la herida del exilio pudiera cicatrizar alguna vez y blindarse, como si pudiera capitalizar mis largas rencillas con el país de adopción y con el de origen, como si el exilio no fuera para siempre. Nada bueno para la traducción, como se comprende.

No había nada que conducir, nada más que un producto de cadenas de causas que hacían un presente. El bochorno de entender penosamente algo de esto, bien que a medias, se resolvió en un paso hacia la apertura, un atisbo de soltura. Solo un atisbo.

Pero uno es incorregible. Cuando volví a vivir a Argentina, mi soltura interior se complacía en comprar tanto *zapallitos* como *calabacines*, según decidiera el motor lingüístico encendido en el instante, y en injurias excéntricas, como el anticuado porteño *hacete hervir* o el encantador andaluz *que te folle un pez*. En las traducciones me iba a hacer falta un esfuerzo de discernimiento, pero concibiéndolas como espacios transitorios podía hospedar gran cantidad de matices y acentos. Por supuesto, en seguida me di cuenta de que el deleite de usar localismos argentinos, lunfardo, eventualmente el voseo, se enturbiaba porque muchas veces la mejor solución, e incluso la más placentera, era un españolismo; pero esta esquizofrenia dialectal solo desbarataba más cualquier ilusión de pertenencia plena. Ahora bien: si el regreso no existía, tampoco es que la abundancia fuera una solución. La gama de posibilidades expresivas que había acumulado solo servía para jactarme de un desajuste, ahora con mi país. De muchos desajustes. Porque no tardé nada en enredarme en malentendidos nuevos. Huelga explicar que la lengua de la Argentina de hoy no es la de Mansilla, ni siquiera la de Walsh. Es un repertorio de sampleados del periodismo, la publicidad, el show político, la cultura psi y los desechos de un argot de calle planchados por la clase media, donde no juegan exiguo papel las traducciones españolas y los subtitulados y doblajes centroamericanos de series de televisión. Hoy los argentinos tienen *piscinas* en vez de *piletas*, los camareros desean *buen apetito* en vez de *buen provecho*, las recepcionistas y conserjes dicen *aguarde* en vez de *espere* (porque les parece más refinado), pero el léxico general es angustiosamente corto. Son comparativamente pocos los que manejan las subordinadas. Profesionales liberales y bastantes escritores ignoran algunas reglas de consecución temporal, como la del pretérito indefinido con el pluscuamperfecto, de lo que se desprende un acalambramiento de la memoria y el presente. Y aunque uno intente abrevar en la idiosincrasia de esos usos, asimilarlos con un respeto algo comedido, estoy seguro de que mis traducciones no suenan menos raras de lo que sonaban en España. Lo hago adrede, claro. No es una veleidad. Es otra vez el intento de que el cuerpo de las traducciones de un período sea un lugar, un espacio sintético de disipación de uno mismo en una cierta multitud de posibilidades, de comprensión de la identidad como agregación. Pero no un lugar enajenado, ni protector, ni preservado; porque si algo concluí de tantas escaramuzas es que un espacio hipotético se vuelve banal si no se ofrece como ámbito de reunión, de comunidad, de ágape; si no intenta crear tejido fresco en el gran síntoma del cuerpo extenso que somos. Creo que lugares así, traducciones o ficciones digamos peculiares, son también encuentros de voces, de multitud de voces, y centros desechables, locales pero siempre provisionales, de agitación de la lengua del estereotipo, ahora cada vez más internacional, en pro de una expresión polimorfa.

No deja de sorprender cómo nos hemos habituado a conceder que odio y violencia contribuyen más que el amor y la paz a estructurar las relaciones sociales. Pero más sorprendente aún es la difundida resistencia a pensar que el clima de tensión, terror y amenaza que envuelve al mundo pueda relacionarse directamente con la defensa cerrada de la identidad, la de cada uno o cada grupo, y el desmesurado culto de la memoria. Identidad, quiero decir, ilusoriamente considerada como un componente basal único y no elegido, en cuya persistencia va el sentido de la vida del sujeto y cuya defensa requiere mantener a distancia y a raya todo aquel que puede erosionarla, entorpecerla, importunarla o modificarla, y si es preciso comérselo y evacuarlo, o suprimirlo sin más. Identidad como etnia, tradición, nacionalidad, religión o filiación política excluyente, para empezar. Como por ahora no se ve que ni grupos importantes ni demasiados humanos en particular vayan a aceptar que en el fondo, como dicen ante los muertos, no son nada, algunas de las voces astutas que el planeta escucha, como la del premio Nobel Amartya Sen, sugieren atender a que la identidad de un humano o un grupo, lejos de ser una esencia fatal, es siempre un agregado –algunos dirían un constructo–, y que muchos de sus componentes provienen de elecciones o adherencias azarosas. Una identidad puede cambiar con el tiempo, aun contra la voluntad del sujeto, e incluso sin que el sujeto lo advierta, y más cambia a causa de decisiones razonadas; el compuesto se diversifica. En el mero plano social, por ejemplo, nos movemos con un portafolio de identidades a las que nos referimos según el contexto (género, clase, oficio, trabajo, raza, opiniones políticas entre otras), y la relevancia que damos a una u otra modifica la conducta. Sen sostiene que la negativa a aceptar la diversidad interna de las identidades es un error que une a los publicistas del choque de civilizaciones, los comunitaristas, los fundamentalistas religiosos y hasta los teóricos de la cultura, y que la ilusión y la imposición de un sello identitario único, que crea sensación de destino, fatalidad e impotencia, es lo que en el fondo alimenta una ira y una violencia que se descargan en el otro.

No cito a Sen porque quiera meterme en un asunto que hoy profundizan muchos artistas y estudiosos, a saber que la traducción permite cotejar y renovar las ideas propias con el lenguaje del otro, sino porque la observación de que Yo y el Otro somos cada uno una pequeña multitud toca las fibras nerviosas del arte de traducir, del oficio del traductor, y me parece que, al tiempo que intensifica los dilemas, la responsabilidad, las perplejidades, abre una rendija de libertad.

Tomemos la visitadísima disyuntiva entre la traducción hipotéticamente neutra y la traducción localista, idiosincrática o, por así decir, soberana. Las periódicas muestras de fastidio crítico de lectores argentinos más o menos expertos contra las traducciones españolas, la acusación indignada de ineptitud o colonialismo por el uso terco y, se dice, malintencionado de palabras como *gilipollas*, *majareta*, o expresiones como *a mí me la trae floja* o *acabó como el rosario de la aurora*, que les impedirían gozar del texto, no solo son reflejas de la intolerancia ignorante de los expertos españoles de hace años a aceptar la diversidad interna de su lengua; no solo pasan por alto que la invasión de nuestras librerías por sobras de la profusa industria española es un asunto de acumulación capitalista y suerte geopolítica, y de una decadencia de nuestras editoriales en la cual alguna culpa, además de la dictadura y el capital, han tenido sus propietarios. Además de todo esto, esas quejas eluden un nudo acuciante de lo que, si valiera la pena elaborarla, podría ser una estética política de la traducción para estos tiempos.

Dentro de la despótica prosa mundial de Estado en que se expresa el continuo de eslóganes publicitarios y políticos, relatos míticos de la industria del entretenimiento y ficciones informativas que nos condicionan, la sociedad del espectáculo ha incorporado, por afán totalizador y para que se ocupe de temas humanos como la angustia, la belleza, la muerte, etcétera, lo que la crítica llama «literatura internacional»; la condición básica de las obras de literatura internacional es que son eminentemente traducibles. Creo que como réplica a esta trampa, en su cíclica revuelta contra los sometimientos y condiciones, hoy el espíritu negativo de los escritores se empeña en asimilar la literatura independiente, es decir, la literatura a secas, con una resistencia del texto a ser traducido. Aceptar el juego que proponen las poéticas de lo intraducible lleva a conceder que los giros y jergas muy locales, los estilos muy personalizados, piden equivalencias localizadas.

Para no enredarme, voy a exponer el problema de dos maneras.

Primera. Supongamos que un grupo de vecinos de mi barrio, enfermos de racismo atávico, se enfurece contra una familia de inmigrantes nigerianos, los Ababó, porque cultiva en su terrenito unos arbustos de fruto alimenticio pero pestilente. La familia es de una etnia de su país que vive históricamente del cultivo de esa planta y fue maltratada por una mafia lumpen del lugar, etcétera. Digamos que yo conozco una conmovedora novela nigeriana que cuenta una historia como la de los Ababó y permite entenderlos. Creo que a mis vecinos les va a cambiar un poco la cabeza. Pero la traducción de la novela es española y el traductor eligió como correlato del argot de los Ababó y los mafiosos nigerianos el lenguaje madrileño de Lavapiés. ¿Qué puedo hacer? ¿Probar si mis vecinos atraviesan el velo de un dialecto ajeno de su idioma? ¿Arriesgarme a que su demonio social interior aproveche la confusión para acusar a los Ababó de gallegos de mierda? ¿Proponer que alguna de nuestras humildes pero valerosas editoriales independientes pueda comprar los derechos y traducir el libro al argentino porteño con una subvención de la UNESCO?

Otra manera de abordar estas encrucijadas:

Hace dos años el poeta argentino Leónidas Lamborghini publicó el poema narrativo *Mirad hacia Domsaar*. Un viejo que fue lujurioso y tal vez poderoso llamado Pigj agoniza sobre una camilla rodante en una llanura calcinada donde nada crece, y ni siquiera hay barro para que la esquina sea fiel a un famoso mito del tango. Lo acompañan dos mujeres y alguno más, y el poema narra la trabajosa partida de la camilla, sobre unas prácticas rueditas, a veces derecho, a veces en zigzag, rumbo a no se sabe dónde: como nuestro país, como el progreso de la civilización. Entierro de la lírica pampeana y desecho sarcástico de la retórica central de la lengua, oficio beckettiano de tinieblas y sainete sacramental peronista, mamarracho, vodevil procaz y oratorio de altura, relato en verso, también drama grave sobre la muerte escrito para narrador y comparsa triste, este poema superlativo no debe haber entrañado para Lamborghini ningún riesgo que él no hubiera asumido desde sus comienzos, cuando necesitó hacerse con un tono peculiar para expresar su visión. A Lamborghini no debía de guiarlo ningún proyecto que no fuera soltar la voz, digamos liberar la visión, y modelar. Depuesta la búsqueda de resultados y seguridades en la mera necesidad de escribir bien lo que se escribe, todo riesgo se difumina y solo queda el beneficio del poema; para nosotros, una especie de dolor que alivia, es decir: estética. No se sabe qué alcance tendrá. Lamborghini no debe haber pensado en la difusión extranjera. Traducir ese texto es un asunto bien peliagudo, tanto rebosa de localidad. Y si lo elijo es porque me parece indicativo, pero bien habría podido hablar de Russell Hoban, un norteamericano afincado en Inglaterra, cuya obra maestra *Riddley Walker*, una novela de iniciación en un mundo posnuclear, escrita en un delicioso inglés neoprimitivo, no se vende para traducción a otras lenguas (como si Hoban temiese que la desnaturalizasen). Fiel a su ímpetu extremista, recalcitrante en el mundo de la circulación reductiva, la literatura se adhiere a la localidad y la enriquece; vuelve a empezar desde la diáspora de las lenguas, deroga el mundo de prosa sintética donde vivimos separados por aquello que supuestamente nos comunica. No pocos pensamos que si la literatura tiene un futuro, será gracias a un abultado depósito de libros intraducibles, o por supuesto para nosotros los traductores, aparentemente intraducibles.

Aun en casos menos radicales que estos, cuesta pensar que un lenguaje neutral como el del antiguo sueño de la revista *Life* en español eleve el sentimiento del traductor por el sentido de su oficio. Pero la igualdad de oportunidades entre diversos grupos lectores es una quimera, porque hay escasísimas obras que la industria editorial vaya a traducir para cada país, y porque lo identitario único tiene una loca potencia de reducción: del estado-nación a la región, la comarca, la provincia, la etnia, el clan, la ciudad, el barrio, la familia, el yo. Aparte de que la mera y presunta lengua «argentina» ya está incrustada de modos de decir de todo el mundo hispanoparlante, y de otros mundos, inevitable secuela esta del espectáculo global. Adoptar los españolismos *porro*, *cachondo*, *piscina* o un uso erróneo y oprobioso del *vosotros*, el mexicanismo *lucir* y hasta el *todo bien* brasileño, y moverse con desenvoltura entre *pinches*, *bueyes*, *quiubos*, *pantaletas* y *cabrones*, todos términos que habrían hecho rebuznar a sus inflexibles padres lunfardos, no les ha mermado el señero acervo de hallazgos vernáculos como *che*, *viste*, *mina* o lo que sea. Es solo un ejemplo. Lo mismo está sucediendo con la lengua nacional chilena, peruana, colombiana, venezolana, con todas, y, con el aval de la Academia, empieza a pasar con la española.

En este clima, la duradera contienda entre la traducción de una obra a una lengua verosímil para el lector particular y la tendencia a causarle extrañeza podría resolverse en una alternativa nueva. Sería una salida provisoria, y anunciaría que en adelante todas las salidas van a ser provisorias. En realidad, mi ilusión es que anuncie que en el futuro cada libro exigirá del traductor, como exige la escritura, no solo una solución parcial, sino una teoría *ad hoc*, como si la traducción se convirtiera en una rama de la patafísica, esa ciencia de las soluciones particulares. El traductor, cuando no está en la coyunda de las páginas cotidianas, sueña con este océano, con el plancton de las identidades desintegradas. No olvidemos que un océano es un medio. Ante la posibilidad de hacer veinte versiones de un original, cada traducción se servirá de todos los componentes de los dialectos y jergas de su idioma, tomando, para empezar, los que más le sirvan para la imitación o ejecución interpretativa de una superficie. Será un uso rebelde: el máximo de rareza obtenido a partir del artificio de la familiaridad global. No me pregunto si no es una ilusión desorientadora y hasta perniciosa. En el siglo XVII la versión de *El Quijote* en inglés provocó un sismo literario del cual surgirían montañas como el *Tristram Shandy*. Las novelas de Onetti no existirían sin las versiones de Faulkner hechas en los años cuarenta en La Habana y Buenos Aires. Alguien diría que el comercio vivifica las lenguas, y que cada momento de una literatura decide, si quiere más aliento, cuál rama de su tradición le sirve y qué le conviene injertar. Claro que si la decisión la toma la industria –que reverencia al público, al cual le encanta que lo engañen–, nada se regenera salvo el circuito financiero de la palabra que aplasta el mundo, muchas veces bajo el adulado ropaje de la belleza. Pero de eso debería tratarse justamente cuando alguien dice que le preocupa el lenguaje: no de la belleza de un atavío, sino de formas que abran la conciencia a los vaivenes del viento.

FUERA DE SÍ

Todavía hoy, y hasta en oyentes expertos, el sonido del saxo de Albert Ayler provoca una erupción de asombro, trance estético, emoción violenta y chorritos de risa que se resume en una pregunta insistente: «¿Y esto de dónde sale?». La corta carrera de Ayler (1936-1970) suscitó numerosos malentendidos. Fuera del círculo de los músicos de jazz, que hablara de tocar un «grito silencioso» parecía ridículo, pero en grabaciones como *Spiritual Unity*, cuando una técnica excepcional le permitió inventar para el saxo un arco nuevo que iba del rugido bestial a un llanto de viola, creó un efecto de canto doloroso con una suerte de silencio apacible en la médula. Incluso en la era del free jazz los alaridos de su saxo eran desvergonzados; pero Ayler exploraba los matices más hondos de cada melodía para terminar sus enconadas improvisaciones con un toque tan clásico que parecía intemporal. A los colegas que hablaban mucho de ellos mismos los fulminaba con una pregunta: «Pero ¿vos te creés que la cuestión sos VOS?». Para él nunca se trataba de uno sino de La Música; de una realización sin persona, del reconocimiento de una «gloria» y de una revelación. Lo mismo que su amigo Coltrane, Ayler se consideraba una mera vasija para la transmisión de un don del cielo.

Como Pollock, como Pizarnik, como Werner Herzog, fue de los últimos artistas de una tradición de dos o tres siglos que reúne a poseídos, visionarios y enajenados, de Blake a Artaud, de Novalis a Lispector, suerte de médiums, no deseosos de trascendencia, sino necesitados de abandonarse, de reparar la división entre ser viviente y sujeto gestionado por un sistema, y de salvar la brecha entre el hombre y lo eterno inhumano, la fuente inagotable. Esas búsquedas resultaban en lenguajes extremos, insolentes, que reclamaban del interlocutor que depusiesen un obstáculo: el costoso mantenimiento y la trabajosa defensa de un yo individual inamovible. En la época de las vanguardias, las nociones del cielo habían sido reemplazadas por la de Revolución. Un poderoso individuo masivo esperaba que cada cual se pusiera a su disposición para culminar la historia. Todavía Eliot afirmaba que se escribía para librarse de una identidad, y Pessoa se desintegraba en una troupe de poetas, pero en general la historia, trascenderse en lo colectivo, exigía del militante acción sacrificada tanto como del artista el trabajo de obtener una forma nueva con su medio específico. El mandato de dominio de los materiales en pro de lo nuevo, sumado a una repugnancia a la mística, derivó en una reafirmación de la relevancia del autor. Monje laico y agnóstico severo, el artista o escritor de vanguardia era estricto soberano de una obra cuya forma se alargaba hacia el futuro; con tal fuerza que la grieta entre la obra y el destinatario –ya generalizado en *público*– se volvió abismal. Tétrica secuela de una intención noble, prosperó la idea del fracaso como distintivo del gran artista.

Como entre tanto rigor descubrieron algunos, todavía ligados a la poética del desarreglo, no se había estudiado bastante la presencia del sistema de los grandes proyectos en cada individuo; ni que en todo sujeto que se cree dueño de sí, por ejemplo un autor, hay hospedado un virus verbal que espera una alusión para replicar modelos y manejar comportamientos. Duchamp y Cage ya habían notado que la forma, entendida como dominio de un lenguaje, es sintomática, que el arte entero está condicionado desde su régimen; pero que el artista podía encontrar procedimientos para desterrarse de la obra. Pero a pesar de la empresa Roussel, los escritores llegaron tarde a entenderlo. Del todo, solo desde que Burroughs identificó la sintaxis con la droga e inventó el *cutup* para interrumpir las líneas.

Sin embargo, desde mediados del siglo XX hemos leído libros que, si bien hechos con no menor cuidado, asombran por la soltura y la desinhibición con que producen cambios silenciosos sin aura de acontecimiento; por una facilidad que contagia al lector, le pasea el pensamiento, lo prepara para inquietarse y lo dispone a contemplar socarronamente problemas reales, falsos dilemas y su propia y abatida gravedad. Queneau, Calvino, Perec, Flann O'Brien, Kurt Vonnegut, Harry Matthews, Puig, Aira, Echenoz, Kathy Acker, Alasdair Gray, Víktor Pelevin: estos nombres y otros vienen a la cabeza junto con la duda de que haya algo que los una. Algo al menos hay en común, y es que ante la levedad vuelve la pregunta: «¿Y esto de dónde sale?».

Incluso parece que cada uno de ellos dijera: «Vean, el asunto no soy yo». Pero entonces ¿quién, o qué?

Se sabe cuán ligada a lo militar está la noción de vanguardia. Modelización, jerarquía, consecuencia y sacrificio se conjugan en la figura de un general supremo e inquebrantable que dispone cómo conducir tropa y armas al final que ha previsto. Cierto que el genio táctico se revela en la fricción con las circunstancias, pero, porque lo obtuvo luchando contra escollos naturales y no solo contra el enemigo, el triunfo del comandante es una proeza y vale medallas. El arte de vanguardia es muy así, no solo en el ánimo épico, sino en la convicción de que cada logro, incluso la victoria por arrasamiento y con bajas exorbitantes, es parte de la gran marcha hacia un adelante de esplendor basado en victorias y adquisiciones superiores. Con la crisis de la fe en el futuro y el sentido, el derrumbe de la ilusión revolucionaria y la instauración mundial de la mente burguesa arreció la canción del fracaso, pero también hubo un giro que podemos llamar *chino*. Algunos artistas empezaron a entender cada obra como un beneficio inmediato exonerado de repercusiones; más que las metas empezó a estimarse el proceso; y en función de frutos discretos, pasajeros y compartibles, apareció un interés por auscultar cada situación, su potencial particular dentro del siempre renovado curso de la realidad y la existencia de posibles «factores facilitadores», de modo de no imponer nada a lo que está en movimiento y aprovechar las condiciones en vez de hacerlas rechinar. Momento oportuno y mínimo, acción rápida y fructífera («entre el todavía no y el ya es tarde»); reconocimiento de que cualquier cosa, incluido uno, surge al mundo en dependencia mutua con muchas causas y cosas. Abstención del autor como gerente y obstructor. Asentimiento a las condiciones. *Desapego*: noción budista que se puede entender como «La cuestión *no sos vos*». Difícil, porque no es solo que al escritor siga acosándolo la moral del sudor heroico; en general escribir le es difícil, y nadie se lo pide salvo sus ganas.

En las famosas 35 tesis de Sol Lewitt sobre el arte conceptual leemos: «La voluntad del artista es secundaria al proceso que va de la idea a la concreción de la obra. Su voluntad bien puede ser puro ego». Esta y otras propuestas parecen inmejorables para el escritor entorpecido por su mandato. Más: «El proceso es mecánico y no debería interferirse en él». Lewitt dice incluso que el artista conceptual, «más místico que racional», llega a conclusiones que están vedadas a la lógica. Pero si el concepto da una dirección general, la idea lo ejecuta y la voluntad personal se subordina a la idea, uno se pregunta cómo la acción puede no volverse obsesión, rigidez, fundamentalismo o ideología, y cómo se concilia ese yugo con la soltura de algunos descendientes herejes de las vanguardias. Quizá no haya problema si cada idea es para un solo objeto, o bien del tipo de las que Francis Ponge, uno de los pocos grandes metodólogos de la poesía, llamaba «ideas experimentales». De este modo incluso aumentaría el desapego. Así como el meditador budista, que atisba su sí mismo como un dolorido conglomerado de actitudes producto del ansia, busca liberarse delegándose en cada meditación, el que se da a un procedimiento solo atiende a la oportunidad de escribir el o los libros que ese procedimiento facilita.

Según Agamben, *dispositivo* es «literalmente cualquier cosa que tenga la capacidad de capturar, orientar, determinar, interceptar, modelar, controlar y asegurar los gestos, las opiniones y los discursos de los seres vivientes». No solo se trata entonces de las evidentes –las que estudió Foucault– como la cárcel, el manicomio, la escuela, la confesión, las medidas jurídicas, etcétera, sino también de la lapicera, la escritura, la literatura, la filosofía, la navegación, la computadora y, «por qué no», el lenguaje mismo. Agamben propone dividir todo lo existente en dos grandes grupos: los seres vivientes o sustancias y los dispositivos. De la relación entre los dos resultan los sujetos; es decir, que un dispositivo subjetiviza al ser viviente. Claro que un mismo individuo puede dejarse capturar por varios dispositivos, tanto más en el repleto mundo de hoy, y dar lugar a múltiples sujetos: el usuario de teléfono celular, el internauta, el escritor de cuentos, el globalifóbico, etcétera. Para Agamben no es tanto que esa multiplicación ponga a vacilar la consistencia del sujeto, como que agudiza «el aspecto de mascarada que siempre ha acompañado a toda identidad personal».

El dispositivo *literatura* se define por elementos intrínsecos: estilo, modos de formar, estructura, visión. A comienzos del siglo xx Raymond Roussel entendió que el goce particular que daba el uso de ese dispositivo tenía el precio de repetir cosas ya escritas. Y como el sujeto de la vida corriente tampoco era dueño de su experiencia, inventó un sistema cuya satisfacción le exigiera suprimir rasgos personales (ver *Cómo escribí algunos libros míos*). Se independizó de sí y de las condiciones. Poco importa si el escritor que hoy adopta procedimientos tipo Roussel, zafarranchos a lo Burroughs o constricciones motoras a lo Perec es «conceptual». (En este contexto una *idea* es algo todavía no figurado que puede suscitar formas o figuraciones.

«X se desmaya en la calle y al despertar decide enamorarse del primero que lo ayuda» no es una idea, sino un argumento. Una idea sería escribir una novela sobre alguien que desaparece pero suprimiendo en todo el texto el uso de una letra, como hace Perec en *El secuestro*). En todos los casos el mecanismo, una vez ideado, es indiferente a los elementos que suelen identificar a un autor, que queda fuera de un marco –no exclusivamente verbal, tampoco autónomo de la experiencia común– que por eso le da la posibilidad de incluir una versión ficticia de él o muchas. El mecanismo crea un escritor transformable.

El escritor transformable es un rebelde de la posmodernidad. No es el que se hartó de los rigores que la moral del porvenir imponía a la escritura y decide hacerse entender mediante formas más relajadas. No. Como otros posmos, comprendió en su momento que la ideología capitalista y la socialista velan por igual el presente, y ejercen violencia en pro del cumplimiento de metas y la defensa y provecho de ciertos emblemas. También vio que todo afán de dominio, incluso el de la palabra, surge del engaño de un yo sólido, con su fábula de congruencia y su demanda de halagos; que el culto de la identidad es fuente de sufrimiento y de daño. El PI piensa que el cambio de formas de vida empieza por el examen de la obsesión y que, si el narcisismo del escritor es inextirpable, la literatura ha encontrado recursos para ponerlo en vereda. No tiene una idea muy alta del individuo ni, por lo tanto, de la propiedad; por eso consigue un arco de exploración amplio y un pulso político inusitado. Solo está ávido por *hacerse de otros* (apoderarse de y estar hecho de ellos) para entregarlos con él al proceso que propone cierta idea. Llevado por el dispositivo se despoja de casi todos los rasgos de suficiencia –constancia de estilo o voz, verosimilitud, elegancia constructiva, modulación, tensión, altura climática, definición genérica o ironía paródica– y gana flexibilidad, trato con todos los registros de la cultura y la alegría, aun cuando la historia caiga en el espanto.

Un espectáculo inolvidable del posmodernismo rebelde es *Lanark*, la novela que el escocés Alasdair Gray publicó en 1981 y aún hoy responde a los elogios alborozados encogiéndose de hombros. Entre otras cosas *Lanark* es una instalación. Gray es artista plástico devoto de William Blake, suele ilustrar sus libros y la novela contiene dibujos y muestras de un fresco que uno de los héroes pinta en una iglesia. Los cuatro libros de que consta *Lanark* aparecen en secuencia 3-1-(Interludio)-2-4 (cortado al medio por un epílogo). Los libros 1 y 4 tratan de la vida de Lanark, un joven que no sabe nada de su pasado, salvo que llegó en tren a Unthank, ciudad sin sol de un mundo disoluto, en proceso de podredumbre, con enfermedades que abren bocas en los cuerpos o los cubren de escamas de dragón, y expoliado por un consejo de notables y un evolucionado Instituto donde se saca energía y alimento de los cadáveres. En ese plano, estratos culturales e historia futura se confunden en una contemporaneidad casi periodística. Al revés, los libros 1 y 2 cuentan la iniciación de Duncan Thaw, de asmático hijo de obreros en la Glasgow de los años setenta a pintor hiperbólico y suicida, con un realismo emotivo y en parte autobiográfico, jaspeado de melodrama fabuloso. Como en el libro 3 (el primero que leemos) Lanark no tiene recuerdos, un oráculo cuya voz se le presenta en un sanatorio le ofrece la historia de Duncan. De modo que, bien Lanark es la reencarnación o fantasma de Duncan, bien Duncan es un invento para consuelo e ilustración de Lanark. En cualquier caso el libro es una pesadilla satírica experimental embarazada de una novela de representación realista. Que las dos sean igualmente lúgubres se explica por la aparición de un «autor» –mago chapucero y aprensivo, autoapodado «el rey»–, que, aparte de anticiparle a Lanark que va a terminar mal, le ofrece una sinopsis de grandes novelas del fracaso y un catálogo de las decenas de plagios que ha cometido, en una escena con notas al pie donde otra mano denuncia errores o falacias. Pero todo el complejo surge de la sencilla idea rectora: el pasaje transformador de un mundo a otro «por un agujero de conejo». (El texto la reproduce de mil modos: los personajes no paran de cruzar umbrales, caer en pozos y viajar por galerías, cielos, carreteras y una «zona intercalendárica» que les cambia la edad; la vida en las páginas de *Lanark* es eso.)

Lanark trata del estallido del individuo en muchas personas; de la muerte del afecto en el dominio de la histeria; de la imaginación en tiempos bárbaros (así la ciudad de Unthank cuajada de bolsas de mierda por cierre de inodoros a causa de un derrame de gas); de la Escocia obrera en época de desempleo. Puede decirse que satiriza uno de los fenómenos más trágicos de las últimas décadas: el aplastamiento de la ilusión moral por las fuerzas encontradas del abuso económico y el mesianismo político, entre los escombros de un bazar sin fin cuyos clientes «no saben cómo expresar deseos y necesidades». Pero además *Lanark* liquida el asunto del fracaso artístico; el autor transformable no puede fracasar porque no es nada: se ha vaciado en el artefacto. La multiplicación de motivos es tan loca como el desconcierto temporal que la novela encarna, y tan rápida como la frase de Gray –franca y jovial, leve incluso cuando más enconada, casi sin puntuación interna–. ¿De dónde fluye esta abundancia? Gray cuenta que había empezado una historia situada en un infierno kafkiano cuando, leyendo diversas clases de épica, comprendió que una epopeya le permitiría poner todo lo que le gustaba en otros libros: los empeños de un personaje cercano a su experiencia, un amplio espectro social, extractos del pasado, atisbos proféticos del futuro y escapadas a mundos sobrenaturales que fueran farsas o alegorías del suyo. En el centro estaría el descenso al inframundo (en una fiesta estudiantil). Un dispositivo sencillo, alimentable con material de otros escritores, capaz de asimilar hasta el inventario de robos. Y muy rendidor en efectos.

Primero, a falta de mando autoral, la exigencia de estilo queda reemplazada por una volubilidad que no carece de rasgos pero los recibe de aquello que eligió robar: libros, saberes, noticias o cualquier cosa. Segundo, gracias a la inconstancia se amplía la inventiva en un grado que, si alguien considera insensato, es porque se ha emancipado de las normas de lo verosímil. Ya no hay tributo moral que lo fantástico deba rendir a las leyes de la ilusión realista, ni realismo que peque de caducidad. La narrativa cambia de consistencia. El narrador es indiferente a la duda sobre el final y a los fines; se entrega a la contingencia. Es pragmáticamente irregular: no rechaza la inspiración, pero se aplica a lo que tiene que hacer. Ha reemplazado las reglas del arte por reglas de juego que a menudo lo obligan a desviarse y así revelan oportunidades que de otro modo él no advertiría. En el estado de atención en que está puede reaparecer todo, incluso la experiencia, y por eso en el texto aparecen versiones o posibilidades suyas. El «autor» que alecciona al pobre Lanark (en un epílogo previo al final del libro) dice: «Utilizo el gran mundo que se nos da al nacer como si fuera un surtido de formas y colores destinado a hacer que este entretenimiento de segunda mano parezca divertido y atrayente». Que también proporcione una lista de plagios habla de una continuidad inconsútil entre textos y mundo: Lanark y toda su historia son solo tinta. Pero una nota al pie se encarga de señalar que la tinta es materia y, cuando Lanark le pregunta cómo puede hablar de la muerte si de eso no sabe nada, el «autor» responde: «Mis obras suelen anticiparse a las experiencias en las que están basadas». Con este pronunciamiento incontestable el remolino temporal se chupa la trama entera, y con ella al «autor» y al autor, dejando en las páginas una constelación de personalidades excretadas y el nombre de Gray como síntesis hueca. *La-*

nark, la novela, queda como suceso mental, cosa virtual, hito de una literatura sin soporte. Aparte de la fantasía chocarrera (véanse «el premier Kostoglotov de Escitia», las azafatas «catalizadoras»), del temerario realismo de costumbres, del desquicio estructural, lo que asombra de *Lanark* es la sensibilidad del lenguaje a la pasión política y artística, el cinismo diplomático, la mentira tecnócrata, la mendicidad amorosa y el amor contento, la vanidad, el dolor, la risa, el nihilismo vital y la gratitud por la existencia de un hijo, como si el vaciamiento del autor en una mecánica hubiera desinhibido potencias y el relato desbordara de gracia.

Una vez Morton Feldman, desvelado por la búsqueda de un lenguaje musical inequívoco, intentó abordar una composición sin instrumentos. Pronto descubrió que a los sonidos no les importaban sus ideas de simetría y diseño, que querían cantar otras cosas. «Me parece –escribió– que pese a nuestros esfuerzos por atraparla, la música ya ha desbordado el cauce. Un viejo proverbio dice: "El hombre propone, Dios dispone". El compositor planifica, la música se ríe.» Cierto. Las tecnologías capturan al ser viviente y quizá no pueda dárseles un uso correcto. La técnica de la novela hará del escritor un novelista de corte determinado y acaso petrifique las palabras. Solo que ahora, y aunque quizá solo por el momento, sabemos que de la desconfianza hacia el sujeto que cuaja en la técnica pueden surgir dispositivos para disolverlo. Algo que parecía haberse perdido brotará en su lugar.

UN LUGAR LLEVADERO
(SOBRE LORENZO GARCÍA VEGA)

En *El oficio de perder*, su autobiografía descoyuntada, Lorenzo García Vega dice que *Vilis* es su ciudad experimental de los sueños. Desde dentro, el libro se define en relación a un género japonés de prosa llamado *zuihitsu*: «Colección de fragmentos: anécdotas, anotaciones, observación de cosas curiosas, descripción de sentimientos y cosas por el estilo, todo ello solo, por casualidad con relación entre sí». Para el lector, *Vilis* parece un recinto agrietado por la presión de cien heterodoxias: alquimia, gnosis, Lautréamont, patafísica, conceptualismo, análisis kleiniano, Burroughs, Macedonio, Lispector y más. En principio *Vilis* no se parece a nada. Hasta que de pronto uno se encuentra recordando esas historias de misterio de otro tiempo –*Fantomas*, pongamos– y el efecto simultáneo de evasión e incredulidad de una literatura de engranajes abiertos y realización minuciosa, de inverosímiles no imposibles. Claro, ¿por qué no una literatura sin moral, sin rédito psicológico, metafísico ni histórico, sin calorías para el pensamiento ni colirio para la mirada, sin siquiera música, más reacia al museo y al peso atrofiante del significado? A fin de cuentas, despojar a la literatura de atributos fue el programa de muchos de los escritores que más admiramos. Es el programa de García Vega. Pero entonces ¿cuál es la diferencia con *Fantomas* o las novelitas de Agatha Christie? Bueno, tal vez la literatura empieza cuando se reconoce cuán difícil es escribir suprimiendo las intenciones, la huella de las tradiciones, todo lo que carga las frases de contenidos personales, de expresión y de la ilusión de elegir. Al menos para García Vega, la literatura empieza con la necesidad de abrir un espacio en donde «el que escribe no pare de desaparecer». Una vía para conseguirlo, la vía de la ausencia de soporte cuyos patronos son Roussel y Lewis Carroll, es ceñirse al rigor mecánico de un juego plano. Otra, opuesta, es aceptar fervorosamente reglas inmarcesibles y siempre actualizables del arte literario, a lo Nabokov. García Vega, por su parte, toma el almacén de las vivencias y la memoria de lo leído como «una vieja baraja manoseada». Juega a un solitario de reglas íntimas y a lo que va ensamblando con las sucesivas tiradas lo llama *laberinto*. En el laberinto el escritor viejo podría vivir al fin libre de la memoria; levantarlo es una tarea crepuscular, determinante, ardiente. El laberinto debería advenir ahí donde ha sido él escritor, con su persona, su Cuba, su recua de exilio, su inconsciente y su impedimenta cultural.

Habiéndose administrado con ahínco el remedio de escribir dos novelas, varios libros de poemas, una autobiografía (*El oficio de perder*), y una exaltada discusión con la Cuba familiar y artística de mediados del siglo XX (*Los años de Orígenes*), García Vega descubrió que pese a las picardías y las fintas, pese a su escritura «destartalada», las frases inmovilizaban los recuerdos, y junto con ellos las imágenes del presente, en objetos manipulables y pétreos. Pero de la petrificación de lo vivido se salvaban los sueños, bien que a gatas, y entre los sueños, los recuerdos todavía sueltos y algunas visiones del presente, entre los colores y los olores de esas cosas diferentes, había roce e intercambio de reflejos, sinestesias, un huidizo reverbero, una nueva agilidad que llegaba incluso a ablandar los pedruscos. Libros como *Vilis* solo surgirían de la atención a ese fenómeno. Vilis es una ciudad-texto alzada con los vahos de todo lo que García Vega describe como «todo lo en mí acumulado inútilmente». No hay nada parecido a *Vilis*, cierto; y saber que hace más de medio siglo García Vega fue protegido de Lezama Lima y compañero de los barroquistas tropicales de la revista *Orígenes* –Eliseo Diego, Cintio Vitier, Fina García Marruz– ayuda a aumentar el asombro. Aparente suite de prosas poéticas estilizadas o bastas, jirones de escritura automática, especie de fotogramas y citas surtidas, *Vilis* es a la vez tela cubista y resultado de selección y extracto de hallazgos. De los inconsecuentes habitantes, el más citado es un «constructor de cajitas». Las cajitas del hombre, como los párrafos del libro, acogen elementos de sustancia y procedencia diversas. No sabemos si lo acomodado en las cajitas-párrafo del libro cifra experiencias del autor o solo está para señalar la violencia que hacemos a las cosas dándoles contenidos, para ampararlas del estereotipo. Los resultados, por supuesto, recuerdan a las deliciosas cajitas hermético-teatrales de los surrealistas, pero mucho más a las inefables cajitas que montaba Joseph Cornell con piezas recogidas en la calle. «Algunas veces, Tom Mix se tira desde el balcón del hotel y cae, como si nada, sobre su caballo.» No hay por qué negar que *Vilis* es un collage. Nadie lo tomará por alegoría, sin embargo, porque se advierte que el autor no pretende transmitir y acaso no sabe qué representa cada elemento –como si solo importase el color, la textura, el peso o la función real– y mucho menos el conjunto. *Vilis* es uno de los momentos en que la literatura parece pasar de la línea al volumen, de la sucesión a la simultaneidad, anular el tiempo en espacio.

García Vega es un exiliado radical. A Cuba la llama *Atlántida*. A la zona de Miami adonde fue a parar después de varias peripecias, donde vive lejos incluso del exilio y hasta hace poco trabajó de changador en un supermercado, *playa Albina*. Tiene ochenta y un años, diabetes y tres bypasses. Para domar los síntomas de sus males camina y camina por la playa Albina, y anota lo que ve –el carrito de un heladero nicaragüense, gestos y cuadros de un amigo pintor, comentarios sobre telenovelas, una pared, sucesos de su vientre en el retrete– lo que sueña –políticos cubanos de los años cuarenta vestidos de dril blanco, su madre, frascos y publicidades en vidrieras de farmacias– y lo que leen él y su turba de heterónimos. Parece que hubiera superado cualquier discontinuidad entre mirar, recordar, soñar, delirar, leer y escribir. Nació en 1926 en Jagüey Grande («Yo procedo de una tierra colorada, fea y pobre»), vio revueltas contra la dictadura de Machado y obsecuencias disimuladas, la república, Batista; en reveladoras tardes de cine se resarció del plomo de los jesuitas; se graduó en derecho y filosofía, conoció La Habana de las luminarias nocturnas, ganó el Premio Nacional de Literatura, escribió en La Habana del hermetismo origenista, después durante el trabajo voluntario socialista, pasó de la expectativa a la rabia, se exilió y siguió escribiendo en Madrid, en Nueva York, en Caracas. Toma la compulsión a experimentar como un destino: su «oficio de perder». Cita y copia sin reparos a maestros, contemporáneos y sucesores, los enlaza, los transfigura y los celebra. Son modos de descargarse del «garabato ortopédico del pasado».

Algo que importa de la poesía es cómo responde a las circunstancias cambiantes y a la zona local de cada mente, a esa intersección de muchas cosas diferentes para cada poeta y en cada momento según el poeta se mueve por el tiempo. El modo de innovar de un poeta es su modo de responder a las contingencias. En realidad la poesía es inmune al exilio. Es una actitud de sintonía con el mundo, de afinación, y el deseo de mantenerla viva. Atención ecuánime a los detalles, solución de problemas imprevistos, aprecio del tono emotivo y la textura intelectual de todo lo que se aglomera en un momento, percepción desinteresada e inmediata, memoria involuntaria, asociación más o menos libre. García Vega comprendió que, para escribir de acuerdo con la discontinuidad de su experiencia, bien podía tomar los elementos más insistentes en cada momento, agregarlos en un lugar y dejar que se comunicaran desarrollando leyes propias, corredores, un proyecto de laberinto.

En el prólogo a *Los años de Orígenes* cuenta como una diáfana mañana de Madrid, en el otoño de un año que no precisa, el descubrimiento del zen en un libro del psicólogo Hubert Benoit, unido a un deseo repentino de fundirse con el aire, los bancos y los transeúntes –de entrar en el aire como quien entra en un espejo y queda atrapado, de convertirse en el aire y el paisaje hasta llevarlos «como se llevan los propios huesos, la sangre»– le pusieron en entredicho el plan de contar su vida en Cuba. Si narrar era una vocación de dar testimonio, mal podía ser hacerlo el que aspiraba a vivir más allá de sí mismo. «¿Puede ser testigo quien deja de ver lo que separa al sujeto del objeto?» García Vega no quería desintegrarse; se preguntó si no podría entrar en el paisaje por un sistema, por una «estereotipia sana». Pero el zen era una experiencia que pugnaba por no ser experiencia, un deslizarse por «el recoveco que el espacio de una noche deja», pero sin poder agarrar nada. El dilema iba a reaparecer más tarde bajo la luz dura del invierno de Nueva York. No solo era asunto de evitar el juicio o la interpretación, esas formas de «agarrar» la experiencia. Mucha historia había pasado por él, «atravesándolo». Muchos hechos se irisaban, se juntaban o descomponían cuando miraba sus últimos años, y ahora tenía enfrente una ventana –«muy a lo Hopper, muy a lo New York»– y una fuente con nieve, árboles secos, alguien que arrancaba un coche, y además llevaba en él la huella de un sueño de la víspera en que había acariciado a una mujer desnuda en la cocina de una casa semidestruida. Se resistía a identificarse con todo eso junto. Lo que quería era decir ciertos hechos que le importaban «como el que refiere sus varias investigaciones estáticas»: superponiendo un punto a otro diferente, un personaje a otro, una situación a otra. Decir las cosas separadas, en yuxtaposición. Hacer del relato un mural. «El narrador puede atraer a su relato esa muda e indefinida multitud de aspectos: la circunstancia sonará sordamente, el espacio se dibujará como un collage. Será como llevar un centro fotográfico a diferentes relieves. Trazar una voz, referir una anécdota, seguir por un instante un trazo de nieve en la acera, como quien vive dentro de una heterogénea estructura plástica.»

Solo que «la indefinida multitud de aspectos» de una escena turbaba la transparencia testimonial. Y, cuando sus libros viraron resueltamente a lo plástico, la escritura empezó a cobrar un aspecto críptico –descifrable a lo sumo para el que contara con claves expuestas en los libros largos– y García Vega se preocupó. Desde entonces viene temiendo hacer «una literatura autista». Pero hay un poco de coquetería en ese temor. Hubert Benoit, el psicólogo zen, predicaba un lenguaje *no-convergente*: «En el lenguaje usual, hablo, quiero la palabra y *oigo* la palabra que *yo* digo. En el lenguaje no-convergente, me mantengo quieto y *escucho* la palabra que me es dicha». García Vega se tomó el ejercicio a pecho, aunque sin ceremonia. Hizo que la familia y la época del legendario movimiento Orígenes dijeran. Se expurgó de «lo cubano» en una memoria, como después iba a aligerarse de sí mismo en una autobiografía. Logró que su padre y su madre, el folletín fogoso y mojigato de la burguesía cubana, la retórica martiana, la hermética paliativa de los origenistas, las ambivalencias del maestro Lezama y los desvelos, calvarios y entusiasmos o decepciones de su generación bajo el castrismo «dejaran de hacer el coco». La prosa rezongona y campechana, iterativa, no-convergente de esa especie de narración lo adiestró en «enlazar lo que parece más desunido» y en presentar las cosas «sin tratar de darles mayor o menor significación que la que tienen por su propia vida o su propia muerte».

Ese iba a ser el juego en adelante para el apátrida albino: hacerse un lugar que fuera «el anticipo de la nada». No un instrumento para apoderarse de la experiencia, sino una contramemoria, un objeto, había dicho Jasper Johns, «para la desaparición de los objetos». Un lugar donde las voces interiores se extenuaran de repetir siempre lo mismo. Un amparo para la anomia, reemplazable, sin bienes; más que portátil, un lugar llevadero. Un lugar como el pensamiento: flujo, agitación íntima, desordenada, casi prelingüística, difícil de manejar, irrefrenable, sin para qué. Pero si el pensamiento es un derroche de energía, hay un lenguaje que se encarga de hacerlo comprensible y práctico. Lo encauza, lo inmoviliza, lo trocea y lo da a entender por partes. Lo encapsula. Por suerte hay cuantos de energía loca que se escapan; quedan a la deriva. García Vega piensa que el arte debe encontrar, en las partes del pensamiento que el lenguaje ha separado y endurece, la energía cinética anterior al lenguaje. Es un juego. Frente al invencible desorden del pensamiento, dice G. V., no vale ninguna contemplación activa. No hay nada que hacer. Nada de Dios ni demiurgia poética. «Soy solo un jugador», dice. O un Burroughs, «una máquina de registrar ciertas áreas del proceso psíquico».

Cada cajita recibe un grupo de vivencias y percepciones. Entradas del diario de un constructor de cajitas forman parte de la galería arbitraria y ciudad orgánica que son las ochenta páginas de *Vilis*, depuración extrema de un mundo personal pletórico. El método es el mismo para cada fragmento-cajita que para el libro entero, pero, como los elementos de cada cajita son diferentes, *Vilis* no tiene ni siquiera la armonía de un fractal. Aun así se puede entrar por cualquier lado. Para orientar se mencionan ciertas instituciones como el Cabaret las Rosas, la calle Rivadavia, el supermercado Públix, la Biblioteca Nacional, el cine Rialto y el Neuropsiquiátrico. La selección de personajes es nutrida y entre la multitud de comparsas, impostores y dobles de gente real es fácil distinguir a los heterónimos de García Vega (el psicótico Artemio López, un jesuita onirólogo, el surrealista Antón Pereira). Cantidad de citas, de Petrarca a Warhol, de Robbe-Grillet al bolerista Chucho Navarro, se ofrecen como comentarios. Un fragmento-cajita puede contener todo un bolero, noticias de costumbres, un chorro de recuerdos de un funcionario que asiste a un funeral. Otro, el sueño de una cabaretera o de un loco sojuzgado por una madre rencorosa. Al constructor de cajitas lo atribulan problemas como la reducción del olor de un pasillo recién barrido a una melodía de jazz, o el montaje de los objetos de una cajita de modo que, despertándonos la atención, «toque las máscaras con que nos disfrazamos». Una de las funciones de una cajita es disparar la memoria achatada al mundo poliédrico y arrasador de las correspondencias. Construir cajitas es «como trabajar con un material que puede hacer daño»; y se hace sin técnica probada de planteo y resolución, sin defensas ni miedo al ridículo. Una cajita puede ser así:

Hay una inundación. Botes, bomberos, el carajo. Todas las brigadas de salvación acuden al lugar. Habla un hombre gordo, ojos saltones, con pulóver de un sepia desleído. El gordo tenía..., o el gordo se proponía... Pero no se puede decir más, pues en Vilis las cosas se olvidan en seguida. Es lástima.

O así:

Esa noche, Artemio López agotó al psiquiatra hablándole de la madre de Domingo Faustino Sarmiento. «Las madres no mueren», terminó diciendo.

¿Cómo se lee esto? Fluidez, rotación, imágenes que colisionan o se acoplan, plaga de vínculos ilícitos. Dentistas travestis; explota un «petardo de seda»; un hacha enorme se incrusta en el centro de la ciudad; se discuten teorías del excusado. Esto no es hermetismo, ni criptografía ni poema en prosa. No es escritura automática; hay una conciencia que corta y pega los materiales. Tampoco es de una virtualidad absoluta, ni tiene la costura primorosa de las tramas de Roussel. En *Vilis* nada concluye; solo seguimos las pulsaciones de una inquietud mental clandestina. García Vega suele decir que, más que escribir frases completas, siempre ha buscado los últimos elementos de su imaginación; ese *residuo* que también interesaba a los alquimistas. De modo que *Vilis*, aceptémoslo, es un teatro para la escenificación de ninguna otra cosa que sus sueños. Solo que él, dice, los retoca «un poquito». Y aunque asegure que le «alucina hacer collages» y aluda siempre a Burroughs, se diría que el zen le ha permitido sacar los *cutups* listos de una cabeza completamente tomada por la poesía.

García Vega vivía ya en Miami, maduro y «alucinado con Roussel» pero atado aún a poéticas que no le concernían, cuando en medio de una caminata vio una colchoneta tirada en un baldío y tuvo un despertar. Sumada a un acercamiento a Duchamp, la visión de la colchoneta le permitió «empatarse con Roussel», adelgazar su persona y crear un heterónimo culminante, el doctor Fantasma. Ahora esclarecía la meta para la cual se había entrenado siempre; no ya ser poeta, escribir versos, tener una voz, sino (con cita de Valéry), «penetrar en el estado del poeta, aunque únicamente como demostración, como medio, como recurso». Escribió *Palíndromo en otra cerradura*, un texto incalificable basado en las notas de Duchamp para el Gran Vidrio, y «cortando, serruchando, talando» entró en el mundo de sus sueños para salir «con las imágenes convertidas en piececitas». *Palíndromo...* es un manual de fórmulas inconducentes, personas verbales resbaladizas y vivencias intervenidas. Una de las partes es una lista de «cápsulas Duchamp» para energías desatendidas: la del crecimiento de las uñas, la de las miradas duras, la de las ganas de orinar causadas por el miedo.

De las muchas colecciones de cajitas y cápsulas con que García Vega ha extendido desde entonces su Laberinto, *Vilis* es la más hospitalaria. En otras el montaje verbal se vuelve escabroso y el homenaje o tema original solo sirve a que el aparato no se derrumbe. Y aunque hace mucho que se resignó a escribir solo, a veces García Vega se desespera. «No puedo instalarme dentro de mi desgarrón... No tengo hilo, y por lo tanto no conozco nada del Laberinto», farfulla, y el lector empieza a preguntarse cómo va a hacer él sin un hilo que seguir, si el autor lo echa en falta. Hace un par de años, durante una lectura en el CCEBA, García Vega confesó que se veía como una figura solitaria sentada frente a un mar blanco; que no cree que alcance ya a instalarse en un lugar donde podría ser él mismo. Pero también contó que ha terminado por aceptar, aunque «a medias» y con una propensión a los textos autistas. Que escribe para «buscar el rostro de lo que no tiene rostro». Es indudable que el juego incesante le ha dado a García Vega intuiciones parciales de lo que no tiene rostro. Pero si esto al menos el lector lo percibe, ¿tiene además que entender? ¿Condolerse del autismo del poeta? Duchamp, a propósito, hablaba de un *eco estético* muy diferente del gusto: «El gusto procura una sensación... Presupone un espectador dominante que dicta lo que al espectador le gusta o le disgusta y lo traduce en "bello" o "feo" según se sienta complacido sensualmente. Muy al contrario, la "víctima" de un eco estético está en una posición comparable a la de un hombre enamorado o a la de un creyente que rechaza su ego exigente y, desvalido, se rinde a una fuerza placentera y misteriosa... Se vuelve receptivo y humilde. Eso es todo».

Cierto que ante determinadas obras no muchos se sienten en condiciones de acertar. Sin embargo hay indicios de que, si el lector mira fijamente los poemas de García Vega durante mucho tiempo, al final podría oír un susurro. Tal vez los poemas estén incitándolo a hacer un montaje parecido con elementos propios. En ese caso, ¡enhorabuena! Todo el que acusa el eco estético de una cajita de Joseph Cornell siente la cosquilla de hacer una cajita él también. Y aunque después no haga nada, o el resultado lo decepcione, la inclinación mental permanece. Así que no lo duden. El rédito de la poesía es un deseo de poesía. En la polis mundial de la transparencia, *poesía* es el síntoma común de una de las tribus de autistas.

TODO UN DETALLE
(SOBRE ALEXANDER KLUGE)

Cada mañana del mundo un civismo escrupuloso nos obliga a verificar lo despacio que pasan las cosas en los diarios, cómo ciertos sucesos se arrastran meses enteros por páginas tan parecidas que la realidad, asfixiada por la repetición, se vuelve cada vez más inocua. En los libros, en cambio, las cosas pasan rápido, se diferencian unas de otras y afectan la emoción y el entendimiento. Sin duda fue para salvaguardar esta potencia que Italo Calvino propugnó la velocidad como uno de los atributos de una literatura venidera. Pero si la propuesta se justifica con creces, es raro que nunca la discutamos contra el fondo de ansiedad de la vida global. Porque podría haber una poética en la lentitud de los diarios, visto lo morosa que es a veces la empiria. ¿Será que ciertos hechos son de naturaleza periodística? Bien: no. NO. La noticia es relato, nunca hechos crudos, y con la atribución de naturalidad a un relato empiezan todas las estafas del periodismo. La literatura sabe esto de sobra, pero hoy no ignora que la realidad puede ser eso, lo manifestado en la prensa, la presunta naturaleza de los hechos, como en otro tiempo fue la historia. Por eso los novelistas se esforzaron en crear un sistema de representación: el «realismo», por ejemplo para Tolstói, servía para burlar las aparatosas causas con que los historiadores escondían la imposibilidad de esclarecer por qué Napoleón había fracasado en Rusia. Si desde entonces hubo muchos cambios en la narrativa, los principales conciernen al modo de acercamiento a lo inabarcable y la escala de lo que conviene abordar. Todo para honrar la realidad empírica. Más que suplantarla, la lentitud del diario anonada la real, y no deja rastros: en esto consiste la actualidad. El relato literario, si encuentra su método, dura: da perspectiva, inquieta, se deja relacionar con otros relatos, reevaluar o rebatir. La literatura es virtual, latente. Luego intempestiva.

Elegir un dato subestimado o lateral de la experiencia ordinaria, la historia política, la ciencia, las tradiciones, los accidentes naturales o tecnológicos, los recovecos del amor, la guerra y la economía, el repertorio de los oficios, las peripecias de las artes, la crónica de valentías o agachadas de funcionarios de todo rango y luego acotar el momento, intervenirlo, mecharlo de invenciones, conjeturas, aforismos, diálogos y miniensayos y al fin constelarlo con otros hechos: en *El hueco que deja el diablo* Alexander Kluge aplica todos estos recursos de la ironía con un fin explícito: encontrar una orientación en «el mundo fantástico de los hechos objetivos». Una vez se ha mostrado que la realidad imagina, que produce imprevistos e inverosímiles, imaginar sobre lo que ofrece no significa tergiversarla. Más bien es un disenso frente a las ilusiones de transparencia de otras formas de conocer; el cambio de un espectáculo por otro. «Lo que escribo depende de lo que se transforma a mi alrededor», dice Kluge. Su erudición activa, su curiosidad fervorosa por los oficios y la materia seleccionan aspectos de la realidad y los tratan con vías a emancipar la percepción. *El hueco...* es un libro de historias hecho con lo que casi toda la literatura pasa por alto. La gesta jurídica de una puritana casta que asesina al marido violador. El pragmatismo sagaz con que un triángulo amoroso sobrevive a los nazis en la París ocupada. La muerte de un elefante sometido a un experimento de electrocución. Las torturadas lucubraciones que un resfrío induce en María Callas la víspera de un estreno. Un exceso de veleidad que lleva a un popular actor nazi a inmolarse a los rusos. La impotencia de un cosmólogo del MIT para inducir a la Casa Blanca a invertir en una sonda espacial remota del tamaño de un salero. ¿Alguna vez un lector meditó sobre la decisión soviética de dejar morir a la perra Laika en un satélite? Sí, muchos nos indignamos. Pero después del cuento de Kluge, el sacrificio del animalito por el progreso deprime menos que el estallido sentimental que dispara un traspié técnico.

El hueco... consta de unos doscientos relatos. Glosas de la historia, perlas de lecturas especializadas, apuntes del natural, noticias de prensa como pasadas por Photoshop o por el perfeccionismo lírico de Isak Dinesen. El tono es suelto, cultivado, sin adornos, y el humor, variado. Raramente una pieza llega a cinco páginas; el promedio es de dos y muchas tienen pocas líneas, aunque no hay sombra de ese rubro dudoso rotulado como «microficción». Este libro se escribió sin decreto previo sobre el valor del tamaño. Para la amplitud de las preocupaciones de Kluge, que las muchas piezas sean de diversos grados y formas de brevedad es imprescindible. Se trata de concentrar mil fenómenos en un poliedro –un talismán– que supla las inconsecuencias de la memoria.

Hay una pequeña historia moderna de la relación entre literatura breve y hechos reales. Podría empezar con el anarco-simbolista Félix Fénéon, que desde 1906 y durante años publicó en el parisino *Le Matin* una sección diaria llamada «Nouvelles en trois lignes». (Por ejemplo: «Los brutales celos de H. Sainremy, de / Burdeos, le han valido cinco *disparos* / de pistola por parte de su mujer».) Otros mojones serían los *Hechos inquietantes* de Rodolfo Wilcock (elaboración de «noticias que, si bien pueden pasar inadvertidas, llegan a ser alegorías de la época en que se las registra») y las «novelas condensadas» que James Ballard reunió en *Exhibición de atrocidades*: piezas de unos veinte capítulos de treinta líneas en que fragmentos de paisaje urbano y psicológicos, el surrealismo y Freud, imágenes de guerra, choques de autos, Marilyn Monroe y Ronald Reagan se funden en formaciones crípticas pero reconocibles como cuadros cubistas.

Lo que distingue a Kluge en esta saga de lo perturbador es la atención a lo elemental. De cómo una mala línea telefónica frustra el apoyo de la Mesopotamia iraní al Tercer Reich. La lluvia aplasta la emocionada gravedad de un cortejo de intelectuales en el entierro de Horkheimer. Un bombero le explica a un patólogo las razones físicas de que bajo los escombros del World Trade Center no se encontraran restos humanos, sino una masa arenosa. Un astrónomo atribuye la música de violines que oye a las ondas de choque de la formación de una estrella. A la alianza con la realidad, en apoyo de su fluidez imaginativa, Kluge aporta un gran surtido de modos (espionaje, folletín, informe secreto, catástrofe y más) y tratamientos contra el envejecimiento precoz. Casi siempre escamotea las fechas. Sugiere grandes acontecimientos con la media luz de un incidente efímero o una prueba material. Inserta entre párrafos unos dialoguitos en el limbo, especie de interrogatorios a implicados en el hecho, que multiplican los sentidos y el argumento. Arranca las historias de la racionalidad de la historia y la agitación de la crónica y las acerca a la fábula, congelándolas antes de la moraleja. El bloque que es un «cuento» de Kluge se ofrece a la risa inquieta, a la discusión meditativa. A la ensoñación, puede decirse, como si el montaje irónico, brechtiano, antes que inducir tomas de posición, siguiese una aspiración de Baudelaire: «El milagro de una prosa poética, musical, sin ritmo ni rima, lo suficientemente flexible y dura para adaptarse a los movimientos líricos del alma, las ondulaciones del ensueño y los sobresaltos de la conciencia». Es que si uno lo piensa, existen al menos dos nexos entre el llamado de Baudelaire a una ebriedad liberadora y la dialéctica teatral de Brecht. Uno es el efecto distanciador de la metáfora. El otro es el vanguardismo histórico-trágico de Walter Benjamin. Y bien: como agradeciendo el legado, Kluge pone en el centro del libro un relato titulado «La película preferida de Walter Benjamin», que, por lo demás, realiza la fantasía que tantos narradores han diferido por pusilanimidad: contar lo que se dice un peliculón (aquí *Soledad*, de Paul Fejos, 1928) para darle una segunda vida más llena de resonancias, no menos emocionante.

Una noche, junto a la cama de agonía de la madre, Beckett columbró que, así como la literatura de su maestro Joyce había sido acumulativa y exuberante, la suya iba a tender a la escualidez. De ese modo, contó más tarde, habían nacido «Molloy, Malone y los demás». Beckett resumiría su plan de despojamiento en un solo término, *lessness*, algo así como *menismo* o *menosdad*. Si no pujanza, *lessness* tenía un valor programático para la prolongada tensión del artista de lo breve con las obras grandiosas, sus materiales generosos y sus miras plurales, fuesen las de Wagner o las de Musil. Pero si lo mínimo da antes en la médula, si lleva la sonda directamente a donde importa de veras, muchas veces envasa la riqueza del mundo en el tarro de una alegoría. En el ahorro de detalles puede haber una merma de ese gasto inútil que suele enorgullecer al artista, y en caso una pereza del conocimiento. Por eso Kluge, un escéptico fogoso, invierte las maniobras del cuento tradicional. En vez de depurar acciones y racionar elementos, escribe cantidades de piecitas que refieren un par o tres de detalles inadvertidos. Es su política de la forma contra la reducción de la realidad.

Además de narrador Kluge es abogado, ensayista, vástago de la Escuela de Frankfurt y, como se sabe, un maestro contemporáneo del cine: original, versátil, vitriólico, indeclinable amante de las películas. En un relato de otro libro, *Historias de cine*, un camarógrafo ruso tiene que filmar en Brest-Litovsk las decisivas negociaciones de paz entre Trostki y representantes de las potencias europeas. Como no hay espacio no puede asimilar convincentemente la llegada de un tren, la caminata hasta el palacio, la tensión, los desplazamientos de los negociadores en la sala, el firme pacifismo, el antimperialismo implacable y la retirada de los rusos. Piensa: «Imposible capturar las proporciones del mundo en un rectángulo horizontal. Cada vez que dejo algo afuera, arriba, abajo o a los costados, se me parte el corazón». El hombre y su equipo resuelven el problema inventando la «selectividad». Optan por filmar el penacho de humo de una locomotora, dos espaldas prusianas con bayonetas diferentes al cinto, un ojo con monóculo, los labios vibrantes de Trostki en un discurso y así, con la idea de componer todo como mejor transmita la experiencia. Después se percatarán de que han inventado el montaje. Si recortar la realidad no es un dolor para el periodismo, el arte es una acción contra la impotencia para incluirlo todo, o la invención de formas que la diluyan.

En la narrativa de Kluge la técnica del montaje es ya una poética: un dominio de materiales o hacer ilustrado que no reniega de un fundamento metafísico (como reclamaba Benjamin); un modo de acercarse a una fuente que se repliega sin cesar y tal vez sea puro hueco. ¿Hay una forma de contar apropiada al parpadeo de la suerte? En «Un instante peligroso», una viejita enclenque y una chica tienen que atravesar el túnel de tela en forma de fuelle que separa dos vagones de un tren expreso. En el suelo, dos planchas de hierro articuladas se entrechocan con el avance del tren. La chica sostiene a la señora con una mano y con la otra mantiene abierta la segunda puerta. La viejita no encuentra asidero. Se cae; el tren entra en una curva; las planchas de hierro amenazan con cercenarle un pie; la chica se le echa encima para protegerla; un inspector grita «¡Cuidado!». Un espolón de la puerta le hiere la canilla, pero la mujer tiene «una indomable voluntad de supervivencia». Ayudada por la suerte y su inventiva, consigue pasar al otro lado. Fin. Son dos páginas. El suspenso angustioso y la reflexión sobre la tenacidad humana se combinan en la misma medida que los componentes materiales, físicos y psicológicos del momento están montados en paralelo, como si la suerte no fuese un *a priori* sino el excedente de una sincronía entre elementos discretos. Así obra Kluge con historias muy diferentes y en todos los planos, con la confianza de que solo el pensamiento analógico está a la altura de las contingencias. No hay gramática de las consecuencias, sino yuxtaposición. No se describen causas. El libro está sembrado de ilustraciones que diversifican el foco. Hay notas que pueden ser ensayos o eslóganes, citas transversales, dobles títulos, uso anómalo de cursivas y mayúsculas, y sobre todo no hay salto de página entre cuento y cuento. Todo esto trastorna la linealidad del libro; indica que no es un fresco, sino una colección. Y si todas las colecciones están inconclusas, la de Kluge se regodea en su insuficiencia. *El hueco...* consta de cinco secciones sobre: buenas obras del diablo (azares afortunados), casos de amor en situaciones límite, hechos que inician guerras, política y tecnociencias (con apartados, sobre el cosmos, sobre submarinos, etcétera) y paranoias del poder respecto al diablo. Es una colección muy desequilibrada. Invita a imaginar secciones que faltan, a considerar el vacío y, sobre todo, a prestar atención a lo que nace de la simple vecindad entre artículos disímiles. Más que cualquier colección, tiene el carácter de las metáforas.

En un cuento de *Historias de cine*, el premio Nobel Eric Kandel explica que el centelleo infinitesimal de las neuronas de un cerebro es un lenguaje que no entendemos ni depende del mundo exterior, aunque las dos partes han aprendido a sintonizarse. En el cine, un cincuentavo de segundo hay oscuridad y otro cincuentavo una imagen; el cerebro llena las fases negras con signos propios y a la vez capta la «imagen» como un continuo, de modo que uno ve dos películas –una hecha por las neuronas y otra luminosa que reciben los ojos–, pero fundidas en una impresión colectiva, ya parte de la especie humana, que dispara el contenido de las fotos. Si Kandel está en lo cierto, no

TODO UN DETALLE

hay mejor defensa de la hipótesis de que el placer del cine radica en que fatalmente cada espectador ve una película algo distinta, un semisueño. Y esto gracias a un intervalo infinitesimal. El intervalo es el vivero de la síntesis imaginativa.

El dispositivo elemental de la imaginación es la metáfora. «Tempestad, estallido de un dios iracundo», por ejemplo, permite apreciar que la imaginación es una revuelta contra los límites del tiempo y el espacio. El motivo de la metáfora, dice un poema de Wallace Stevens, es un deseo «de regocijo en los cambios», de acceder a «... el relámpago afilado, / la vital, arrogante, fatal, dominante X». No es tan enigmática esa X del poema. La imaginación metafórica es el menos limitado de los impulsos humanos de incorporarse hacia lo que lo excede, lo que no sabe de condiciones y precede al sentido. Esta X es lo que, mediante el montaje paralelo y la analogía, sondean los cuentos de Kluge en el hueco que deja el diablo, como si el diablo fuese un subalterno de la polaridad. Salud entonces al montaje que interrumpe la serie, al intervalo de oscuridad, al blanco entre párrafos que permite asociar dos conceptos, al alumbramiento de lo que aún no estaba por el enlace entre elementos desiguales. Así el bandolero Kluge compone sus objetos y los infiltra en el mundo del conocimiento por categorías. Por algo en *El hueco que deja el diablo* hay tantas citas de Kant, el liquidador de la metafísica, el que estableció los límites indefectibles del contacto humano con las cosas; esplendentes citas del adalid de la ley moral y el entendimiento, que sin embargo están ahí como bajo sospecha amable.

Que la Ilustración haya desalojado a Dios del mundo no significa para Kluge que no se pueda sentir mucho la ausencia, más cuando al medroso ateísmo contemporáneo muestra la hilacha en decenas de idolatrías en contienda irracional. Sobre el triunfo mundial de la neurosis burguesa se extiende el terreno del diablo. Pero Kluge no teme una nueva Edad Oscura. Se pro-

151

pone investigar las discontinuidades del mundo que la Ilustración quiso dominar con la razón. Se querría, digamos, reponer el encanto. El diablo se limita a militar contra la tiranía de los inocentes, trae el contraste y el peligro, pero tiene sus lapsus. Una casualidad, azar o fortuna, es una falla en la supuesta hegemonía del mal. Pero no porque la razón se desentendiera del asunto vamos a caer en la superchería, ¿no? Para eso, piensa Kluge, están los cuentos que atacan el asunto como cientos de acciones parciales. Entre el chisporroteo automático de cada cerebro y la luz intermitente de los hechos objetivos (el «nerviosismo de la materia», según Gershom Scholem), la imaginación sintetiza sus poemas: unas veces dioses monumentales, otras simples mensajes en las paredes. En cuanto a Kluge, ha patentado el poema docufantástico: instantáneo, veraz, cautivante, coleccionable. Es un instrumento eficaz contra lo que la realidad tiene de falso; y, como el cine para el público de los comienzos, en los azares propicios o aciagos, en los momentos de sorpresa y los recuerdos relegados que conjura, ofrece –la expresión es de él– un indicio de felicidad ciega.

DE LA ORFANDAD COMO REPETICIÓN Y SALIDA
(SOBRE JONATHAN LETHEM)

El año pasado el norteamericano Jonathan Lethem, hasta entonces abanderado de insólitas formas del fantástico, publicó una extensa novela de formación. *La fortaleza de la soledad* fue definida como un panorama de la cultura pop y la historia reciente de su país. ¿Qué necesidad lleva a un excéntrico a abordar el realismo? Quizá la idea de que aceptando una orfandad esencial, que algo marca un camino antes que los padres, puede dar nueva vida a un género agobiado por el progreso del héroe hacia alguna realización.

La escena es así. Década de 1970. Un chico blanco de clase media, uno de los poquísimos en una zona de Brooklyn de mayoría negra, va por la calle con una pelota de básquet o una lata de Coca-Cola. Cinco negros de su edad sentados en un escalón lo llaman, le preguntan qué lleva ahí y le piden que se lo deje ver un minuto. La última frase es el umbral de una humillación. El titubeo del blancucho, para quien huir sería reconocerse culpable de racismo, propicia un crescendo psicopático. Los pibes se acercan. «Préstamela un rato, dale. ¿Te pensás que no vamos a devolvértela? ¿De qué tenés miedo? ¿De que te casque? Eh, blanco, te estoy hablando. ¿Vos sos sordo? ¿Qué pasa, no te gusto? ¿No serás racista, no, flaco?» Silencio del indefenso. Por fin: «Estrangulalo, hermano. Estrangulalo por cara pálida». De modo que uno se le acerca por detrás, le agarra un brazo, se lo dobla a la espalda y, bajo amenaza de quebrárselo, lo obliga a agacharse, a apretarse contra una cadera, y, cuando lo suelta, el blanco rueda como un trompo con las piernas cruzadas; y sin la pelota o la Coca. Después le dicen que era una broma y lo ayudan a levantarse. Otro día, muchos días, el peaje será un dólar.

Cantidades de varones de miles de barrios del mundo conocen esta rutina de iniciación. En *La fortaleza de la soledad*, la última novela de Jonathan Lethem, la «llave» se repite anodinamente, no sin un afecto truculento, como la cifra de un *statu quo* de ofuscación interracial y fantasmas de clase que determinará una vida de intentos de romperlo. Es la teatralización de un combate a muerte y transcurre, con variaciones, en un marco de indiferencia absoluta. La «llave» de la extorsión callejera es algo más que el encastre violento de dos soledades. Es una manifestación de la orfandad. La novela anterior de Lethem se llamaba *Motherless Brooklyn*. La traducción española, *Huérfanos de Brooklyn*, da lejos del clavo; porque la orfandad a que recurre en estos libros no es un sello personal. Para los personajes –como mínimo para ellos– es un *a priori*, un meme, una categoría del mundo, puede que una sustancia. Algo en la trama los hará cambiar de idea. Pero entretanto la orfandad también es el motivo homogeneizador de una obra tan versátil que da taquicardia.

Retengamos que Jonathan Lethem (1964) creció en Boerum Hill, el barrio de Brooklyn en donde transcurre *La fortaleza de la soledad* y adonde él ha vuelto a vivir después de pasar temporadas en muchas partes. En 1994 publicó *Gun, with Occasional Music*, cuyo héroe es Conrad Metcalf, detective privado en una California posapocalíptica. Metcalf es contratado por un hombre a quien alguien quiere endosar el asesinato de un urólogo famoso. No tarda en descubrir que nadie quiere resolver el caso: ni la exmujer de la víctima, ni la policía, ni el canguro matón (un canguro, literalmente) a sueldo de la mafia local. En ese reino de ingeniería genética hay niños (*baby-heads*) más astutos y cínicos que los adultos; hay animales humanizados, aunque con pocos derechos; y existe una técnica mediante la cual las parejas intercambian zonas erógenas. Metcalf, que hizo el experimento por amor, está atrapado en el aparato neurosexual de una ingrata que lo abandonó llevándose el de él. La gente es muy susceptible. Como hacer preguntas se considera muy grosero, los detectives privados son parias; si no se cuidan pueden ir a parar a criogénesis. La radio no propaga noticias, sino música ominosa. Los gánsteres se presentan con banda sonora de violines. Las drogas se llaman Eludetodol o Aceptal. Este pastiche de Chandler intervenido por Lewis Carroll está escrito con una nitidez más cruel que la de su modelo y fue finalista del Nébula, el premio mayor de la ciencia ficción.

En 1995 salió *Amnesia Moon*, una novela de distopía múltiple, suerte de secuela de las últimas de Philip K. Dick, repleta de dispositivos de engaño perceptivo. En 1996 una colección de cuentos, *The Wall of the Sky, the Wall of the Eye*, aumentó el surtido formal de refacciones y agregados de géneros (siempre con un toque de anomalía neurofísica). En *Vanilla Dunk*, por ejemplo, los basquetbolistas usan *exotrajes* que duplican las habilidades de grandes figuras históricas; la ropa se asigna por lotería, y el cuento gira sobre el rencor general hacia un mediocre ingrato que se ganó el *exotraje* de Michael Jordan. En *The Hardened Criminals*, a los condenados a cadena perpetua se los endurece, literalmente como ladrillos, para construir la cárcel que albergará a otros delincuentes; un ratero va a parar a una celda en que la cara del padre lo mira continuamente desde la pared.

De esta plétora de reflejos, esquirlas pop de un estilo de la desintegración que gira sobre la identidad, Lethem eligió a continuación el más inestable. Su novela siguiente, *Cuando Alice se subió a la mesa*, es una comedia romántica: trata de una física que se enamora de una anomalía espacial generada artificialmente (se llama Lack, «Falta») y de las tribulaciones de su pareja anterior para lidiar con la competencia. A fines de los noventa Lethem publicó *Paisaje con muchacha*, una historia copiada de *Centauros del desierto*, el western de John Ford, sobre escenario extraterrestre. Por entonces a Lethem le preocupaba que su debilidad de coleccionista de arte bajo no eclipsara las lecciones de Borges y de Kafka; que sus síntesis disfuncionales no rayaran en la extravagancia. En un ensayo de esa época decía que la concesión del premio Nébula de 1973 a *Cita con Rama* de Arthur C. Clarke («un esquemático diagrama en prosa») y no a *El arcoíris de gravedad*, la portentosa novela de Pynchon, había liquidado el sueño de la ciencia ficción de fundirse con la literatura a secas, alimentado por Dick, Delany, Ballard y Angela Carter; porque si la oposición de la CF al puritanismo realista norteamericano la señalaba como una poética excepcional, nunca lo habría conseguido de no haber combinado lo fabuloso con la especulación filosófica y sociológica. Pero en un medio novelístico antintelectual, la ciencia ficción volvía a encerrarse en el corral de los alienígenas, el cientificismo babieca y las sagas misticoides. Lethem se retiró del campo, no sin un suculento botín de hipótesis.

En 1999 volvió al formato policíaco, pero en presente; y sobre el realismo objetivo y recio de la novela negra, implantó un detective amateur que como sujeto es un tembladeral. Lionel Essrog, el protagonista de *Huérfanos de Brooklyn*, tiene síndrome de Tourette, un trastorno neurológico que se manifiesta en tics múltiples, compulsión a imitar gestos, obsesión por detalles antojadizos y emisión incontrolable de sonidos que a veces forman abortos de frases aliteradas. Para el virtuosismo de Lethem, darle la voz a Lionel era probar que, cuando la cornucopia del cerebro se derrama, la cárcel del lenguaje circunda la realidad entera y a la vez (constituida como está por lenguajes) la ridiculiza. «Soy un voceador de feria, un rematador, un artista de la performance, un hablador en lenguas, un senador borracho de obstrucciones.» Así se presenta Lionel, y un infierno de juego desbocado embebe la trama, la vuelve insufrible, asfixiante, enternecedora y a menudo desopilante. Siervo de sus tics, Lionel no puede sino alisar una y otra vez la solapa del pistolero que está a punto de despedazarlo. Lionel es parte de un cuarteto de chicos criados en un orfanato de Brooklyn a quienes el buscavidas Frank Minna, un malandra menor, redime un día del encierro para emplearlos como changadores y vigías de pálidas transacciones. Minna le abre a Lionel el reino del rumor callejero y el chiste agudo, le ofrece lo más parecido a un hermano mayor, quizá a un padre, y aunque lo tilda de friqui, un día le regala un libro llamado *Entendiendo el síndrome de Tourette*. Minna saca a Lionel de la biblioteca del orfanato (revistas de ciencia, novelas de Dreiser y Sherwood Anderson) y le abre el hogar extenso de la cultura popular y los infinitos lazos de familiaridad que propicia. Lionel compara lo que vive con escenas de *Grupo salvaje* o *Apocalypse Now*, con letras de Pink Floyd y de Ramones. Lionel imita a Brando haciendo de Kurtz: «¡El horror, el horror!». Minna y la calle alumbran en Lionel un módico lenguaje de relación. Cuando Minna muere apuñalado, en un típico dédalo de deudas cruzadas, ambición y dobleces, Lionel Essrog asume el papel de detective para el que no se había preparado. No es el mejor cometido para un tourético. Si un policía, pongamos, le pregunta si está «acusando a Tony», Lionel, como si tosiera, exclama: «¡Acusatoni! ¡Excusabonio! ¡Armonicago garchalamusa conservatorio!». Lionel es un limmerick de Edward Lear en el circuito del dinero; es un altavoz de la ansiedad ambiental neoyorquina, y su deseo de resarcimiento enciende la chispa que chamusca las apariencias de deseos más bajos. El rezongo de los duros se vuelve payasada. La novela es un banquete de delicias y tristeza culpable. Desnudo el mundo, el huérfano ve mejor los vínculos que ha entablado y son su único amparo: vínculos con obras hechas para goce de muchos. Lethem no esconde que para un narrador de espacios hipotéticos, que siempre había tenido que fabricar las películas que veían o los libros que oían sus personajes, fue un alivio poder detener el relato y adjudicarle al héroe una apreciación directa de *Spiderman* o de «Familiar Face», el gran tema de Prince. Pero en esos momentos –como cuando Lionel analiza un edificio de Manhattan o las virtudes de un sándwich de pavo– vuelve a afirmar el sentido y el valor de la descripción: su función insustituible en la concepción de la novela como arte polifacético y en la elaboración de un lenguaje nuevo que responda a los retos de las paredes de la ciudad. Lethem está muy lejos del guiño chistoso, de «jugar con un género». Sabe que el plus de contenido que hacía al policial negro tan satisfactorio (la radiografía social del deseo y el dinero, el abordaje al poder como delito, la melancolía nihilista) ha menguado en una época en que delito y poder comparten con el público el disfrute de sus desmanes. Por eso no subraya la denuncia y, en lugar del viejo estilo zumbón y lapidario, pone la voz de un derrochador de palabras, una anomia parlante con la herida del alma al descubierto. El herido es el detective perfecto, el que se pierde a sí mismo en el enigma. Y la herida, el reconocimiento de la herida, permite al huérfano fundirse con la orfandad universal, entregarse a lo ilimitado. Después de *Huérfanos de Brooklyn*, reconocer la herida era una opción de acceso a la realidad. Lethem abordó el realismo.

Infinidad de narradores empiezan escribiendo una novela de iniciación. Lethem escribió *La fortaleza de la soledad* a los cuarenta años, raro giro realista para una obra excéntrica. El uso de un *alter ego* no escondía la urgencia por enfrentarse con el Brooklyn de su infancia, con las guerras y las frustraciones, con la paralizante ecuación entre condicionamiento y destino. Lethem ya no podía esquivarse más a sí mismo. Pero había esperado años para que la distancia acallase el ruido psicológico, y libro a libro había «afinado los instrumentos».

Y ahora volvamos al comienzo. La «llave» con que los chicos negros humillan y despojan al chico blanco de un barrio negro es la cifra del miedo y la herida. De la porfía por negarlos para poder hacerse una vida, de la tardía aceptación de que la herida es un tránsito al mundo, trata *La fortaleza de la soledad*, un panorama de la cultura pop y de la realidad histórica de Estados Unidos entre los setenta y ahora.

La novela cuenta la historia de Dylan Ebdus –hijo de una beatnik enconada y un artista recoleto que sobrevive como ilustrador de CF– y de su amistad con Mingus Rude, un chico negro de dotes excepcionales y carácter inusualmente abierto. Transcurre durante las décadas álgidas del conflicto interracial: del final del Black Power al auge del funk; de los comienzos del rap al caso Rodney King. El barrio es Boerum Hill, un pobre conjunto de casas de ladrillo que una holandesa obcecada quiso transformar en residencia de profesionales blancos. A comienzos de los setenta no hay allí muchos más blancos que los Ebdus. Los padres de Dylan creen en los derechos civiles, en la integración de lo diverso; mientras, los negritos de la calle le marcan a Dylan la diferencia. Dylan esconde a sus padres que en el barrio le roban. Rabia y culpa nacen de la sensación de que merece el tormento, que es un turista en el barrio, que el color de la piel y las conexiones de sus padres le ofrecen una vía de escape que a los otros les está vedada. Solo que la madre huye mucho antes que él y Dylan queda solo entre la crueldad de la calle y la escuela, con sus fugaces éxtasis estivales, y la lejanía de un padre consagrado a un experimento de ascesis digno de Rothko (una película abstracta pintada cuadro a cuadro). ¿Integración racial? Los negros saben que, cuando caigan las leyes racistas, todavía subsistirá el dominio de clase. Dylan paga en vejaciones el traspié de ser un intruso.

Pero entre huérfanos hay un lazo. Mingus Rude, falto de madre, hijo de un drogadicto exastro del soul, se hace amigo y protector de Dylan. Comparten discos, historietas, pelotas. Un día Dylan se queda con el anillo de un linyera que vio caer de un techo. Cree que el anillo permite volar y lo comparte con su amigo. En un delicado sesgo de la novela, Mingus adopta la capa del superhéroe justiciero de uno de los cómics que Dylan atesora; se lanza sobre pandilleros desde árboles y techos; y hasta el final Dylan mantendrá la ilusión de que el anillo permite a Mingus volar (él solo lo consigue una vez). Pero Mingus también guía a Dylan por el nacimiento del hip-hop en parques y trenes de Brooklyn, le enseña a robar esprays y lo deja usar su ubicua firma de grafiti. Con los años, sin embargo, la máquina social convierte a Dylan en crítico de música (amargado, con novia negra) y a Mingus en adicto al crack. En una escena tardía los vemos separados y unidos por el vidrio de la sala de visitas de una cárcel. La historia que Dylan escucha de boca de Mingus es una tragedia de la contemporánea juventud urbana, un Dickens de hoy.

En esta pauta de dos padres y dos hijos las madres son espectros. *La fortaleza* es una novela magna, variada y lenta. Vuelven y vuelven hasta el tedio las escenas de robo, de humillación, y los retratos de los misántropos Abraham Ebdus, el artista purificado de contexto, y de Barrett Rude, rezago de la música soul que esnifa coca en bata de seda sucia. Todo quedó jugado en una errada idea de convivencia. La repetición es la figura de la soledad: un loop que no cuaja en melodías cantables. Pero hay algo que cambia, y al cambiar enlaza a los solos. De la intimidad enclaustrada, encallada, la historia se libera en el disfrute sucesivo de la música («Noviembre de 1979: *Rapper's Delight* acaba de coronar las listas de éxitos. [...] El doce pulgadas de la Sugar Hill Records va en la bolsa junto con Eno, Tom Robbinson, Voidoids y la banda sonora de *Quadrophenia*.») o en el gasto artístico heroico: pintar grafiti. «Dylan echó un vistazo a la torre de la cárcel. En la inmensa fachada de vidrio y hormigón, a unos diez pisos por encima de la calle, había algo descaradamente imposible: el tag más grande de la historia del grafiti. La firma era un grito, una declaración innegable. La cárcel que nadie mencionaba ni miraba y el rastro de pintura goteante que cubría hasta la última superficie pública y que nadie mencionaba ni miraba: dos cosas invisibles se habían unido en una visible, al menos por un día.» En estos pasajes se vislumbra cuáles eran los instrumentos que Lethem tuvo que afinar para enfrentarse con su historia. Plásticos cambios de plano y de foco. Amplios mapeados urbanos, como visiones de un superhéroe en vuelo, con súbitos zooms al detalle sintomático. Claroscuros, agregados cubistas y esa movilidad exhaustiva, súbita, que emparenta los procedimientos de Kafka con los del relato por imágenes. La descripción como revelación, indiscernible de la historia. El eje estilístico de este realismo es la metáfora pop: la unión entre una vivencia y una obra que alumbra una burbuja de espacio-tiempo: «Los deseos que nuestra pequeña familia no podía permitirse habían sido tonterías, esnobismos y errores, como las prioridades de Thurston Howell en *La isla de Gilligan*».

Entre cuadros de la presentación realista, en una media luz rara, como aportando fluidez, está la fantasía del superhéroe; el secreto del vuelo que guarda Dylan, o de la veleidad de volar y hacer justicia, no se sabe. Este hibridaje ¿no será una defensa de Lethem contra la inutilidad de la representación, contra la insensata pugna del realismo por reconstruir lo perdido? Es una pregunta impertinente. El narrador se acerca a los géneros porque sus dispositivos le facilitan cuestionar las operaciones que constituyen el mundo, desarticular las capas de engaños y simulaciones. Pero hay algo que los géneros no hacen, sobre todo en su versión de masas, y es hurgar en las manchas del héroe, y en definitiva en las del escritor; eso es patrimonio del realismo. Lo que Dylan descubre es, no que él no vuela, sino que el vuelo no lleva a ninguna parte; ni a la caída, porque la caída ya sucedió. Es muy posible que Lethem haya escrito una novela realista para averiguar qué había querido decir con las anteriores. Según ha dicho, el origen de *La fortaleza* es la imagen de un linyera tambaleándose en una azotea, un clásico recuerdo en sepia que reconciliaba una figura farsesca con un fondo muy real. En el final de la novela, manejando un coche por una carretera, sin rumbo, Dylan –que ya no quiere huir de la herida ni pretender que vuela– pone *Another Green World*, de Brian Eno, y se da cuenta de que el «secretismo inofensivo» de ese disco conjura y habita un espacio intermedio. Descubre que la orfandad no es la ausencia de padres que avalen «el proyecto-que-somos» ya al nacer; es la intuición de que «el proyecto-que-somos» nos maneja de todos modos y nos condena a la catástrofe. Bien entendida, la orfandad libera. ¿Por qué no? Dylan comprende que, obligado a hacer de su vida una vida, el burgués en que se consumó es la cicatriz de un sueño; y que ese sueño, la utopía, es «un espectáculo que siempre cierra la noche de estreno». En su recuerdo, en cambio, un espacio intermedio tiene la amplitud de una noche de verano antes del comienzo de clases, de la música de un tocadiscos empalmado a un cable de la calle. Es frágil y efímero. Pero entre espacios intermedios quizá no sea amargo vivir en loop. Nada amargo, si sobre la pauta fatal uno improvisa. En la novela de formación clásica había una partida, un aprendizaje y un regreso que consumaba a la persona-proyecto. Pero ¿adónde volver cuando se siente que la sustancia del mundo es la orfandad? Si la novela realista siempre corre el riesgo de seguir siendo el género burgués, consolidado ahora por el triunfo mundial de la burguesía, si los restos de sus experiencias de autodestrucción se invierten hoy en plúmbeas construcciones suntuosas, la única manera de arrebatarla al condicionamiento es intervenir ahí donde el condicionamiento plasma con más eficacia: en el avance de la historia, en los finales. Esto hace Lethem. Deja a sus personajes en el acuerdo entre circularidad e improvisación, que es un modo de cambio sin término, sin remedio, pero libre del yugo del desarrollo. Con *La fortaleza de la soledad*, la novela de formación vuelve mejorada en novela-deformación.

DAVID MARKSON EN EL DESVÁN

David Markson, nacido en 1927, llevó a cabo una labor integral de excavación, salvaguarda y refacción de las ruinas históricas de las artes y la literatura. Escrupulosamente, pero sin gastarse en reprimir las fatales veleidades del escritor, eligió el siempre apto terreno de la novela y procedió por etapas. Como una combinación de estudio universitario y trabajo editorial con libritos populares lo había adiestrado en la soltura, escribió dos novelas de detectives y una de cowboys, de una elaborada grosería elegante, que vendieron lo suficiente para pagarle cinco años de absorción, dos de ellos en México, en un estudio sobre su admirado Malcolm Lowry. En 1970 publicó una novela carnavalesca, repleta de guiños, sobre un mujeriego claudicante y un amor maduro. En 1977 una historia de eros y tánatos, entre yanquis en México, de trama redonda y fluir de conciencia a lo Faulkner. Después publicó sus poemas reunidos. Como si se hubiera iluminado, acto seguido concentró todo lo que sabía sobre vidas ficticias y sobre vidas y obras reales en la divagación pertinaz de un solo personaje. Fue un logro legendario: *La amante de Wittgenstein* obtuvo 54 rechazos editoriales, se publicó recién en 1988 y hoy es una obra adorada en que los letraheridos encuentran la incomparable experiencia de dolor del alma más placer del texto. Pero Markson siguió buscando una forma extrema para la pervivencia de la novela. De las cuatro que encadenó desde los años noventa, más tarde diría: «Están literalmente plagadas de anécdotas literarias y a la vez son no lineales, discontinuas, tipo collage, ensambladas y juguetonas, aunque se las ingenian para evocar algunas de las especies más anticuadas de respuesta ficcional, bien a pesar de, bien debido a su carácter juguetón». En las cuatro la disposición es de párrafos breves, citas o referencias preciosas, frases nominales y casi aforismos alternados con los pensamientos de un personaje: en *Reader's Block* («Bloqueo de lector», traducida como *La soledad del lector*) el personaje es «Lector»; en *Esto no es una novela*, es «Escritor»; en *Vanishing Point*, es «Autor». En 2007 apareció *La última novela*, cuyo personaje es «Novelista» –ya instalado en el libro sin autor, sin personajes, sin nudo ni desenlace que se proponía «Escritor»–, y Markson no escribió más. En 2010 murió. Hoy todo esto es pasto accesible en las llanuras de Google.

Menos a mano queda el significado de una obra que, con un final tan totalizador, resuelve serenamente el grave problema de cómo terminar cada relato. Y sin embargo está clarísimo. Los cuatro libros son parecidos frutos de saqueo en la biblioteca mundial de la, llamémosla así, creación artística, pero *The Last Novel* no solo es la más extrovertida; es atrabiliaria, autoindulgente y de una elocuencia desnuda y pedregosa. Markson se desentiende de enfatizar la distancia o la identidad con el personaje llamado Novelista. Sigue exhibiendo su deliciosa colección de casos de las artes y las letras, pero con una predilección por las muertes y los suicidios, los juicios críticos desgraciados, los escarnios del público, la faceta cretina del genio, las inoportunidades del destino (Bizet muriendo convencido de que *Carmen* era un fracaso) o los detalles esclarecedores («Lenin jugaba al tenis»); y pone el lacónico homenaje desalentado («la última vez que alguien mencionó a Erskine Caldwell»), en el mismo plano que el desdén del viejo insufrible (por Damian Hirst, ¡por Dylan!) y el lamento socarrón por los males de la edad: «Viejo. Cansado. Enfermo. Solo. Fundido». En el mismo tono, entre una píldora y otras, va declarando una poética de anochecer: «El género personal de Novelista. En qué parte del experimento debe seguir manteniéndose fuera de escena lo más posible, mientras obliga al lector amable a quedar sin aliento cuando las cosas llegan a un final pese a todo». *The Last Novel* tiene su hilo, sí. Es como el réquiem de Mozart: música para el funeral del compositor. Al fin y al cabo narra cuán indiferente a la vida de los humanos es la historia que escribe la humanidad.

Así que Markson puso en su vitrina obras y autores, y finalmente se puso él mismo en un rincón. Demasiados escritores empiezan escribiendo deseos y terminan escribiendo recuerdos; para Markson la novela era la cura contra el mal de la memoria sucesiva. Vio que las cosas tienden a multiplicarse en el espacio, y dio espacio a las citas como si fueran cosas. En la suma de apasionantes miniaturas literarias, gestión compositiva y confesión burlona sobre lo perdido que es *The Last Novel*, se perfila una experiencia en primera persona que no se deja representar en las categorías de sujeto. La propia novela se escurre de toda articulación teórica: es lo que se llama un objeto imposible. Es un presente ligado al pasado, liberado de su peso, que a cada instante muere en la constancia del cambio; como si una vez más la linterna de Baudelaire se encendiera sobre «lo transitorio, lo fugitivo, lo contingente»: lo moderno.

Cómo se revela en ese tránsito lo que hay que contar es el asunto de *La amante de Wittgenstein*, la obra ideal de Markson. ¿Y por qué habría que contar algo? En general la causa es la angustia, una urgencia por descargar. Para Kate, la heroína y narradora de la novela, la cuestión es «desprenderse de equipaje». Al principio el problema fue material, porque Kate quedó sola en el mundo (después de la inexplicada desaparición de todo humano o animal), o cree que es la única en el mundo o lo imagina, y, con todo lo material abandonado *in medias res*, sus recorridos por América y Europa en busca de alguien más la enfrentaron con las lógicas disyuntivas sobre transporte, aparatos, provisiones y demás. Pero las cosas del mundo, sean las ruinas de Troya, un libro de historia del béisbol o el casete de un coche con una aria de Bellini, azuzan el pensamiento, que no cede ni se aligera por más que Kate se haya asentado en una casa de la costa de California, o precisamente por eso. Maravillosa situación de novela: la fantasía de la soledad absoluta, un cuerpo atareado en sobrevivir y una conciencia que quisiera abreviar pero se las ve con la memoria, sus trampas y sus flaquezas. Encima Kate es pintora, desconfía de los sentidos y tiene una memoria muy culta. Y está tan aturdida que solo le queda atajar la turba de asociaciones y tratar de ordenarlas; luchar contra el hechizo de la inteligencia por medio del lenguaje. Lo hace a lo Wittgenstein, auditando las palabras para que se ajusten a la verdad, corrigiendo cada frase dudosa con otra, sin arañar la certeza ni cuando introduce un hecho inmediato: menstruar, tender la ropa lavada en un arbusto, hachar el suelo de una casa vecina para hacer leña, dilucidar si lo que se insinúa en una punta de un cuadro es o no una mujer. Hasta el registro de estas minucias es trabajoso; porque Kate es la inversa de Crusoe; no espera nada y solo podrá mantener la cordura si elimina ruido de la información cultural. Escribe, estirando la gramática, como quien desanuda una cinta que cuesta cortar. A veces alienta el enredo con un dato real, por ejemplo, un bote en la playa: «Guy de Maupassant remaba, para ir al caso... // Cómo es que una se acuerda de ciertas cosas está fuera de mi alcance... // Tal vez Guy de Maupassant estaba remando cuando Brahms fue a visitar París. // Una vez Bertrand Russell llevó a su alumno Wittgenstein a mirar cómo remaba Alfred North Whitehead, en Cambridge. // Wittgenstein se enojó mucho porque Russell le había hecho perder el día. // Además de acordarse de cosas que una no sabe cómo recuerda, parecería que se acuerda de cosas que por empezar no tiene idea de cómo sabía». Todo el tiempo del mundo se le disipa en anotar, sin constancia de fechas, lo que brota de huellas mnémicas que se activan mutuamente: información valiosa, desoladora o ridícula, jalonada de trivialidades y no fiable, sobre todo por lo mezclada («Así que no bien una se había acostumbrado a un nombre como Jacques Levi-Strauss, pongamos, ya estaban todos hablando de Jacques Barthes»). Pocas veces Kate se percata de las equivocaciones. Para cualquier verosímil, está loca como una cabra. Mejor: lo que derrama es un desbarajuste del museo de la cultura tal que mejora el efecto de cada pieza, como si un perspicaz hubiese cambiado los envoltorios de una bombonera y colado alguna anfetamina y algún purgante. De modo que ahí, por ejemplo, a causa de una casa incendiada por un descuido suyo, le asoman en la cabeza las fogatas griegas frente a Troya, Helena, las mujeres aciagas, Clitemnestra, un cuadro de Tiepolo, un ícono de Andréi Rubliov, no siendo muy seguro que Rubliov pintase motivos griegos, que sin duda no pintaron Rauschenberg ni William Gaddis, a quien parecería que Kate conoció y de hecho no era pintor. Y así de seguido, cediendo entretanto a antojos del desconsuelo (tirar decenas de pelotas de tenis por una escalinata de Roma), sorteando los escollos de la realidad (una caída en coche por un terraplén, un esguince de tobillo empujando una carretilla con libros) bajo el flagelo de la suspicacia: «Por cierto, nunca cargué libros en una carretilla». Pero en la reiteración corregida y aumentada ciertas zonas de su memoria se definen y fatalmente descuellan –la separación de un marido cuyo nombre confunde, amantes, la muerte de un hijo sin duda llamado Simon, las faltas– y con el malestar asoma el miedo. Pensar «cosas de hace mucho tiempo» le hace mal; pero la decisión de no recordar más, para que no la acosen, la deja con poco que escribir, salvo una novela. Claro que, teniendo como inspiración un solo personaje, solo se le ocurre una novela autobiográfica: sobre una mujer que un día se despierta, descubre que es la única persona en la tierra y se lanza a viajar en vana busca de otra. Aunque hace mucho que Kate desistió de buscar, estar tan metida en la cabeza de su heroína vuelve a deprimirla. La novela no es su oficio. La única alternativa es responder solo al reclamo de la conciencia por vaciarse; seguir librándose de equipaje y distribuirlo entre las percepciones. Encontrarle una forma provisoria.

Sería un derroche leer a Markson sin preguntarse sobre qué cañamazo cobra tanto brillo cada uno de su multitud de hallazgos, qué método compositivo rige la manía de examinar las frases, desdecirlas, precisar, matizar, como si la novela fuese una materia estremecida que solo busca el aquietamiento; leerlo sin analizar cómo se impone el sortilegio sobre la impaciencia del lector. No avanzamos mucho diciendo que el gran encanto de estos libros no es solo el festín de minucias sobre las *Bachianas Brasileiras*, el dedo de Schumann, Wölfli, Panofsky, la dieta de sor Juana o los poemas de Marco Antonio Montes de Oca, sino cómo están relacionadas. Que Markson era coleccionista y collagista lo dijo él mismo; así que nosotros atendamos mejor al ritmo, esa percusión luctuosa que exalta, eriza, duele y causa un leve mareo del entendimiento frente al carácter de lo que uno está leyendo. Ese ritmo se basa en el punto y aparte. Para Kate, que pugna con el lenguaje para que refleje lo que está pensando, Markson acuñó un inigualable párrafo-frase («Entretanto puedo haber cometido un error diciendo que donde Rupert Brooke murió en la Primera Guerra Mundial fue en el Helesponto, por lo que quise decir los Dardanelos») que después afinaría al máximo en *The Last Novel* («El apretón de manos más fláccido del mundo, dijo Robert Graves del de Pound»). La fuente de este estilema es, como se suele recalcar, el sistema de proposiciones del *Tractatus* de Wittgenstein. Sin embargo, la función de la cortante seguidilla de Wittgenstein es disipar los malentendidos seculares de la filosofía, aclarando paso a paso y de una vez por todas los límites de lo que el lenguaje puede decir sobre los hechos del mundo; mientras que la novela, al menos para Markson (y para su otra fuente probable, el *Cómo es* de Beckett), se ocupa más bien de lo que no puede decirse. La novela procura contar lo indecible, incluso lo inconcebible. Para este afán no existe una vez por todas; solo termina con la extinción, que es un suspenso. Por eso la alternancia de proposiciones verdaderas y atribuciones falsas, los derrapes de la lógica, los duetos de certeza y dislate, y sobre todo, cada vez más en sucesivos libros semejantes, los relatitos de tres líneas sobre demencias, suicidios y otras formas de muerte. Ya que la tarea no hubiera podido terminarse, Markson la dejó como una galería de estelas funerarias de las generaciones que la emprendieron; y como un umbral para que los que quieran continuarla sumen a sus seres queridos, o se incorporen. Generaciones de novelistas, artistas, poetas, científicos, hombres públicos incluso, músicos: «*Languidezza per il caldo*, anotó Vivaldi sobre la parte del verano de *Las cuatro estaciones*».

Si los motivos se repiten, las temáticas se enlazan y recurren las fijaciones melódicas, con cada nueva historia minúscula cambia el aparato de armónicos, el timbre es diferente y apunta un cambio de tonalidad. Comparar prosa con música es resbaladizo, justamente por la sombra del significado, pero, en fin: las series de miniaturas de Markson son sonoras, polifónicas, y suenan como fugas. Adorno, para salvar a Bach de los que lo ensalzaban como «gran ordenador», caracterizó la fuga como un arte de la disección: «Casi podríamos decir de la disolución del Ser –dijo– y por lo tanto incompatible con la creencia común de que ese Ser se mantiene estático e inmutable a lo largo de la pieza». Disección remite tanto a cadáver como a operación de análisis y neutralización. Pero ¿son fugas las obras de Markson?

En un pasaje de *La amante de Wittgenstein*, cuando el martilleo de la conciencia en sí misma raja las defensas, y recuerdo y delirio llueven sin distinción, Kate cuenta que una vez, hace mucho tiempo, tuvo un gato, que no sabía cómo llamarlo y que unos amigos reunidos en su estudio le propusieron mandar cartas pidiendo ideas a gente famosa. Mandó fotocopias a miles, de Picasso a Joan Baez y la reina de Inglaterra, y, como pocos aportaban, decidió facilitar la devolución adjuntando en los sobre postales timbradas. Un solo requerido contestó, bien que con siete meses de retraso; a saber Martin Heidegger: «Desearía sugerir para su perro el espléndido nombre clásico de Argos, de la *Odisea* de Homero, siendo lo que venía escrito en la postal». Aunque cuenta que se fastidia «por un período», al cabo de unos párrafos-frase de consideraciones Kate termina disculpando el error de Heidegger, y la tardanza, porque bien pudo haber estado ocupado escribiendo un libro; y discurre que acaso ese libro sea uno de los que hay en la caja del sótano de la casa donde ella se ha instalado y nunca se decide a abrir. Qué chiquito es el mundo, se asombra Kate. Y si bien sigue contraponiendo, la sensación no es que nos movemos en una dialéctica negativa, sino que, como en las fugas de la *Ofrenda musical* de Bach, de escalón en escalón de tonalidad hemos vuelto a la del comienzo, pero en otra octava. Kate define estos bucles como *perplejidades inconsecuentes*: «De vez en cuando se vuelven el estado de ánimo fundamental de la existencia». La secuencia del gato sin nombre, en especial, es un compendio del método Markson. Encuentra un discurso en la música y reúne a Heidegger, filósofo de la caída en el palabrerío, el olvido del ser y el ser-para-la-muerte, con Wittgenstein, el que despejando las confusiones concluyó que pese a todo hay algo más allá del lenguaje y recibió con súbita alegría el dictamen de que tenía los días contados.

Memento mori. Si recordar la impermanencia es la acción más radical que puede hacerse hoy en un sistema que oculta la verdad al moribundo, que no tolera la irrupción de la muerte en la publicitada alegría de la vida, siempre se puede aliviar la alarma asegurando que los valores duran, sí, y en posiciones bastante estables. Pero una novela de Markson no es el cementerio que el positivismo edificaba pegado a la ciudad de los vivos, ese espacio físico-moral cuyos monumentos señalaban la eternidad de una cultura. No es un altar; no es un disco duro rico en archivos (ni un dietario). Una palabra más justa con su inestable buen humor sería *desván*: un lugar donde los ancestros hablan lenguas fervientes en el desorden de una penumbra resguardada. El custodio abre la puerta, deja caer unas cuantas cosas y las dispone en una forma para que cuenten la historia de cómo llegaron ahí, que es la del custodio. También esto Markson lo dejó dicho: «A su pequeño modo, lo que finalmente hace uno es pagar su deuda con los libros que lo conmovieron y en principio lo pusieron en marcha». Sabiendo cuán vanos son a la larga los pactos con el olvido.

OLIVER SACKS: NEUROMELODRAMA

Nunca olvidaremos al doctor P., el hombre que confundió a su mujer con un sombrero. Y no porque una severa agnosia visual lo llevara a ser héroe de una ópera, sino porque en el hoy célebre libro del neurólogo Oliver Sacks, un libro sobre desórdenes del cerebro derecho, ya habíamos leído que, debido a una lesión en el lóbulo occipital, el doctor P. era incapaz de sintetizar los datos de la vista, y por lo tanto de reconocer objetos o caras familiares aunque pudiese describirlos. Lo recordamos porque únicamente identificaba a Einstein por el bigote y el pelo y a su propia esposa como sistema de signos; porque era insensible a la expresión de las caras y se acercaba a las cosas y la gente como si fueran acertijos, problemas abstractos, datos sin ser ni persona; porque, inconsciente de que tenía un problema, según se mire una condena, el simpático, entorpecido doctor P. construía su mundo de nuevo a cada momento, una y otra vez, como una máquina. En *El hombre que confundió...* había muchos casos de pérdida del pasado, de hándicaps de conocimiento o percepción del cuerpo, de tics abrumadores y verborreas devastadoras, de incesantes espasmos de breakdance y estados oníricos perpetuos. Uno sabe que promediando cualquier libro de Sacks empieza a producir síntomas de toda patología que él describa, daltonismo, afasia, o acatisia, igual que cuando en el cine se identifica con varios personajes a la vez; pero también que el efecto cede pronto y da paso a una absorción aprensiva y atenta de lector de destinos; a una ampliación de la mirada. Como los de Dickens o los de Freud, los libros de Sacks, que en otras manos podrían ser ferias de esperpentos, están llenos de excepciones que se vuelven imborrables, modelos que determinan nuevos modos de valorar y figurar el elenco humano por los humanos.

Musicofilia, el Sacks más reciente, no lleva ya a suspirar por la rareza de las criaturas; aporta elementos duros sobre la función del cerebro en la ubicua capacidad de los humanos para crear melodías y apreciarlas, en la propensión de la música a manifestarse en la infancia, la inhibición irremediable o el estímulo de ese don, y en la centralidad de la música a casi toda cultura, su carácter accidental o instintivo, su vecindad con el lenguaje, su eficacia grande o nula en la evolución de la especie. Desde luego, explora las posibles relaciones entre la minuciosa especialización del cerebro y los misterios de la música, un arte «completamente abstracto, incapaz de representar nada particular o exterior pero dotado del poder de expresar sentimientos complejos y humores rudimentarios». El subtítulo, *Relatos sobre la música y el cerebro*, asimila el establecido juicio de que Sacks es un narrador. La tenacidad de la memoria musical o su deserción completa, la salud o la quiebra de la comprensión melódica, la súbita compulsión a asociar acordes con colores u olores, la alucinación incontrolada de sonidos –como cuando Schumann oía coros de ángeles o Shostakóvich ruidos estrepitosos–, la repetición torturante de melodías pegadizas («gusanos auditivos»), la asombrosa musicalidad de un idiota, la amusia y la arritmia: cada aptitud y cada insuficiencia están encarnadas en historias; y así como diversas partes del cerebro cooperan en generar una capacidad (hasta que alguna deserta), las dispersas historias que recoge Sacks entran en el mundo, consteladas, con una propiedad emergente de novela. Sacks es un heredero reformista del viejo humanismo, vertiente judeonorteamericana: científico meticuloso, profesional con vocación, melómano, narrador entusiasta y moral. Quizá por eso algunas de las historias más desgraciadas de *Musicofilia* son las más ejemplares. Como la de Rachael Y., pianista y compositora de cuarenta años que, tras un choque, coma profundo y parálisis de piernas y brazo derecho, pierde la capacidad de percibir la verticalidad de los sonidos: donde antes había un cuarteto, para el cerebro de Rachael hay ahora cuatro voces separadas, «cuatro láseres finos, filosos, que apuntan en direcciones distintas». Rachael sufre de disarmonía –no oye acordes, unísonos ni polifonías– y tampoco oye líneas continuadas; lo que antes era fácil fluidez, ahora es impotencia para integrar formalmente los diversos elementos de una pieza, a lo que se añade una amusia o falta de imaginario musical: toda nota que improvise se le va de la mente antes de poder escribirla, o si escribe algo «no lo oye». Rachael acude al doctor Sacks, se trata, y el doctor contará a los normales cómo la música misma transforma ese infierno de inconexión en una expectativa de continuidad. Rachael descubre que tocar el piano la ayuda a integrar, porque a la intelección se une el tacto y la actividad motora favorece los dinámicos reordenamientos del cerebro. Vuelve a mover el brazo derecho. Aprovecha la intensidad sobrenatural con que le llegan sonidos que antes subestimaba para incorporarlos a su banda personal: clamores de la calle o la casa, gruñidos del propio cuerpo o de animales. Por fin descubre que, si alguien escribe lo que ella improvisa, puede acceder a una memoria como de computadora. Así –¡trece años después!– vuelve penosamente sobre un cuarteto que había empezado a componer antes del accidente, lo «dispersa al viento», lo desarma y lo dispone de otra forma, tramándolo con rumores varios y un zumbido de respirador artificial, reminiscencia de sus días de coma y casi muerte. No todas las implicaciones de esta historia son cómodas, pero si el lector puede pensarlas es porque, así como el cerebro de Rachael se recompone agregando en música los «fragmentos incoherentes de un mundo hecho trizas», Sacks compone las piezas sueltas del cerebro roto en un relato de la experiencia. Como Freud cuando universaliza la neurosis, el doctor Sacks da una vivacidad comprensible a sus pacientes haciéndolos personajes de ficción. Pero si lo específicamente narrativo de los relatos de Freud es la relación entre un sistema mental y ciertos acontecimientos que lo alteran, los de Sacks no se sirven de la cronología ni los enigmas intrigantes del tratamiento. Su arte narrativo es ligero, digresivo, inquieto, lleno de miniaturas premeditadas y sorprendentes.

En la primera página de *Musicofilia*, Tony Ciccoria, un cirujano ortopédico de cuarenta y dos años «apto y robusto, exjugador de football», ha salido de una fiesta familiar a hablar por teléfono cuando de golpe le da un rayo en la cabeza. Paro cardíaco. Rehabilitación. Vuelta al trabajo y semanas sin novedad, hasta que al exfan del rock lo ataca un deseo voraz de música clásica. Compra montones de discos, se agencia un piano, aprende solo a tocar y en eso empieza a sentirse inundado por torrentes de melodías que vienen de no sabe dónde. A los tres meses Ciccoria compone y ejecuta todo el tiempo. Doce años más tarde sigue negándose a investigar esa musicofilia prodigiosa, pero Sacks, comparando el caso con otros de convulsión epiléptica o ataques de lóbulo temporal que liberan redes neurales reprimidas, reflexiona que en estos años el cerebro de Ciccoria debe de haber cambiado. Si los neurólogos todavía no pueden distinguir el cerebro de un arquitecto o un escritor, conocen bastante el de los músicos profesionales: el cuerpo calloso es más grande, la materia gris está distribuida de otro modo y en los casos de oído absoluto hay una ampliación asimétrica del córtex auditivo. Aunque no está claro en qué medida estos rasgos son innatos, es seguro que se acentúan en la edad del aprendizaje y con la práctica intensa. Esto dice el neurólogo Sacks. Pero uno no deja de recordar que el cuento empezó con un electroshock administrado desde del cielo.

Georgia B. alucina una sinfonía ferroviaria con tal nitidez que se asoma a la ventana a ver de dónde viene. Las compulsiones del síndrome de Tourette obligan a Carl S. a repetir durante meses el estribillo de una canción; pero no menos indefenso pese a su salud, el cerebro del propio doctor Sacks, como una jukebox autónoma, se pasa semanas enganchando tres jingles publicitarios, por muy capaz que sea de emitir un movimiento entero de una sonata de Scriabin. A causa de la amelodia, para Steven F. la tonada más tópica es una secuencia de sonidos arbitraria y absurda. Al profesor B., que fue violinista bajo la batuta de Toscanini, un derrame cerebral lo inhabilita para reconocer cualquier melodía, incluso la del «Happy Birthday», aunque no los ritmos. Martin, un idiota profundo, sabe más de dos mil óperas completas de memoria. Piezas de tempo insistente ayudan a un parkinsoniano a dominar los temblores. El neurólogo François Lhermitte confiesa a Sacks que reconoce una sola melodía en el mundo: «La marsellesa».

Dante estableció la tradición del poeta que se crea a sí mismo creando una multitud de personas. Arrebatadas por su *Comedia* a la vida real y a otros poemas, esas criaturas, junto a él, se vuelven tipos: figuras, prefiguraciones. Ulises, Ugolino, Matilda, Farinata o Beatriz están frente a nosotros para augurar repeticiones irremediables, instruir sobre las pasiones o invitar a la imitación. A esta tradición, la modernidad superpone la saga de escritores de lo singular cuya imaginación produce las variedades de lo humano; ya no formas alegóricas, sino modos de la densidad y la mente, sea vistos en la altura (y la caída), como en Shakespeare, sea destellando a ras del suelo, como en Balzac o en Tolstói, pero siempre con el autor al margen de ellos. Las dos tradiciones convergen cuando Freud, después de dejar atrás la electrodiagnosis de la histeria, se sorprende de que «las historias de enfermos» que escribe –con él, el curador, en primera persona– se lean como novelas. «El novelista siempre ha precedido al científico», dice. Pero si para una legión de lectores los casos de Freud fueron el corpus novelístico más influyente de una época que no ha terminado, para Wittgenstein y otros, en cuanto a ficciones teóricas, eran paradigmáticos, inductores de conductas: mitología.

Sacks es un sobrio continuador del poderoso híbrido entre conocimiento, imaginación y creación del autor por sí mismo. Pero es diferente de sus predecesores, incluido Freud, y no porque haga neurología. Las narraciones de Sacks rehúyen la cronología estricta de caso clínico y la diferida oferta de un desenlace. No tratan de causas históricas ni de padres, no buscan en la gran tradición el modelo seminal de una formación del alma, el camino que terminó inclinando la novela freudiana hacia el mito. El posmoderno Sacks está más cerca de la descripción de las circunstancias y la materia que de la interpretación; más cerca de la anécdota inefable que de la poética del destino. Desde Sacks, todo retorno a la novela burguesa que Freud desmanteló suena a coqueteo estúpido. Dicho esto, es cierto que en *Musicofilia* abundan las hipótesis científicas. Sacks, por caso, sostiene que a primera vista las capacidades de reconocer, ejecutar y recordar música parecen sorprendentemente autónomas respecto de otras facultades mentales, y cuenta cómo se pudo desinhibirlas y resguardarlas en numerosos pacientes con otras formas de cognición anuladas, como el habla, y quizá gracias a ese perjuicio. Sin embargo en ningún momento aclara qué se entiende por «música» dentro de esta perspectiva. Hay que aceptar entonces que *Musicofilia* no cala muy hondo en la ontología de la música ni da más conocimiento científico que el que daría un libro de divulgación. Pero es que Sacks no teoriza, interpreta ni sondea; se atiene a señalar correspondencias entre el fenómeno de la música y el mapa del cerebro. No obstante con eso basta. De la nebulosa de conexiones que es *Musicofilia* surgen historias nuevas y apariciones sobrecogedoras que Sacks va incorporando al círculo universal de presencias familiares. El lector gana en interés, en comprensión; la humanidad se vuelve más alarmante y surtida.

Para el escéptico, el personaje de novela es solamente palabras; el ingenuo recalcitrante pide que sea como la gente de veras. En el medio hay muchas posibilidades y en todo caso, dice James Wood, «la novela es la gran virtuosa de la excepcionalidad». A veces, como en Nabokov, que el autor apunte que un héroe es ficticio y él no lo conoce bien aumenta el efecto de realidad. Sacks hace al revés: se incluye en el relato de sus casos como prenda de que los héroes son reales. Con todo, que él los conozca no necesariamente implica que lleguemos a conocerlos nosotros; para eso están las técnicas de la ficción. A ciertas criaturas literarias llegamos a verlas por la articulación de los pensamientos y la lógica de las acciones. A otras, por la descripción furtiva de un solo gesto. Otras pueden «cobrar vida» a través de transformaciones largas, por las cosas que las rodean o por el abuso de una expresión. Y hay personajes, como los de Bolaño, que vibran con la energía y la preocupación con que los trató el autor. En Sacks parece que, aparte de la enfermedad, el secreto sea una jovialidad clínica del narrador, y un montaje flotante de escenas que no cultiva la idea de fatalidad. Lo terrible para Sacks no es que el azar pueda hacer a los hombres esclavos o afortunados y acaso inmerecidos becarios de sus neuronas, sino que pocos vislumbren que las demás decisiones son suyas. Recordamos a los personajes de Sacks por la sensación de que en sus actos se juega algo capital. (La evocación de la libertad nos sobresalta como una picadura. Uno comprende, si hacía falta, que la decisión debería cultivarse mucho antes de cualquier suerte o desgracia. No es que haya Otro en uno mismo, un monstruo domesticado. El Otro es el cerebro.)

Para Clive Wearing, la silueta más triste de *Musicofilia*, la música es casi el único cabo a la vida. Una infección cerebral dejó a Wearing, un musicólogo inglés, con un rango de memoria de pocos segundos. Sin pasado, perdida una enorme enciclopedia mental, condenado a emocionarse reencontrando a su mujer

Deborah quince veces por día y a repetir marcas de coches que ve de paso, a veces atina a reflexionar que tampoco ocupa un presente: «Es como estar muerto», murmura. Pero con la música no pasa lo mismo. Si le proponen que toque un preludio de Bach, dice que no sabe qué es, pero entonces se pone a tocar uno y dice que de ese se acuerda. Y parece que es por medio de la música que tocan o cantan juntos como Wearing mantiene contacto con su mujer, el único con el mundo. Sacks lo presenta primero mediante cartas de Deborah; después, cuando los dos lo visitan, como una figura «pulcra y rebosante» que se lanza hacia ella como un chico; después en su habitación colmada de partituras, después, durante una comida disparatada, ignorando quiénes son Blair, Thatcher y Churchill; después distante, hundido; después tocando, y solo entonces entra en materia neurológica, al cabo de lo cual vuelve a mostrarlo transportado en la duración por el «momento de inercia» de la música. En esta serie vive Wearing para nosotros.

Pero algo sobre la música. El caso Wearing probaría que junto a la memoria consciente de los hechos existe una memoria inconsciente de los procedimientos que es inmune a la amnesia. De modo, dice Sacks, que en el sentido de traer un pasado a la memoria, recordar música no es en absoluto recordar: la escucha o la ejecución suceden del todo en el presente. Si el yo de Wearing está perdido en un abismo, hay una personalidad que está intacta mientras toca. Tal vez lo que lo transporta radica en la estructura de la música; en su condición, no de ristra de notas, sino de «totalidad orgánica organizada»; en el dinamismo inherente a la melodía; y en el estilo, la lógica y la intencionalidad de cada compositor. Es cuando se sumerge en los instantes sucesivos de una ejecución, en el ahora de la música, que Wearing encuentra el continuo personal. Esto dice Sacks. Pero uno se pregunta si semejante vínculo entre música e identidad no tiene otros alcances en el mundo de lo normal. ¿Qué pasa si en vez de encontrar un puente sobre el vacío del yo en un estudio de Chopin, la memoria es secuestrada por un continuo de Ricardo Arjona? Rendición del albedrío auditivo; la mente como reproductor condicionado; sordera del deseo; marchas y pasiones manipuladas; esto pasa mucho. La música puede ser monstruosa. Que Nietzsche execre entonces las distinciones arbitrarias con que el lenguaje somete a la vida. Al borde del Leteo hipermusical, nosotros clamamos por un poco de discernimiento. Sacks atribuye al doble carácter abstracto y emocional de la música la misteriosa paradoja de que pueda acentuar el dolor y al mismo tiempo darnos consuelo y placer. Bien. Solo que «misterio» (como pasado y futuro, como identidad, como ausencia) es una de esas cosas que solo existen porque podemos contarlas. Pero esto el doctor Sacks lo sabe. Desde la flagrante foto de la tapa de *Musicofilia*, ensimismado entre auriculares, barba cana, párpados entornados bajo los anteojos, sonríe apenas como si pensara: «Heme aquí con todo en la cabeza: mi cerebro y el Cerebro, mi música y la Música y las historias de los demás, la enfermedad, el sufrimiento, con la cura, sus alivios y sus fracasos. Con las palabras».

DERRUMBE Y RECONSTRUCCIÓN EN EL LIBRO CAPITAL DE RAÚL ZURITA

Se dice de *Zurita* que es un libro monumental, y no extraña. Consta de 740 páginas de poesía y pesa más de un kilo y medio, pero además es esencialmente grave. Todo en blanco y negro desde la tapa –con Raúl Zurita en sombras de Zurbarán–, contiene fotos de farallones gigantescos, de olas encrespadas rompiendo, la famosa foto-carnet del autor como reo santo, y los poemas, encuadrados con una severidad de columnas de combate o procesiones funerales, son piezas de bordes duros con un interior turbulento y superpoblado, como la obsesión. Los lapidarios títulos de las secciones, que según una nota final son «22 frases frente al mar sobrepuestas en los acantilados de la costa norte de Chile», dan fe de una confrontación agonística con la herencia y el futuro: «Verás un país de sed / (...) / Verás auroras como sangre...». Está lleno de imágenes grandiosas, de plegarias toscas, de tropos ensamblados como bloques móviles de espacio-tiempo. El tono comprende la tragedia, la narración directa, la sátira coloquial y el diálogo cinematográfico, la consigna, el responso, la blasfemia y la rogativa, el autosarcasmo bilioso («todo ese pajeo del arte bajo la dictadura y blablablá»), el idilio, la descripción diáfana, la fantasía sintomática y más. «¿Y lo vieron después frente a esas playas imponente / pálido moviendo la batuta frente a las rompientes? // Mientras detrás de él el atardecer caía como si fuera / otro mar y nosotros el horizonte que miraba a LVB / doblarse lloroso cayendo frente a esas olas... // Qué tocas le preguntaban a LVB los torturados cayendo / como caen las rompientes en las playas. Quise / interpretar estas rompientes pero era solo el oleaje de / los muertos les contesta él con tristeza sordo como / Dios apuntando su batuta al ensangrentado cielo.» LVB es Beethoven, uno de la multitud indiscriminada de muertos tutelares que se dispersa por las páginas, muchos llamados por citas o alusiones a sus obras o sus actos: José y sus hermanos, Lucrecio, Jesucristo, Dante, Shakespeare, Napoleón, Mel Gibson, el piloto del *Enola Gay*, Pavese, Ashbery, Michael Jackson, Cormac McCarthy, Raúl Lagos, Víctor Jara, Bruno y Susana, los dos amigos de Zurita asesinados. Todos, como el pueblo de chileno difunto que deambula con ellos, en un escenario hecho con participios de ruina: *desahuciado, triturado, desmoronado, petrificado, machacado*; «huellas de un puente *aplastadas*»; «canciones cisterna *descuartizadas*». Entre los mares de piedras y los miembros de prisioneros arrojados a las montañas y las filas de éxodo, repican motivos recurrentes, tan diversos como «Ha empezado a llover» u «Hondo es el pozo del tiempo». Lo bastante hondo para que quepa el futuro, el libro es también un umbral a lo desconocido por venir. *Zurita* tiende al mito –incluso al mito personal, desde la muerte del padre y el abuelo casi el mismo día cuando Raúl Zurita tenía dos años– y lo deroga. Escabroso, sombrío, se alza sobre la catástrofe como un memorial de la desgracia, el sufrimiento, la culpa del sobreviviente; se desespera por restaurar una noción de país contra el patrioterismo genocida de la dictadura de Pinochet y vislumbrar una vida nueva. Zurita siempre se dejó guiar por Dante, y aquí es su compañero. El libro es un agregado de escombros de la tradición y la experiencia tal como los capta la escritura del recuerdo, la pesadilla y la visión; un monumento funerario hecho con muertos. Apabulla; llama a la identificación, al estupor, al temor reverencial, a fugaces sospechas y al fin a una entrega entumecida, sin pensamiento, de donde un fragmento, no para todos el mismo, sacude de golpe al que lee con un conocimiento solo formulable en esas palabras. «Las heladas montañas se derrumban sobre sí / mismas y caen. Tal vez el mar las acoja. Hay / tal vez un mar donde los cuerpos helados caen. / Quizá Zurita eso sea el mar. Un limbo donde / los cuerpos caen. Habrá también margaritas. / Margaritas en el fondo del mar de piedras... Tal / vez las margaritas amen a las heladas montañas. / Tal vez los encantados cuerpos las escuchen gemir. / En una tierra enemiga es común que las / margaritas giman oyendo caer las cordilleras.» Y a veces, mientras uno avanza por los pasajes de repetición con mínimas variaciones, un pedazo vivo le da en la nuca: «Yo con cada letra cago sangre».

«Los seres humanos no somos más que metáforas de lo mismo –dijo Zurita en una entrevista–. Si uno pudiese llegar al fondo de sí mismo sin autocompasión y sin falsa solidaridad, es posible que estuviera tocando el fondo de la humanidad.» En 1973 Zurita tenía veintitrés años, se había separado de su mujer y de dos hijos –primera de una serie de deserciones brutales–, había estudiado ingeniería y militaba en el PC. La madrugada del golpe de Estado lo detuvieron en Valparaíso y lo encerraron y torturaron durante tres meses en la bodega del carguero *Maipo*. Desde el lapso infame que va de la tarde del 10 de septiembre al amanecer del 11, *Zurita* irradia hacia la irrevocable primera infancia, varios pasados y el futuro incierto, encajonados en una geografía chilena feroz. En ese universo pululan fantasmas de la memoria y siluetas de una civilización que repetidamente culmina en la barbarie y en una hoguera abarcadora, como cuando los torturados de un campo de exterminio oyen que suena Pink Floyd. Todo esto remite al *Ulises* de Joyce, algo que Zurita ha hecho explícito. Y es cierto que el libro no es un poema narrativo, sino una novela en poemas; cientos de poemas de verso blanco, de métrica oscilante pero con pie y acentuación sostenidos. El aspecto de las páginas es de una homogeneidad solo cortada por diversas jerarquías de títulos, por pocas imágenes, por llamamientos, citas y algunos cambios de tipografía o estrofa. Pero en el ritmo parejo, pequeños vacíos, hiatos, enca-

balgamientos en serie y cesuras improcedentes (versos termi-
nados en preposición o artículo) expanden una experiencia
personal y colectiva signada por la violencia –desgracia familiar, genocidio, escisión psíquica, desamor, hambre e intemperie de los desheredados, desatinos y traiciones íntimas, negación, martirio, aspiración, caída–, pero también la concepción
de un amor motriz, imperecedero, que vuelve a unir lo que el
poder y el propio sujeto desmembraron. Es como si la vivencia
solo encontrara un paralelo en una poesía de la promiscuidad.
Lugares que se solapan, momentos distantes que se intersecan,
personas y tiempos verbales que se aprietan o se relevan, figuras que se sustituyen, desnudez e impostura, usurpación mutua entre texto e imagen, entre documento y ficción; además
de esa suerte de geología cinética inseparable de la emisión de
Zurita: un paisaje animado, vivo, pero de una majestad indiferente a las ideas humanas de belleza y horror. «¡El río Maulín es
el mismo meollo del mundo! Gritó. El / sol se clavaba en los
ventisqueros y bajo ellos las aguas / relumbraban. Estaba en cu-
clillas y se limpiaba la sangre / reseca entre las piernas.»

Zurita comprende miles de años; no existiría sin la herida
histórica del golpe, pero tiene vocación de eternidad. Da una
lengua y aliento a la constelación de percepciones, pensamientos y memorias que en cada momento de la vida real la ansiedad reduce a un solo artículo. Esas sincronías siempre irrum-
pen desde una intimidad en el presente, que podría ser la vida
del Raúl Zurita maduro en un departamento de Berlín donde
sueña sin cesar, y del acople de materiales de distinto orden
nacen vástagos de forma caprichosa, terceros términos, las
emergencias inefables que suelen engendrar la metáfora y el
montaje. El exilio masivo de los chilenos se funde con el de Is-
rael en Babilonia; una pensión en Buenos Aires con un bote en
el mar en llamas frente a Valparaíso. Zurita se desliza de un procedimiento en otro confiado en haberlos asimilado ya tanto

que si deja ir la voz le saldrán espontáneamente. Quizá monte cada poema como un talismán: un compuesto para la mnemotecnia mágica. Lógicamente, predominan los sueños, muchos como secuencias de película a semejanza de *Los sueños de Akira Kurosawa*. «... Las fronteras han sido sobrepasadas y si / hubiese un testigo pero no hay testigos, / este habría afirmado que esas infinitas toneladas / de desperdicios desplazándose recordaba a un / ejército que huye en desbandada. Kurosawa, / le digo entonces, tú habrías filmado ese desierto, tú / habrías filmado los retorcidos fierros del edificio / de aduana con las filas de cadáveres alineados... / y las interminables hileras de buses y automóviles / calcinados mimetizándose con las piedras de ese / paisaje lunar. Tú habrías filmado la carretera / triturada, / los restos del cartel caminero con unas / señales que en el sueño no logro descifrar.»

Los poemas-sueño de Zurita –tan artista conceptual como surrealista desenfadado– son a la vez figuraciones de lo reprimido y campos de batalla por la soberanía de lo que se sueña. «Lentamente la cordillera de los Andes comenzó a girar cielo arriba como un asta irguiéndose // Mientras al frente las playas también habían empezado a elevarse como terraplenes horizontales... cortándose / con la línea vertical de los nevados // Formando la cruz que se tendió sobre Chile... / y atravesando los cielos nos mostraron las últimas / marejadas y luego nuestros cuerpos suspendidos en el / aire triturados abiertos con las gigantescas caras / tajeadas de nieve mirando hacia el demolido atardecer.» Por el sueño sangra la herida y el sueño restaña la sangre. Zurita se vale de la CF pop, la tele, el drama isabelino y las coplas en araucano para encontrar en el poema la fuerza transfiguradora que hace del sueño síntoma y cura. Si hace falta, un poema se llama «Columbus Reloaded»: «Cruzándose arriba con las carabelas que volvían con las / velas hinchadas suspendidas mirando para abajo a / los tipos que quedaban //

Mostrándoles que hay otros cielos encima de este cielo y / sobre estos otros y otros y que al final están los mismos bares las mismas tipas en las vitrinas las / mismas carreteras como ríos en la noche».

La transfiguración es un cambio de forma que revela la verdadera naturaleza de lo que cambió: también, para algunos historiadores, uno de los cursos de una sociedad en disolución. Zurita la ha buscado desde que después del trauma del golpe le diagnosticaron una «psicosis epiléptica», sin excluir desfiguraciones, automutilaciones e impersonaciones. Son hechos conocidos: la decisión de quemarse la cara con un calentador de agua al rojo (y asegurar que el acto lo «había reunido»); la tapa de *Purgatorio* con la foto de un tajo indefinible rodeado de pelos; dentro de ese libro, el combo identitario de foto carnet del autor, confesión de una prostituta en palabras de Dante y el EGO SUM QUI SUM de Yahvé debajo de ambas; las performances y acciones del Colectivo de Acciones de Arte en espacios públicos durante la dictadura y la publicación de *Canto a su amor desaparecido*, esa necrópolis para los olvidados hecha con caligramas en forma de nicho; el poema «La vida nueva» escrito con un avión en el cielo de Nueva York; la frase «Ni pena ni miedo» plasmada en más de tres kilómetros del desierto de Atacama. El esfuerzo sin paragón de Zurita por mediar entre letra y naturaleza está más allá del surrealismo: es sublime en su contraposición de realidades inconmensurables, en su animismo macabro, gótico, y es demencial en su ambición de unir lo real y lo simbólico. Sin embargo en los versos la ambición se realiza –en «los tanques como imborrables erratas»–, y el loco sana. En un paisaje mineral de tiniebla lluviosa, cuando se dice *margaritas* o *vacas* se hace otra luz.

Que en la impúdica protesta inmolatoria de Zurita no había al cabo veleidades de santidad lo prueba que en 1990 aceptase del gobierno de Patricio Ailwyn la agregaduría cultural en Roma.

Lo que por otra parte indica que, si a algunos su vanguardismo les pareció trasnochado y hasta pernicioso, él sabía bien que los grandes relatos de ruptura habían periclitado. Toda su obra está embargada de un espíritu comunitario para el cual el poeta es un agente de cambios en la percepción, de desocultamiento de la realidad. Cada fase es parte de una brega por salvar la brecha entre lengua desalienada y acción cívica, y por eliminar las discontinuidades entre distintos medios artísticos. Todas son modos de una ironía dramática que consiste, no en decir una cosa sugiriendo otra, sino en señalar realidades de orden irresolublemente distinto –como lo sagrado y lo profano, o Dios y una prostituta chilena con la cara de Raúl Zurita–, para indicar cuánto lugar hay en el medio para la invención transformadora. *Zurita*, el libro, se vuelve sobre ese vacío, donde el poeta, cree Zurita el autor, tiene que mostrar sus heridas, sus lacras y las de su pueblo porque es entre heridas y carencias que se establecen los vínculos primeros. Por eso el libro hurga tanto en el horror, las humillaciones, el sufrimiento y la privación de las víctimas de la dictadura como en las agachadas y faltas de Zurita para con los otros y él mismo. Es un gesto desmedido de poesía de la purga; una gran fractura –humana y geográfica– expuesta flagrantemente como requisito para la rehabilitación. «Universos, cosmos, inacabados vientos lloviendo en / miles de carnadas rosas sobre el mar carnívoro de / Chile. Escuché llanuras nunca dichas, / cielos infinitos de amor nunca dichos hundiéndose / para siempre en las tumbas carnívoras de los peces.» El sueño puede aliviar mediante el ocultamiento, pero también recupera y sintetiza; es un catalizador. A su modo, el poema-sueño de Zurita es documental: las producciones de la mente levantan las veladuras que nuestros acuerdos de conveniencia práctica tienden sobre los datos de la realidad, sean el tiempo o un paisaje. «Sobre el desierto chileno con soldados patrullando en / las entradas boleterías hechas

añicos y orquestas en / derrota alejándose cielo adentro //
mientras cientos y cientos de oboes abandonados en las / piedras se iban mimetizando con el atardecer...» Por la mera nitidez de la composición, porque al multiplicarse se realimentan
–«Clavadas a martillazos las playas de Chile cimbreaban / cru-
jiendo bajo ellos...», «... despejando el corredor del mar // Despejando el paso entre las aguas mientras el torrente de / nuestros deshechos cuerpos volvía a emprender la marcha / mutilados...
mordiéndose los cortados pedazos...»–, estas visiones sueldan
las quebraduras, tal como las fotos del libro afirman el deseo
de un ágape de palabra, naturaleza e imagen más allá del sentido. *Zurita* causa estremecimiento, compasión, lucidez, malestar con uno mismo, abatimiento por merma de energía y
agitación ética, repugnancia y una turba de sensaciones que
no dejan un precipitado. Induce una suspensión del juicio inmune a la moral, la razón histórica, el humanismo y la estética. Dando una forma a tantas clases de dolor, a la barbarie, al
abandono, a los presagios de calma, Zurita se da una forma
única.

«Cruzo pelajes moteados de sangre», se lee en la página 135.
Las sinfonías se derrumban. Los cerros tocan. Las constantes
sinestesias sueldan lo que la historia desmiembra; anulan la
causalidad y destapan el oído. «Oí un campo interminable de
margaritas blancas.» Hay un sinfín de sonidos y ruidos en este
libro; hay canto y canciones; muchos personajes tienen la palabra. De las fotos de acantilados escapa un rumor ronco; de la
marejada, un bramido. En principio prevalece una orquestación caótica. Pero el fundamento y al cabo la resultante de esa
polifonía es una voz, la de la escritura, y por medio de esa voz
uno acusa físicamente un esbozo de identidad. No siempre responde a «Zurita»: según los poemas, cambia de sexo, de nombre o las dos cosas. Por más que uno acepte que esto es una novela, busca asidero en la imagen del autor, y Zurita es un autor

con una presencia pública nada esquiva. Siempre se dice que en Chile –como en Irlanda, Rusia o Inglaterra, al menos hasta fines del siglo pasado– el poeta tiene un papel en la vida común. Mistral, De Rokha, Neruda, incluso Lihn, Millán y hasta el destructivo Nicanor Parra: los poetas chilenos suelen levantar la voz. Son facundos, y con toda su intemperancia Zurita no escapa al rol, aunque sea el extremo descarnado del discurso social. Estar en el ágora poetizando la masacre y los muertos, la redención de la culpa y la desgracia, puede ser una vía rápida al patetismo. Pero Zurita no es esa clase de bardo. En una época en que las generaciones siguientes bajaron astutamente el tono, pero en un mundo enflaquecido por el crecimiento, su poesía, anacrónica y temeraria como la experiencia que la fustiga, insufla deseo de perderse en la inmensidad. Se puede escuchar y ver en videos de YouTube. Desde hace unos años tiene párkinson. Camina tambaleándose un poco. Mientras lee, una y otra vez se le ladea la cabeza. El tono es nada imponente, tocado de una emoción recóndita.

Es cierto que el sentido y el poder de llegada del poema estriban en el ritmo. Pero aun el ritmo está hecho de palabras. Del sonido de la escritura de Zurita no nacerían sentidos desconcertantes sin sus tropos inauditos, sus escorzos sintácticos, sus nombres-fuerza y sus adjetivos garrafales. Sin embargo él no enfatiza los momentos en que el texto se inflama. Escande los versos en una monodia algo trémula y siempre sube la entonación en el acento de la última palabra, casi siempre grave, como un atisbo de pregunta seguida de un monosílabo. Pero de vez en cuando vacila, y no por un truco de elocuencia. Es una flaqueza, casi un tartamudeo; a veces un decaimiento fugaz. Deleuze dice que cuando un lenguaje personal está tan tenso que empieza a tartamudear, o murmurar o balbucear, el lenguaje entero alcanza el límite que marca su afuera y lo enfrenta con el silencio. Después de tres o cuatro vacilaciones, la lectura de

Zurita ya no comunica y uno oye hablar al cuerpo: saliva, chasquidos, glotis, pulmones, músculos. Algo parecido sucede con *Zurita*. El libro es sólido, imponente en su aspereza y cada poema tiene un pulso firme, encantatorio, pero está penetrado de grietas gráficas, de arritmias, de momentos en que el titubeo es parte integral del texto. Es como si Zurita se detuviera una y otra vez ante un mismo borde. Pero lo que enfrenta no es abismo metafísico de la lírica de antaño. Es algo que él quiere mostrar y exhorta a considerar: un hueco cosmológico entre lo sagrado y lo profano, revelación de la verdad y el conocimiento sistemático, entre el cristianismo y la Ilustración. Un vacío donde puedan confluir razón, imaginación y mística. *Zurita* es una empresa de agotamiento, una escritura que arrastra la persona, sus avatares, su obra pasada, el arte todo y los estragos de la historia para rendirlos a esa ilusión. He ahí su economía política: un caldo de cultivo donde no dejan de aparecer organismos nuevos que serán derrochados. De modo que *monumental* no era la palabra adecuada. En todo caso *inusitado, intempestivo*: así es el ciclo dantiano que, del infierno que hacemos entre todos hasta el cielo sin memoria, Zurita actualiza mientras por ahí cunden la administración productiva del afecto y el histrionismo pasional. «Miles de otras naves nos esperaban / Océanos de muertos nos querían llevar consigo / Sirenas como racimos nos llamaron con su canto / Pero nosotros no nos perdimos // Y por eso ningún cadáver / ni ningún grumo de sangre que cantó cuajado en el hueso / ni ningún tendón roto vendido en el canasto / ... / dejó de encontrar el cielo que es nuestro y es de todos. // Porque nos encontramos no sucumbió la eternidad / Porque tú y yo no nos perdimos / ningún cuerpo / ni sueño de amor fue perdido.»

MALENTENDIDOS ACERCA
DE DIEGO ARMANDO MARADONA

Como muchas, la historia de Maradona entre los catalanes gira en torno a un error; si algo la distingue, y en cierto modo la eleva, es que los antagonistas nunca quisieron reconocer que se habían equivocado, probablemente porque no se dieron cuenta. Quizá no podían. Maradona nació pobre, pero ya muy joven empezó a hacerse rico y famoso en un país donde una dosis suficiente de fama da buenas perspectivas de lograr la inmortalidad, de avizorarla en vida. A pocos pueblos como el argentino les encanta convertir cada belleza pasajera en imagen de panteón que, uniéndose a otras imágenes rutilantes, varias veces muertas, llene un poco el nicho de la identidad. Si la creación expeditiva de un dios o un santo lo exige, los argentinos humillamos al candidato antes de que muera, y agigantamos los suplicios que le haya infligido algún bárbaro, para que a la ristra de virtudes no le falte la grandeza del martirio. Aceptado que la gracia de la perduración es disfrutarla en materia, en Argentina el candidato puede realizarse como divinidad antes de morir; los requisitos, aparte de atributos reales, son una gran capacidad para almacenar elogios, una amplia superficie de reflejo, debilidades carnales paganas y un histrionismo egomaníaco que no parezca representación sino, más bien, autenticidad, transparencia, franqueza, espontaneidad, eterna adolescencia, ah, oh, etcétera. Se dirá que en el universo massmediático hoy pasa esto en todos los países. Es cierto solo en parte: en algunos países –de América, sobre todo– el trabajo se toma más en serio, y el ego debe ser más resuelto, porque la inmortalidad es más inmediatamente accesible incluso para individuos de extracción dudosa y profesión baja. Así es que el candidato o héroe se ofrenda en vida con una no muy nublada conciencia de lo que está haciendo: extrema sus virtudes, insufla su persona, se adorna con deliciosas faltas y –de lo anterior se desprende que esto es decisivo– practica la impudicia, tan abnegadamente que termina siendo impúdico de veras y le gusta.

El candidato debe ser tan ingenuo como el país. Está en el candelero mirando siempre cómo lo miran mientras despliega su don, mirando si lo miran, abriéndose el cuerpo para mostrar la interioridad visceral, persuadido de mostrar que no es solo una apariencia, y el argentino le cree; le creemos. El héroe es voluble, arbitrario; más cerca de lo divino si un poco asqueroso, objeto de alabanza sandunguera, de unción devota pero también de escupida denigratoria. La progresiva divinización se consolida con la caída del héroe en la negligencia y otras lacras, procedimiento que enmaraña las cosas cuando el héroe tiene efectivamente un don singular, una cualidad que hechiza pero la negligencia tiende a empañar.

En cambio en Cataluña, pequeño, próspero país que se solaza tanto en su singularidad como en pertenecer a la preclara Europa, la división entre leyenda y mito es cortante. Todo héroe pasa la vida entre la torridez del afecto popular y una penumbra de suspicacia, y solo es mitificado si una o más generaciones juzgan que dejó una contribución indiscutible, mejor si contante, a la solidificación de una comunidad laboriosa. Los catalanes admiran más que nada a los alemanes, empeñándose en ser graves como ellos, contentos de superarlos en ironía, acomplejados por no producir tantos genios rotundos, orgullosos de comprender mucho mejor a los genios que han dado o acogido –Casals, Picasso o Schuster–, tristes de no ser tan productivos, acomplejados por no poder ser diligentes sin sacrificar el estro romántico, contentos de que el sacrificio les impida entronizar déspotas asesinos, sabedores de que, mediterráneos al fin y puede que herederos de los fenicios, se han ido haciendo en la eficaz tolerancia de las civilizaciones mercantiles, en la política liberal.

Casi por definición, todas las naciones practican alguna forma de racismo; algunas la sotierran, no solo por hipocresía, sino también por vergüenza. Considerar el racismo vergonzoso es un atenuante; lamentablemente, el racismo que se reprimió termina despuntando, bien por compulsión, bien por herida en el cálculo. La virtud nacional catalana es el *seny* –se pronuncia «sein»–, concepto que abarca el buen sentido, el juicio cauto, la mesura y la temperancia, sin descontar la astucia. Los catalanes, se dice, tardan en intimar, porque cuando dan la amistad es para siempre, y uno se admira de la conveniencia práctica de esta ética. Sin embargo hay dos puntos en donde ese espíritu de impavidez se extravía para peor conservando la frialdad mercantil, y esos puntos son el odio a los madrileños –asentado en numerosas razones históricas– y el amor delirante por el Fútbol Club Barcelona. El Barcelona es «más que un club»: es símbolo y espejo, institución nacional inmarcesible, monumento al progreso, escaparate y tripa; es el producto más acabado, más suntuoso, de un buen sentido burgués que trabaja meticulosamente para exhibir en periódicas fiestas su cara arrebatada de elegancia depuesta. El Barcelona ofrece las orgías que jalonan puntualmente la rutina de la ciudad: al Camp Nou se va a llorar a mares o a derretirse de gozo, a soltar los gritos e insultos que en la apacible vida cotidiana serían un trastorno temible. Como los comerciantes de Ámsterdam en el siglo XVII, el Barcelona compra lo mejor y a veces hasta lo exótico, lo acoge con entusiasmo, lo defiende con pasión y al cabo empieza a vigilarle la conducta y el rendimiento, dispuesto a prescindir de su brillo –como los comerciantes de Ámsterdam de los servicios de Rembrandt– cuando la actitud del artista o el precio de la mercancía les resultan desfavorables.

Un día, en 1982, el club compró a Diego Maradona. Como ya

había comprado a Bernd Schuster, pasó a tener los dos mejores jugadores del mundo de aquel momento. Los barceloneses saltaban en una pata. Nadie advirtió –por supuesto que tampoco nosotros, los *émigrés* argentinos residentes en Barcelona, exultantes de placer futbolero y vindicación jactanciosa– que la operación no pintaba bien. Y no por el flagrante bulto que hacía en la ciudad el clan de Dieguito, ni por los mentados actos de indisciplina, ni siquiera por la suma de estos y otros factores, sino porque, aun sabiéndose mercancía y dueño ya de una alta conciencia gremial, a Maradona jamás le iba a entrar en la cabeza que él pudiera resultar desfavorable para alguien.

Dos años y medio después llegaría al estadio del Nápoles, donde nadie debe admirar mucho a los alemanes, literalmente desde el cielo, beatificado antes de dar el primer pase; allí viviría sus mayores glorias, antes de empezar a exhibir los pecados necesarios para que en Argentina lo colocaran apresuradamente en la hornacina donde hoy engorda, adelgaza y vuelve a engordar sin perder el sensor con que nació en el pie izquierdo.

Pero antes de esto, en 1982, en Barcelona se asentó muy pronto un malentendido que iba a acarrear desaliento y frustración. Maradona, semicroto advenido estrella universal en un abrir y cerrar de ojos, jovencito de talento cegador y mente comprensiblemente inconclusa, aspirante a la inmortalidad argentina, fue desplegando todo su arco de arrebatos y supuestas franquezas. Con la impudicia exigida por la mitología de un país donde los hombres no lloran en público salvo a veces, obligatoriamente, para demostrar que los hombres también lloran en público si son sensibles –de un país avanzado donde todo el mundo sabe que la buena virilidad demanda un componente femenino–, Maradona gesticulaba espasmódicamente en la cancha, hablaba con la prensa hasta por los codos, lucía su jugosa melena, rugía por la calle en un Mercedes piropeando a chicas a gritos, iba ruidosamente de compras con toda la familia; es decir, trasladaba sin empacho su porteñidad a Barcelona porque estaba convencido de que así debía ser, o porque, claro, no podía –ni quizá debía– hacer otra cosa. Ignorando que si la impudicia gárrula lo elevaba en la imaginación argentina, para los catalanes era una mancha que soslayaban para poder deleitarse con los goles. A los catalanes no les resultaba simpático Maradona. Tampoco antipático, hay que decirlo. Querían verlo jugar. Y querían que, como Cruyff unos diez años antes, los hiciera ganar por fin un campeonato –una liga; no una Copa del Rey, que es emotiva y con final pero se juega por eliminación y sabe a premio de consolación– para justificar la arrogancia y borrarse de la cabeza –cosa que no conseguirán nunca, porque es una enfermedad crónica– la avasalladora, obsesionante presencia del Real Madrid.

Hoy muchos catalanes lo denigran por despecho, porque abandonó a un club altivo y poderoso sin despedirse y sin haberles conseguido una Liga. Pero algunos socios viejos del Barcelona, que vieron a Puskas y a Cruyff, dicen que nunca han tenido un jugador como Maradona; lo dicen con rencor; son los mismos que aplaudieron la venta de Romario, por mal bicho, aunque supiesen que iban a languidecer añorando sus goles.

Parecería ser que Maradona los cansó. Y ahora digamos: si el Barcelona se precia de ser históricamente un club amante del fútbol estilizado, si su hinchada se jacta de apreciar el buen juego, la verdad es que, como digna hinchada de un club que es un símbolo nacional, la mayoría de las veces no ve un comino. Es decir: ve las jugadas vistosas, efectivas y evidentes de su equipo –solo del suyo–, pero en general hila un poco grueso. Por eso no advirtió un rasgo de Maradona que no todos los fuera de serie tienen en un grado tan intenso: el gusto por jugar, la desesperación por jugar, el idilio de Maradona con los partidos, el reflejo dichoso que, uno se imagina, lo llevaría a correr para devolverle la pelota a un chico aunque estuviera vestido con esmoquin y camino a una cita con Diana de Inglaterra. Uno se imagina. Quizá sea una ilusión, sobre todo ahora que Maradona es disertante y publicista. Lo cierto es que los hinchas del Barcelona nunca se habrían imaginado una escena así, ni siquiera en 1983. Sin entrar en juicios, no tienen ese tipo de imaginación.

Sin embargo el regocijo de Maradona en la cancha causaba prodigios, como bien se sabe, y al principio fomentó un hermoso romance. Hablando de esto, uno se niega a refrescarse en los archivos y se entrega sin más a la memoria involuntaria. Por la cabeza del cronista amateur pasan despachos visuales como nubes rápidas en atardeceres ululantes. Entre otros, el Barcelona tenía un *stopper* autoritario (Migueli), un volante de quite con tremendos pulmones (Víctor), tenía al gran Schuster (capaz de desembarazarse de dos rivales a cinco metros de su área, salir de un nudo de piernas por donde nadie esperaba y servir, casi sin haber mirado, un pase de cuarenta metros para la subida del lateral izquierdo, cuyo movimiento solo había visto él; encima de lo cual llegaba a buscar el centro en el otro arco) y tenía dos punteros, Marquitos y Carrasco, movedizos, ladinos y veloces. Marquitos y Carrasco eran muchachos de potrero –de potrero catalán– y adoraban a Maradona; pero en los primeros tiempos, confesarían algo después, simplemente no esperaban que Maradona pudiera llegar en diagonal a una pelota larguísima puesta en la línea de fondo, dominarla con un defensor encima, frenar para hacerlo pasar de largo y sacar un centro inverosímil que, burlando la altura del arquero, cayese blandamente en el segundo palo; de modo que cuando esa oportunidad de gol llegaba, Marquitos y Carrasco ya estaban volviendo al medio campo, convencidos de que nadie habría podido hacer tamaña cosa en una situación tan difícil. A medida que fueron entendiendo las nuevas posibilidades de ese mundo bizarro, no solo se beneficiaron ellos, sino todo el equipo. Menotti los mandaba al ataque, a presionar con la defensa muy adelantada. Demasiado adelantada, digamos, con demasiada confianza en la trampa del off-side. Por el momento no era grave: en un mismo partido Maradona le marcó dos goles de tiro libre a Zubizarreta – el mejor arquero español de esta era, entonces en el Athletic de Bilbao, luego ganador de cuatro ligas con el Barcelona de Cruyff–: uno al ángulo superior derecho y el otro al ángulo inferior izquierdo. Pero después, dice la memoria involuntaria, Maradona tuvo hepatitis y el especulativo Athletic de Bilbao se resarció de sobra ganando la liga. No obstante, el crédito de la hinchada barcelonesa al grupejo argentino todavía era holgado, y tuvo recompensa en la final de la Copa del Rey, con un triunfo en el último minuto sobre el detestado Madrid. En los inicios de la temporada siguiente, fines del verano europeo de 1983, el Barcelona arrasaba. Se comprobó que Schuster y Maradona podían jugar juntos sin recelos ni competencia ni embarazo, calladitos y en su papel. El abracadabrante Cysterpiller –corbatón amplio, rizos, traje como de raso– salió un día de una reunión con el presidente del club, hierático señor Núñez, y dijo que, como el señor Núñez no había atendido a ninguno de sus reclamos, él, Cysterpiller, *muzzarellamente* había decidido retirarse. Todos los *émigrés* oímos esa maravillosa expresión por la radio; y comprendimos que, de veras, el choque de dos lenguajes y dos estilos nacionales iba a terminar estropeando la aventura. Una lástima, porque ese otoño el Barcelona, jugando por la Recopa de Europa, le ganó 4 a 3 al Estrella Roja, en Belgrado, y Maradona marcó un gol casi mejor que el que haría contra los ingleses: una carrera de cincuenta metros con pelota al pie y cabeza levantada, un frenazo seco en la medialuna, frente a la defensa que se apresuraba a cerrarse, y un disparo altísimo, por encima de todo el mundo, con un efecto que mandó la pelota a la red rozando el larguero. Después hubo un triunfo por 4 a 1 en Mallorca –dos de Maradona y dos de Schuster– y la premonición de que esa liga ya estaba en el bolsillo.

Pero entonces aparecieron los villanos, que a la sazón también se postulaban a campeones: en su caso, bicampeones. La fecha siguiente el Barcelona jugó en el Camp Nou contra el Athletic de Bilbao. A los treinta minutos ganaba 3 a 0, dice la memoria involuntaria y puede equivocarse por un gol; pero no se equivoca asegurando que, antes de que terminara el primer tiempo, Maradona recibió de espaldas una pelota en su línea media y, cuando iba a darse la vuelta, el líbero del Bilbao le entró por detrás y lo dejó roto por cuatro meses. Se llamaba Goikoetxea, ese bruto; hoy es ayudante del DT de la selección española, señor Javier Clemente, que aquella tarde infausta era DT del Bilbao y por entonces gustaba decir que sus jugadores no eran violentos sino recios, que ganaban ligas porque tenían «raza». Esa cretinez era una ofensa doble, contra los directores técnicos extranjeros y contra el moderado nacionalismo catalán. Hoy Clemente prolonga sus desvaríos peleándose con Cruyff y con Valdano.

Ese año el Barcelona no pudo vengarse; jugó casi toda la temporada sin Maradona y buena parte sin Schuster, también quebrado. Aparte de la falta de *knack*, el equipo no tenía sorpresa ni gol; jugaba desesperadamente, sin convicción, y Menotti fue –como muchas veces– demasiado sabelotodo como para modificar el esquema. Por la defensa en línea adelantada siempre se colaba un contraataque, de modo que a menudo había empates ridículos o derrotas por un gol. Antes todavía de empezar a entrenarse, el angustiado Maradona se entretenía en su casa embocando pelotas, que pateaba sentadito, entre las cuatro patas de un taburete dado la vuelta. Hecha con médicos del llamado entorno, la recuperación fue muy larga para la paciencia del club.

Sí: la distancia de C a Q es la misma que la de Q a C. El peculiar racismo de la nación F.C. Barcelona hacia el ídolo magistral pero frustrante encontró ocasión de ensañarse, después de dos ligas perdidas, en la ostentosa teatralidad y la protesta quejosa del espontáneo Maradona. El otro yo de Cataluña, sin articularlo, empezó a acusar al gordito de gordito, moreno patizambo, indolente, dispendioso, engreído, deslenguado y llorón rayano en la cobardía. Muchos creían que la hinchada iba a expurgar en Maradona la –afortunada– impotencia catalana para alcanzar una reciedumbre racial como la que Clemente elogiaba en sus vasquísimos jugadores. Maradona, claro, creía que nada lo obligaba a aguantar un tratamiento criminal por parte de los rivales, ni la falta de comprensión psicológica y afán comunicativo de los dirigentes de su club. En los círculos más deportivamente perspicaces de los *émigrés* argentinos –bisuteros, psicólogos prematuros, traductores precarios, futbolistas-golondrina– se comentaba que para Diego los catalanes eran unos frígidos, y que tenía razón. Pero la condescendencia de los *émigrés* con las ideas de Maradona no se basaba tanto en el cariño a un artista como, lo mismo que la arbitrariedad del artista, en el rencor hacia unos anfitriones que se atrevían a no aceptar la condición cada vez más divina de ese semidiós argentino.

Menotti, decían los catalanes por su parte, hacía entrenar solo de tarde porque él y Maradona –no necesariamente juntos– se iban de juerga todas las noches. Probablemente fueran infundios xenófobos. Desde el punto de vista profesional, corrigiendo ciertos aspectos del equipo se habría evitado uno que otro problema. Aspectos como el estado físico de los jugadores, por ejemplo. Claro que además los cosían a patadas.

No había forma de entenderse.

Cuando Maradona volvió ya era tarde para alcanzar la liga, aunque también en la segunda ronda el Barcelona le ganó al Athletic. Para colmo, el Athletic le ganó 1 a 0 la final de la Copa de 1984. Esa noche de primavera el terco sistema Menotti sucumbió ahogado frente a un horrible sistema Clemente que parecía bilardiano (y la camiseta del Athletic es igual que la del Estudiantes). Pero Maradona no lloró, porque ya había discutido tanto con sus dirigentes y con la prensa barcelonesa que estaba decidido a irse. En el fondo ya se había ido.

Para los *émigrés* argentinos fue una etapa tristísima. La memoria involuntaria se apretuja, cesa. A Barcelona llega a veces un viento africano, el garbí, no arenoso y ardiente como el sirocco, sino húmedo, tibio: deja una película de gelatina en las aceras y en las farolas un nimbo macilento. Ese viento...

Maradona se fue a Nápoles, desde donde nos enviaría extraordinarias satisfacciones. Menotti ¿a México?

Para la temporada 1984-85 el Barcelona contrató a Terry Venables, un inglés fornido, experto, mundano pero férreo, que aún escribe novelas policiales con seudónimo y tiene un grupo de música pop. Venables, que venía de hacer campeón de la copa inglesa al Tottenham de Ossie Ardiles, se llevó a un centrodelantero veterano, el simpático escocés Archibald, que jugaba como nadie de pivote en los bordes del área: recibía solo, protegía la pelota esperando la llegada de un compañero, sabía tocar de primera con el pie o la cabeza y también era ducho en cazar centros perdidos. Según un serio *émigré* argentino dueño de una pizzería, Archibald era noctámbulo y disipado; pero como se callaba la boca en todas partes, y como además llegaba puntualmente a entrenarse, los dirigentes fingieron que no lo sabían. Con él, la sabiduría de Schuster, la picardía de Carrasco, un notable media punta de la cantera llamado Rojo y una pléyade de obreros, Venables armó un equipo de verdadera presión, aprovechador y sagaz.

El núcleo angloalemán, ayudado por dioses paganos, ganó esa liga para el Barcelona. Se normalizó la respiración del pueblo catalán, que solo volvería a sufrir (cinco ligas para el Ma-

drid) hasta que apareciera un salvador clan holandodanés (cuatro ligas para el Barcelona).

Maradona y la Virgen ganaron el campeonato italiano para el
Nápoles.

No sé si viene a cuento, pero para los *émigrés* argentinos en
Barcelona se cerró una etapa de fuerte incomodidad.

MINIATURAS QUE ENSAYAN Y CRÓNICAS EN MINIATURA

SETENTA CENTÍMETROS

En 1983, pagado el traspaso del bar de la calle Estruch, los Regalado viajaron a Barcelona con varios baúles, un perro y la convicción de que no volverían a moverse. Encerrado la mayor parte del día, el perro se enfermó. Los parroquianos no entendieron bien quién era esa mujer que les ofrecía la mejor carne de la Boquería y algo tan extravagante como el borscht, cuando tan fácil era hacer garbanzos con chorizo. Menos comprendían los libros de cocina centroeuropea en la vitrina, las extrañas especias en el goulash, el precio irrisorio. Algunos seguían escupiendo en el suelo y Rodica tuvo que pedirle a Carlos que les exigiera conducta. «Cuando llegué y puse en el escaparate una hortensia azul con una cortina detrás, me predijeron que iba a fracasar. De acuerdo, yo no tenía idea de lo que era un bar. Sí, había estado en el Floridita, en La Habana, pero porque Hemingway lo nombraba en sus novelas... Tuve que aprender a manejar la máquina de café, y sin embargo no creo haber fracasado. Tengo algunos conocidos, hay gente que me quiere. Pero es cierto que esto nunca ha funcionado bien. Es una cuestión de altura: no se puede remediar.»

En la cocina del bar Bucarest faltan setenta centímetros de espacio para que los inspectores municipales le permitan acceder a la categoría de casa de comidas. El entresuelo, donde podría haber mesas, tampoco es suficiente. De modo que el local se abastece de un público de barra, discreto y recurrente, que nunca alcanzó para que la caja diera ganancias. Algún vecino sigue ayudando a Rodica a resolver los insondables trámites de residencia, pero Carlos tuvo que volver a Austria. Ahora es empleado en las Naciones Unidas. «No sé bien qué hace. Seguro que anda de aquí para allá, tiene miles de aquí para allás. La niña se ha ido con él, y me parece lógico porque es austríaca de pies a cabeza, y para colmo se ha criado en un pueblo. La ciudad la estaba entristeciendo. Y me insisten en que vaya con ellos. Pero yo no quiero moverme más, ya he vivido en tres mundos diferentes, estoy muy cansada. He cambiado mi mentalidad, nadie sabe lo que cuesta dejar cosas que uno ha conseguido con mucho esfuerzo. Y además, sabe usted, me gusta el bar, me gusta participar de la vida de la gente. No diré que tengo amigos porque la amistad no se forja en un día, pero sí un mundo propio. Sería tan bueno salir adelante, pero resulta que ahora todo lo que espero es llegar a traspasar esto, y eso que me da pena. Antes miraba por la ventana, veía nada más que esa pared de enfrente y me desesperaba. Ahora ya no veo nada. Solo pienso si podré resistir.»

A cien metros del Bucarest, desde los escaparates de Benetton o de Rodier, desde las marquesinas donde se propagan Mitsubishi e IBM, una luz de ocaso pugna por conservar su prestigio mediterráneo. Pero la luz se diluye, en el aire lo mediterráneo se vuelve concepto cada vez más diminuto, y la realidad del cosmopolitismo se va embebiendo de irrealidad. A veces parece apenas una foto trucada. Abajo, en la calle Estruch por ejemplo, la única vida que existe, hecha de retazos, crece entre la soledad y leyes como la de Extranjería. El cruce de culturas no sabe de simposios. Está envuelto en el humo de una máquina de café. Huele a semillas de sésamo y hojas de col. Solo pide dinero para llegar a fin de mes y un amigo para conversar.

PRIMITIVOS DEL FUTURO

No sé si puede demostrarse que antes se leía más que ahora. Lo que sugiere mi experiencia y la de algunos viejos sabios es que los grupos sociales llamados ilustrados dedican cada vez menos tiempo a leer: profesionales diversos, estudiantes secundarios y universitarios y, notoriamente, artistas e intelectuales. El cambio de paradigma cultural es más agudo de lo que aceptamos sospechar. Pero ¿vale la pena volver a internarse en los motivos de la deserción? El abandono de los libros es un síntoma doloroso o alarmante solo para quienes creen que los libros importan. Por mi parte, creo que una buena novela, un verso «que conmueve como la proximidad del mar», importan tanto como, por ejemplo, la amistad. Los chicos pensarán que estamos en un mundo despiadado y fascinante, donde mil imágenes nos acercan el infinito múltiple en un minuto. Puede ser; y tal vez sea obvio que los libros no han neutralizado la brutalidad del mundo. Pero es raro pensar en el futuro de los imaginólatras. No hay secuencia de David Lynch que pueda contar y pensar la perversión mejor que una novela de Sade; no hay documental que explique la mentira mejor que *Confesiones del estafador Félix Krull*. La mayoría de las imágenes que proliferan no ofrece síntesis, sino reducciones. El mundo de los que no leen será un mundo no de «incultos», sino de ingenuos. Y de nada vale el argumento de que la vida enseña más que los libros. La *vida* es algo que hoy casi no existe fuera de la gran realidad virtual que suplanta a la realidad verdadera. En la acabada ficción de lo audiovisual no hay acumulación de experiencia ni cambio que no sea tecnológico: solo hay repetición, como entre los llamados pueblos primitivos. El mayor inconveniente, para estos

incautos del futuro, no va a ser que los poderosos puedan enga-
ñarlos; porque, o los engañarán tanto como siempre, o el cine
de denuncia les dará lecciones de historia. Lo grave va a ser que
tomen las palabras ajenas y las propias al pie de la letra; que crean
que el lenguaje los representa; que desconozcan la inadecua-
ción entre palabra y sentimiento, el poder del malentendido;
que actúen como si los humanos nos comprendiéramos bien.
Cuestiones como el doble o triple filo de las palabras, como la
infinita necesidad de explicaciones que requieren ciertas frases, solo las ventila la literatura. Al revés que el «ignorante» de
otros tiempos, el primitivo tecnológico está al tanto de montones de cosas; pero como no lee, cree que el lenguaje, como las
imágenes, explica fehacientemente; y esta ingenuidad termi-
nará por anularlo, si antes no lo vuelve peligroso.

MENTIR CON PACIENCIA Y PLACER

Hace veinte años, en una ciudad a orillas del Río de la Plata, conocí a un tipo tan mentiroso que cuando decía «Buen día» todos iban a la ventana a ver si era cierto. A. no se avergonzaba de las contradicciones: las paladeaba. En el café había contado que era viudo con un hijo, pero un día trajo una muchacha y después anunció que por fin había perdido (él) la virginidad. Hacía proselitismo en nombre de un grupo, Fiebre Proletaria, cuyo programa declamaba de memoria. Puso una imprenta al servicio de nuestra planeada revista y, cuando reunimos los originales, dejó una carta diciendo que lo habían nombrado jefe interino de la Democracia Cristiana de una provincia patagónica. A. volvió y dijo que se había encerrado a escribir una novela autobiográfica. Se llamaba *Nunca hubo cerezos* y hablaba de un padre inglés aventurero, y contaba su propia infancia en Kioto y la depravada iniciación sexual con la hija de un poderoso fabricante japonés de termómetros. Una conjura entre pudor cristiano, rigidez nipona y odios de clase obligaba a los amantes a huir a Chile, tras violentar la caja de la fábrica de termómetros. En los Andes la japonesa ejercía su aventajado arte carnal con un arriero mapuche. Después de tener un hijo con ella, A. la abandonaba, heredaba de su abuelo materno una imprenta porteña, fundaba un grupo revolucionario, se hacía amigos poetas, literalmente se borraba el pasado de la cabeza, conseguía una novia y vivía una iluminación político-religiosa que lo llevaba a cambiar de ideario. Pero al comprender que se estaba mintiendo, decidía escribir una novela para poner las ideas en orden. El curso de la escritura lo persuadía de que en realidad el desorden era mucho más motivador. Durante absorbentes se-

209

siones escuchamos cómo A. describía sexo incandescente, instructivos detalles del oficio gráfico, paisajes y costumbres que inflamaban la mente, el perturbador susurro de las ideas en mutación. No tardé mucho, pero ya era tarde, en darme cuenta de que mentir con paciencia y placer minucioso es un grado muy alto de la compulsión humana a «hacer literatura». También comprendí que todo relato cuenta el desarrollo y las consecuencias de un error, que solo podrá repararse en otro relato. Si he contado la historia de A. es porque ahora estoy convencido de que leí su novela. Es como los fantasmas de *Otra vuelta de tuerca*; uno no los olvida, y las cosas inolvidables nunca son del todo inexistentes.

LO INSÍPIDO Y LO SABROSO

He aquí un interrogante que a veces mortifica al escritor y otras al ávido habitual de la finca de las letras: ¿por qué ciertos libros que cumplen todas las exigencias de su género, que están elegantemente escritos y realizados, que incluso son «audaces» o proporcionan un enfoque raro, resultan insípidos? O al revés: ¿qué es lo que impide que un libro sea soso? ¿Qué hace que un libro, aun un libro de tercer o cuarto orden según los cánones críticos –algunos poemarios primerizos, *Pelo de zanahoria*, los cuentos de Ring Lardner–, tenga el «ángel» que no tiene *El péndulo de Foucault*? Evitemos cuidadosamente las razones románticas relacionadas con la resbaladiza verdad, y los argumentos mágicos relacionados con la verdad transmisible. Digamos a modo de aproximación: un libro tendrá tanto más poder cuanta más cantidad de deseo se haya puesto en escribirlo. Otra afirmación tentadora es que solo la necesidad genera el latido, esa presencia que completa una obra, incluso la obra inconclusa, y sin hacerla intachable la convierte en algo indescriptible: un poco de literatura. Esta necesidad puede ser necesidad de contar, cantar, bramar, construir, entretenerse, jadear, «comunicarse». Es decir, será una necesidad del escritor; nunca la emanación de una ley. La predestinación es el peor enemigo de un libro. Algo que siempre le da potencia, en cambio, es la mera urgencia de escribir, gesto compulsivo, inocuo, además, cuyo origen es a veces tenebroso: abundan casos de culpa, de venganza, sin excluir la sed de gloria. Aunque no siempre tan tenebroso. Al cabo, sabemos desde Flaubert, la compulsión de escribir excluye las recompensas. Y, sin embargo, no es cierto que san Antonio venza las tentaciones. Porque hay algo que decisi-

211

vamente da relieve a los buenos libros, y es su relación con alguna de las innumerables formas de éxtasis: «¡Embriagaos!», clamaba Baudelaire, y de las virtudes de la embriaguez también habló Nietzsche. Claro que el éxtasis nace de la incorporación súbita a la totalidad, puede ser satori; pero también hay éxtasis de odio, de desazón, de absurdo, de amor, es posible que un sostenido esfuerzo de voluntad también lleve al paroxismo, y todos esos éxtasis suelen esperar, trastocados, en el vértigo trepidante o sosegado del puro hábito de escribir. Ese hábito no desea otra cosa que prolongarse; es un vicio del conocimiento, una excursión improductiva, un trastorno en la mecánica de la división del trabajo. Es, en sí, una forma intensa de la experiencia. ¿Y qué sino la experiencia garantiza el sabor?

EL TRAPECIO DE LA NOVELA Y LA RED
DE LAS IDEAS

La visión que tiene Kundera del papel de la novela podría resumirse así: el mundo está cada vez más reducido a la deficiente copia que fabrican los medios de comunicación y las ideologías; en contra del proceso simplificador (del cual forma parte la «marcha del progreso») y del olvido del ser en beneficio de los fines, la novela –actualidad, acontecimiento en el sentido lato– se ocupa de introducir en el circuito de la vida aquello que para la cultura en boga «no es del caso». La novela favorece lo anacrónico (así Cervantes o Kafka), disgrega y amplía: incorpora o implanta lo singular, es como la anciana descrita en un pasaje del propio Kundera, que mientras los tanques rusos amasan el asfalto de Praga sigue preocupándose porque las peras tardan en madurar. Kundera ha expresado estas cosas más de una vez. En sus novelas, sin embargo, se realizan de forma harto esquiva: porque, a primera vista, el encanto de esos libros viene del inhabitual –poco «literario»– desparpajo con que avanzan de lo general a lo particular. Casi todos, en efecto, surgen de una idea, además explícita en el texto. En *La vida está en otra parte* se trata de ilustrar que el sostenido trabajo de la ambición no siempre conquista para el afanoso una realidad adecuada a los deseos, y aun puede servir para arruinarla, mientras lo que de veras interesaba huye eternamente. En *El libro de la risa y el olvido*, que la memoria es condición esencial de la existencia, y que todas las demás pertenencias de un hombre, en particular sus convicciones, pueden llegar a revelarse absurdas en un cierto momento. En *La insoportable levedad del ser*, que el desapego total es tan destructivo como la posesividad del amor. Como permanente emblema, detrás de estas nociones asoma siempre una idea rectora: la búsqueda de lo absoluto (en la revolución, en el amor, en el entusiasmo incesante del poeta lírico) nos lleva a inventar un fin que es, al mismo tiempo, límite y medida por la que juzgamos tanto nuestros actos como los ajenos. La búsqueda del absoluto es para Kundera abstracción, kitsch y totalitarismo. Por eso, a otro de sus personajes le atrae Nueva York: porque es el reino de la diversidad.

Lo llamativo es que esta impugnación se despliegue en una narrativa fuertemente sistemática. La propia estructura de sus novelas, todas de siete partes –siete es el número paradigmático de la perfección–, compuestas según un deliberado complejo de variaciones musicales (los temas se plantean, son ampliados y variados, diversos leitmotivs vuelven puntualmente), da cuenta de una búsqueda del acabado que no siempre se aviene con la pizca de incertidumbre que Kundera exige al conocimiento poético. A modo de aclaración de las ideas básicas, además, se aportan diversos elementos ensayísticos, disquisiciones funcionales que van desde la filosofía hasta el psicoanálisis, la etimología o la teoría musical. La anécdota, así, queda con frecuencia soldada por el concepto. Un método arquitectónico tal nace sin duda de la nostalgia del diseño oculto, y requiere, no solo una enorme libertad, sino la evidencia del artificio: Kundera, como Sterne, Diderot, Joyce o Queneau, deja bien sentado que el autor es dueño de lo que está historiando, que su empeño consiste en crear una realidad nueva, más «real», con elementos que no son los del mundo «reducido» de la historia contemporánea. Pero uno se pregunta si esa realidad novelística no corre el riesgo de ahogarse en el propio sistema. En *El libro de la risa y el olvido*, Kundera escribe que toda situación, toda vida, está siempre a milímetros de una frontera que les es inseparable; basta un paso, un ligero corrimiento para que todo deje de tener sentido, quede en off-side y asistamos a los funerales del esfuerzo absurdo. Pero si existe una forma poética del conocimiento, diría uno, es a condición de que incluya lo que no se puede decir, como la música incluye el silencio, como Miles Davis pide a sus intérpretes que toquen las notas ausentes de la partitura. Si pretende estar en el bando contrario del absolutismo, una novela solo puede ser un sistema fisurado.

Podemos suponer que la frontera aludida por Kundera –esa línea que cruza el cuerpo o la vida y a veces deja a la razón en ridículo– está presente en sus obras en forma de sueño o locura. Pero los sueños de Teresa en *La insoportable levedad del ser* carecen del desquicio fundamental y la elusividad de los sueños; y el delirio de Tamina en *El libro de la risa y el olvido* parece más una fantasía diurna que un producto de la locura. El momento más incierto y bello creado por Kundera, en cambio, ocurre cuando Teresa observa cómo los bancos de Praga desaparecen uno a uno río abajo. Y, sin embargo, dos recursos lo ayudan a superar la odiada tendencia a la ideología. El primero es su perspicacia para inventar escenas trágicas, donde soledad y desencuentro horadan las palabras. El segundo es la risa. La risa, herramienta básica para destruir «el campo de concentración en que se ha convertido el mundo», está en su estilo en forma de sátira: contra los falsos poetas románticos, contra revolucionarios apagados, contra progresistas de boutique. Y al fin es como si la tragedia que viven los solos, los «faltos de misión», se gratificara en la burla contra los satisfechos. Este triunfo moral de lo inseguro, de lo débil, en la tradición del realismo fijo sobre el omnipotente bastidor del autor, crea un efecto de continuo contrasentido, a la vez reconfortante y tristísimo. Kundera crea así un nuevo tipo de ambivalencia novelesca, cuyo resumen él mismo suele dar en esas escenas sexuales donde el acoplamiento (unión suprema, armonía de dos cuerpos) queda delatado como descomunal malentendido. «Una novela –escribe Kundera– no es una confesión del autor, sino una investigación sobre lo que es la vida humana dentro de la trampa en que se ha convertido el mundo.» En realidad, toda la exasperación que impregna su obra está dirigida contra la dificultad de expresarse fuera del cliché, incluso para un novelista que, como él, goza de extraordinaria soltura. La rabia hecha arquitectura: un paso de la novela en dirección al presente, contra los que escriben desde la pura placidez.

CRÓNICAS QUE ENSAYAN

UNA HISTORIA EUROPEA

A pocos metros de la Plaza de Cataluña hay una calle llamada Estruch donde solo unos minutos por día es posible asegurar que el sol existe. En la calle Estruch, no lejos de la esquina con Fontanella, está el minúsculo bar Bucarest. Si podemos asumir con escaso riesgo que en un establecimiento conocido como Chang Suong, por ejemplo, nos servirán platos chinos, y en un Da Francesco habrá tortellini, nada garantiza que detrás de un cartel donde se lee la palabra Lima habrá un mestizo preparando cebiche. Probablemente ese mestizo se moriría de hambre, porque lo peruano, como lo noruego o lo angoleño, no participa de las bogas que definen el actual cosmopolitismo de Barcelona. Sin embargo, en el Bucarest se puede comer un plato de givech y, si uno quiere, incluso un picadillo envuelto en hojas de col que se conoce como sarmale: son especialidades rumanas. Detrás de la barra se mueve una mujer de claros ojos activos y rostro sabio; si el Bucarest –que bajo su viejo nombre era un bar de carajillos– tiene ahora estantes con libros de cocina, novelas, muñecas de trapo y pasteles con amapola, es porque a Rodica Regalado nunca le gustó alejarse de sí misma. Esta clase de perseverancia caldea el espíritu pero agota el cuerpo: en una época que todo lo iguala, la diferencia se paga con arrobas de papel sellado. Y a veces no termina de pagarse nunca. Rodica Rosca nació en 1929, hija de un almirante de la marina rumana y nieta de un general que llegó a ser gobernador de Besarabia. «Marina: bah, es un decir. Dos barquitos y un submarino, eso era la marina rumana.» En la juventud de Rodica la herencia familiar obró al mismo tiempo como una condena y una privilegiada herencia. Después de la Segunda Guerra Mundial, Rumanía se había convertido en república popular; el socialismo era severo con los descendientes de la vieja casta militar y un apellido podía ser un estigma. Pero esa familia en otro tiempo descollante había provisto a Rodica de una educación. De modo que, cuando en 1956 Jruschov metió en la prensa del olvido las barrabasadas de Stalin y decidió maquillar el Kremlin con una sonrisa, ella ya era profesora de lengua española, italiana y francesa. «Oh, allí yo he hecho muchas cosas. Bibliotecaria, profesora, periodista, intérprete. Pero no se crea que me iba muy bien; los trabajos apenas duraban. Hasta que un día me ayudó la suerte, porque hubo no sé qué congreso internacional y en el gobierno se pusieron a buscar traductores como locos. Yo tenía tal capacidad de detectar errores que me contrataron antes de que les llegara el informe con mi biografía. Después ya no me quisieron despedir. Les hacía falta, ve. Así son las cosas. Pero no pienso echar fango sobre mi país, prefiero no hablar. Llegué a ser redactora jefe de las publicaciones en lenguas extranjeras del Ministerio de Comercio, y también anduve por Turismo. Le parecerá un chiste, pero fui la primera rumana que viajó a Cuba después de la guerra; como turista, quiero decir. Les convencí de que tenía que aprender bien el español, y como entonces las relaciones de Ceaucescu con La Habana no eran formidables, me enviaron –esto lo supe después– para ver cómo me recibían los cubanos. Fui una especie de cebo.»

Esto ocurrió en 1964. Rodica no se olvida de aquel viaje. Se enamoró de Carlos Regalado, que hoy es su marido y entonces enseñaba pintura en una escuela de Bellas Artes, y decidieron casarse. Suponían que iba a ser difícil, pero en realidad fue tarea de sísifos. Tres veces ella tuvo que pedir para él permiso de casamiento en Bucarest; tres veces Carlos tuvo que renovar la visa de salida de La Habana. Como cada una de las licencias duraba seis meses, pero las respectivas obtenciones nunca coincidían, repetían una y otra vez los trámites elevando plegarias al dios del calendario. Un día, cuando ya pensaban que no volverían a verse, Carlos consiguió el visado cuando el plazo de admisión aún estaba en vigencia. «El avión tenía que salir de La Habana el día en que caducaba el permiso, y usted no me creerá si le digo que, no sé por qué, aplazaron el vuelo. Así que él tuvo que pagarse un télex avisando a Bucarest que llegaría veinticuatro horas más tarde. Entró en Rumanía con un télex. Pero entró.» Habían pasado cuatro años. Para una hija de expoderosos casada con un extranjero, la vida en Bucarest solo era algo más confortable que para un cubano cuya embajada se negaba a renovar pasaportes. Y si ella tenía trabajo, él no pasaba de dar efímeras clases de pintura. Carlos decidió resistir y esperar algún cambio, porque había decidido librarse de los interrogatorios de una vez por todas. Tuvo dos años de paciencia hasta que los cubanos nombraron otro cónsul y el hombre, por alguna razón, se avino a extenderle un pasaporte nuevo. Ante la indiferencia o el entusiasmo de la oficina rumana de inmigración, consiguió un billete para París. Pero se quedó en Austria. «Le fue bien allí. Siempre sabe arreglárselas, es latino, se hace amigo de todo el mundo y además es un buen profesional. El Ayuntamiento de Baden-bei-Wien, donde está el teatro de opereta más importante de Europa, lo contrató como escenógrafo. A mí y a la niña (porque habíamos tenido una hija), no nos podían retener porque teníamos derecho a eso que se llama reintegración familiar, o algo parecido; y a pesar de todo tardaron un año y medio en darnos el visto bueno. Pero, ya se sabe, esto sucede en todas partes. A mí no me gusta hablar mal del socialismo. La educación, por ejemplo, es muy buena. ¿Y acaso no está bien que los chicos con talento para el arte o el deporte tengan la oportunidad de afirmarse en lo suyo sin que los padres lo paguen de sus bolsillos? En fin. La cosa es que viajé a Baden, que está a veinte kilómetros de Viena, en 1973, con cuarenta kilos de equipaje permitido y la mitad para mi hija. Casi todo lo que tenía se quedó en Bucarest. El Estado se quedó con la casa.» Baden-bei-Wien es un pueblo donde los límites de los parques públicos se confunden con el campo. Durante una década Rodica construyó allí una aceptable felicidad. «Se tarda en lograr la confianza de un austríaco, a lo mejor porque son gente demasiado seria, pero después acaban por brindarse.» Con el tiempo, además, el país dio ciudadanía a toda la familia. Rodica era ayudante de dirección en el Teatro Municipal del pueblo. La niña estaba contenta. Carlos no; decía que Austria no era país para su carácter; en verano viajaba a veces a España y volvía emocionado. En Baden prefería conversar con gente de la calle. Con nadie más se entendía. «Por esa época habíamos llegado a ahorrar cierto dinero y, crédito mediante, pensábamos comprar una finquita. Pero nos negaron el préstamo, y dio la casualidad de que justo aparecieron unos españoles, amigos de amigos de Carlos, diciéndonos que lo que teníamos era bastante para conseguir algo en Barcelona. Él salió corriendo para aquí. Vino a Barcelona, vio este bar y supo que lo traspasaban. Estaba entusiasmadísimo. Me llamaba por teléfono para preguntarme si me parecía bien. A mí no me podía parecer nada algo que no había visto. Pero dije: "Bueno, vamos a España". Al menos sabíamos el idioma, y la otra posibilidad, que era Estados Unidos, me fatigaba de solo pensarla. Había que esperar dos años para que nos concedieran la visa, no éramos jóvenes, América tiene otro ritmo... ¿Y sabe qué pasa además? Que a mí siempre me gustó la cocina. Me apasiona estar cocinando, leer libros, presentar los platos. Siempre estudio. Pero comer, no, ¿eh? Cocinar. Cuando era joven, la gente venía a casa y decía: "Cocinas y no comes, tú tendrías que poner un restaurante". Así que vinimos aquí. Ahora pienso que tal vez mi error haya sido no pedir asilo político en Francia, sobre todo porque tenía en las manos algo único: entre varios hombres de mi familia habían sumado cinco Legiones de Honor. No me enorgullezco de esto. Digo solamente que los franceses me hubieran reconocido años de trabajo, hubiera tenido una situación más desahogada. Pero cuando una consigue salir de un país después de haberlo deseado durante años está tan aturdida, tan feliz de reencontrar a la persona que quiere, que solo atina a mirar alrededor y buscar el lugar que esté más cerca para descansar.»

ESPECTROS EN LA PLAZA REAL

Clap, clap, clap. Así, así, que vibren esos aplausos. Y por qué no más: ¡más aplausos, por favor! Clap, clap, claclap. Y ahora sí: la serena muchedumbre matutina transcurre por la atmósfera excitante y se pulveriza en una nítida ovación. ¡¡¡En una frenética ovación!!! Eso es: RRROAAARRR. Clap. Clap. Porque henos aquí en la Plaza Real rehabilitada. Es el futuro, que se condensa en un pulcro instante. Estamos por empezar. ¡Ya hemos empezado! Parece mentira: ayer era un sueño. Cuando por primera vez leímos que el ayuntamiento de la Ciudad Condal (Países Catalanes, Estado español, Europa, Tierra, Universo, Nada) quería erradicar de este entrañable paraje de numismáticos y paseantes el aura de peligrosa sordidez que de él se había apoderado, saludamos la empresa con un ocioso ademán somnoliento. No lo creíamos. Seculares, rancias costras de grasa y humedad, tufos de sexo y de hachís...

¿Hachís, amigo? ¿Compra? ¿Compra radiocasete estéreo? Todo buena, barata. Todo legal.

... algodones usados, vómito y fungosis se superponían en lívidos estratos. Ahora no. Ahora, qué distinto. Pero perdón: clap, clap. Aquí se hace presente la Primera Asociación de Pensionados por un Aire Gratis. Tiernos. Afables. Con bastones. Toc, toc. Y los recibe, ¡sí, señores!, los recibe nada menos que Morena de Tarifa, eléctrica y oxigenada sobre el vello excesivo del mentón, tacones altísimos, chicle en los colmillos, voz de bajo profundo, vestida de azafata, junto a otras veinte compañeras... Y ya se eleva el jubiloso lema: ¡¡¡Más románticas que *mai*!!!

Qué momento. Pero decíamos antes que ahora todo ha cambiado. A la cementación de la plaza, ya lo sabíamos, siguió un redoblado proceso de palmeración. El suelo liso, sin estrías, combinose con una peculiar fotosíntesis: el aire se había aclarado. Y luego...

Jolines, qué pesado eres. *Shit, Patrick, my bag! That bloody son of a bitch's stolen my bag!!!*

... luego, el Primer Cantautor Patrio compró, en un gesto noble y atrevido, un piso en la plaza. A él lo siguió Uno de Nuestros Más Notables Arquitectos. El proyecto municipal se hacía REALIDAD. Perfumes de nardo derrotando agriedades de sudor. Ciutat Vella se revitalizaba. Nivel Internacional. Calidad de Vida. Se desplomaba el oscurantismo. Nuestras autoridades, inquietas, la mirada esclarecida por la visión de un mañana pulmonar, sí, sí, lograron: que renombrado escritor colombiano comprara un pisito ¡JUSTO ENCIMA DEL BAR MINOTAURO!

¿Para qué recapitular más? Eso, damas, caballeros, ancianos, criaturas, es historia: la realidad es esta. Un cielo de porcelana color añil sobre las sonrisas de las familias, sobre el fulgor de los walkmans, sobre las aceitunas y los gimnastas...

Eh, ¿has visto esa rata? *Damn it! Achtung, Uli! Sei uno stronzo, Flavio. Oh, guarda, guarda* ga-vio-tas. ¿Hachís, madame? ¿Compra *La Gaceta del Magreb*? ¿Compra *Poesía rioplatense*? ¿Pendientes para la dama? ¿Snoopy? ¿Coca? Largo, pelmazo.

... muros relucientes, dos oficinas de sendas caixas. Ah, y los soportales: venerables en sus toldos de metacrilato. ¿Cómo? ¿Música ya? Renombrado escritor novelista colombiano aceptó instalarse, compró un pisito, trajo a sus amigos: estadistas suecos, diplomáticos japoneses, decatlonistas húngaros...

(Por la calle Heures asoma una famélica mano ensortijada: aferra una botella rota. Se divisa un segmento de cuello. ¿Tajeado? Qué va. A ver ese personal de seguridad de paisano. Un guardia recoge una jeringuilla y silbando la tira a un cubo de basura.

Empujad, ¡empujad! Hostias, María, ¿ahora vas a revisar el cubo?)

... divas de la dramaturgia sajona. Todos vinieron. Aquellos a quienes nuestras autoridades no pudieron encontrarles casa se instalaron en los hostales. Dormían en sacos. Daban relieve a la vida barrial. Barcelona era la Viena de la era tecnológica. Es. ¡ES! ¿Música ya?

Desde luego, música: la Cobla. La Principal de Monteada ha instalado a sus integrantes en la terraza de la remozada discoteca Karma. Se propagan ya por el éter los compases de la Balada para Pierre de Coubertin. NO, NO, NO, aúlla el gentío.

(Márcate un blues. Pif, paf. Largo de aquí, gamberro. Caray, otra jeringuilla. ¿Y esto qué será? Snif. ¡Tope, tú! ¡Eh, métete la mano en el culo! Empujad. ¡Empujad!)

(¿Qué es esa masa pardusca que asoma por la Nueva de San Francisco? Pelos, calvas, crestas, chilabas. Denso aroma mahometano. Dientes partidos. ¿Quieres un curro? El futuro no existe. Paf. Crriiic. ¡Empujad!)

... de modo que la Cobla acepta interpretar su aclamada creación: Sardana de la Libido Mediterránea. Ofuscadas por el sol (largo, perro), se disponen las primeras rondas. Pom, pom, pom. En penitente actitud, chándales y espardeñas...

Look, Samantha! It's their ritual dance! How beautiful! Yes, extremely. Hashish, lady?

(Empujad: hacia Fernando, hacia Avignó, hacia Escudellers: negra masa zarrapastrosa.)

... se perfilan en una rueda multisex: Borja, Vintró, Subirós, Paca la Tomate, el grupo Bocanegra, un tataranieto de Rusiñol y... sí, damas, caballeros, ancianos, criaturas, sí: la pizpireta Mercedes Abad, un cascabel.

Cruzando en diagonal (*ves amb cura, Rosa*, qué limpio está todo), vemos sobre los arcos un gigantesco mural tecno expresionista: tumefactos rostros alcohólicos de pescadores del Maresme sobre tablas de windsurf. Es una colaboración de Mariscal y Barceló con el Taller Artístico de los Hogares Mundet.

(Desde la calle la masa dispara borborigmos y escupidas. Aaaggghhh. Empujad. EMPUJAD. Más lejos. Ya retroceden. Masa grumosa. ¿Hachís? Snif. Cling. Volveremos. Un cuerpo eviscerado. ¡¡¡EMPUJAD!!! La pastosa entidad macro skinhead lumpen islámico punk resbala por las vías aledañas a la plaza, rumbo al norte. No pasarán. Perros lamen llagas de desocupación. Cuelga ropa de los balcones. Eh, empujad, PERO NO TANTO. ¡¡¡No tanto, imbéciles!!!)

Y bajo las arcadas, en la terraza del bar Glaciar, sí, damascaballerosancianoscriaturas: nuestro ciudadano honorario, legañoso y jovial en su mono de obrero y su guayabera, se sienta: A FIRMAR EJEMPLARES DE SU ÚLTIMA NOVELA. Es (jadeo) Gar-Cí-a-Már-Quez. Acólitos lo rodean. Jóvenes novelistas neorrománticos lo desprecian. Mucho. «Esta es la plaza más bella del mundo.» ¡García, joder!

Pom, pom, pom. Se silencia la sardana. ¿Por qué? Es que llega un autocar, frena en la misma entrada de la plaza. Es de Juliá Tours, pero ha sido contratado en una operación conjunta de los bares Universal y Snooker con el Institut d'Humanitats...

(¿Veis, imbéciles? Os dije que no empujarais tanto. ¿Y ahora qué? La coagulada entidad macro skinhead gitanopunk resbala como fruta machucada por las inmediaciones de la Plaza de San Jaime. Oh. Aquí unidad 3. Oye, Morales, ¿qué es eso que nos habéis mandado? Bilis caballo flema sida pies sucios talones de la Once buscan enchastrar los uniformes de los mossos d'esquadra. DIOS MÍO, LOS HAN EMPUJADO HASTA AQUÍ. Un fosforescente vaho de carne que nunca conoció los deleites del trabajo arde y se dilata entre la Generalitat y el ajuntament.)

... y, sí, recibámoslo con un aplauso, pues este autocar trae a la espuma mental de nuestra comunidad, al rocío de la afamada esteticohedonista, a reconciliarse con la restaurada escena de sus primeras emociones urbanas. Bajan del autocar. Son, SI, son arquitectos diseñadores editores, ¡¡¡Y HAY ENTRE ELLOS UNA DELEGACIÓN DEL COL·LEGI DE FILOSOFIA!!!

A ese lo he visto por la tele, tú. ¿Hachís? ¿Reloj digital, buena, barata? *Senti, Lorena, un cantautore.* ¿Ah, sí? Sí, en la tele: decía que el progreso es la traslucidez de una sombra anclada en la pasión jesuítica de la era del vacío. Qué fuerte. Eh, ¿tienes papel? Mira, ahí va el perdonavidas ese de Marcelo Cohen. Se cree listo, el tío.

... es a-lu-ci-nan-te, damascaballerosancianoscriaturas. Mientras se esparce la melodía cuadrofónica de una habanera interpretada por Àngel Casas, la delegación de Más Arriba De La Gran Vía se dispone a tomar el vermut en una sala de Los Tarantos expresamente decorada con telas de Adolfo Domínguez. ¡Foto! ¡Eh, foto, he dicho! Clic. Moix Terenci y Feliu Núria comparten cava y berberechos. Oiga, ¿me firma un libro? Yo no soy Cristóbal Zaragoza, chaval, soy una editora. Ramoneda y Llovet juegan con un balón. Gol. ¡GOL!

(Aughf, AUGHF. Hieden, palpitan. Morales; contesta, Morales. No, bestia, la pistola no. A la espasmódica masa macro punk etcétera se une un pelusiento gel infradesarrollado: lavarropas oxidados, astillas de contáiner, viejos mascando palillos, mala digestión, sudor sudaca, tricomonas, revistas *Hola* apelmazadas con pañales hediondos y aceite barato. Oye, OYE. ¿Qué hacemos? La masa macro etcétera empieza a desintegrarse, se definen los miembros, estallan, fueron empujados. Los muros de la Plaza de San Jaime se embadurnan de sospechosos fluidos, un mosso d'esquadra recibe una escupida en el ojo Y MUERE EN EL ACTO. Desde su despacho, el president de la Generalitat percibe el inquietante clamor. Varios bomberos yacen desvanecidos: olor letal.)

... cielo crujiente. Consolador frenesí ciudadano... Equilibrio, esparcimiento. Clap, clap, clap. Diversión. Más. Paredes pulidas. Medidas mediterráneas. Esto, señores, es la Plaza Real. La gran Plaza Real que soñábamos. Ocho pantallas de video. Un globo terráqueo de telgopor con orificios que propagan las noticias fundamentales de la jornada mundial. Información. Comunicatividad. Palomitas de maíz. Una cultura del entendimiento... Pero ¿qué vemos? Oh, no, esto es demasiado.

Es tope. ¡Es LLUÍS LLACH! Ha trepado a una palmera y percutiendo un bidón vacío lanza su amorosa letanía a la plaza cementada: venas blaugranas le surcan la frente fecunda. Y canta. Damascaballerosancianoscriaturas. Canta. Todos encendemos cerillas aunque sea de día, y el jugador Calderé hinca una rodilla en tierra. Y Llach canta: «Oh, meu amor petit». Y todos asentimos, ¡porque se lo canta a un enano! Sí, y el hombrecito... ¿Hachís? ¿Pantalón buena, barata? Augh.

(Morales. Oye, Morales. President, no, qué hace. Como un impreciso virus en fétida expansión, la masa macrolumpen sigue desmenuzándose en la Plaza de San Jaime. Llegan más bomberos. Llegan ambulancias. Se apersona Venables. Disparos. Mangueras. La masa es invulnerable. Presiona las paredes de la Generalitat. Un skinhead desnarizado y en calzoncillos se afeita la cabeza rapada: tanto se la afeita que se desgarra el cuero craneal: grises hilachas de cerebro chorrean como amuletos primitivos. El skinhead tiene ventosas en todas las extremidades. Trepa al balcón. Se prende como un pulpo al rostro del president. El alcalde no puede permitir que la Corporación Metropolitana quede cercenada. Cruza la plaza, pisando verde fango macroislámico. Resbala. Resopla. La plaza es un hervor de tripas de la Era del Vacío. Trepa al balcón también él, el alcalde. Erra el asalto. Otra extremidad con ventosas del skinhead se le adhiere a la nuca. President y alcalde tiran del skinhead descerebrado, se tambalean, el skinhead se rompe en dos.

Caen todos, los tres, sobre la masa acolchada que desborda la plaza.)

Esto, damascaballerosancianoscriaturas, es otro de nuestros enclaves ciudadanos restaurados a la cultura del individuo. Plaza Real: Barcelona, Europa, Mundo, Galaxia, Universo, Nada.

ADÓNDE VA URI CAINE

Teníamos entradas para un concierto de Uri Caine en La Trastienda. Caine es un pianista de un pos-hard-bop fogoso y con-
sistente que a la vez explora tonalidades no muy frecuentadas
por el jazz: un deconstructor con una pizca de efervescencia
tecnológica. Venera a Coltrane y tiene mucho en común con
McCoy Tyner, y más con Herbie Hancock, pero puede emular el
virtuosismo de Oscar Peterson. No obstante se lo conoce sobre
todo por las reelaboraciones de músicos clásicos que graba para
el preciosista sello alemán Winter & Winter. Lo habíamos escuchado cuatro años atrás, en el mismo lugar, en dúo con Don
Byron, un clarinetista irreverente, umbrío, que intenta sacar a
su instrumento del reino exclusivo del swing con un inverosímil compuesto de Schönberg, bebop bailable, klezmer, Henry
Mancini, Prince y lo que venga. Entonces ya habíamos escuchado *Primal Light*, el disco en que Caine probaba que, mudán-
dolos en formas inconclusas y texturas abiertas, ciertos temas
de las sinfonías o las canciones de Mahler podían prestarse a la
improvisación jazzística y renovar su fuerza emotiva. Aquella
noche los dos habían hecho una hora y media de música casi
continua, relajada pero absorta (no se habían mirado ni una
vez), atacando desde diversos ángulos un surtido de composiciones propias, estándares, partes de sonatas románticas y creo
que algo de Stevie Wonder. Caine había desembalado una parte
módica de su formidable memoria musical para hacer lo que lo
viene distinguiendo: mostrar que el corazón improvisador del
jazz corre parejo a la ampliación de su lenguaje. Que si algunos
músicos cuidan la herencia, otros la emplean para hacer nuevo
legado. La recapitulación de la música occidental que practica

Caine está más guiada por el ánimo compositivo que por la provocación. En el proceso de combinatoria algo se disipa y algo se transforma; la mayor parte, al cambiar de contexto, gana otra significación. Esa noche, a la salida, lo vimos en el hall fumando un cigarrillo. «Qué raro, ¿no? –le decía a alguien–. Como cuando uno vuelve mucho sobre algunas músicas a veces una deja de sonarle lejana y otra superconocida empieza a perder sentido.»

El mismo sábado del concierto de Caine, a la mañana, fuimos a ver *Parque*, una instalación en que Leopoldo Estol acumula cientos de cosas que manipulamos todos los días, usadas unas, otras todavía utilizables, las más rotas o desarmadas, en un abarrotamiento indistinto que sugiere un método pero no lo revela, quizá porque no ha llegado a encontrarlo. Espejos, bombitas, un Fórmula 1 de juguete, lámparas de flexo, ventiladores, un radiocasete con música tecno, cables, tarugos, broches, packs de botellas de agua y gaseosas, tuppers, una mesa de caballete, taladro eléctrico, escalera metálica, tubo de cortina de baño, poleas, patitos. Un papel nada menor juegan los recortes de diario con titulares que el simple aislamiento vuelve grouchomarxianos. Lo primero que tranquiliza es que el montón polifacético y multicolor puede recorrerse; el hilo lo facilita la maliciosa, tentadora intuición de que no es un montón completo. Pero la intuición sufre una serie de interesantes reveses. Por ejemplo, si uno piensa que falta algo orgánico, a los cinco pasos encuentra media naranja o un balde de playa con leche cuajada. No un mero sachet de leche, no: porque en *Parque* todas las cosas están contaminadas, la mayoría por otros elementos de la exposición, como si el artista, en vez de intervenirlas, hubiera revuelto la mecánica de los vínculos. El fenómeno se multiplica. Si acá un cochecito sostiene una inestable pila de videos, allá hay una antena que ensarta una esponja y la mirada no puede dejar de conectarlo todo, felizmente exonerada de

sacar conclusiones. Cuando parecía abrumada por la promiscuidad, cada cosa cobra una relevancia orgullosa y llama la
atención, como si una conectividad impropia la redimiera del
destino de basura. A la salida me encontré con EV, un amigo
que semanas antes había caído en una depresión profunda. Yo
habría supuesto que la muestra de Estol no iba a animarlo. Pero
no. «La verdad, me hizo rebien –me dijo–. Es como esa música
de ahora que usa ruidos y los vuelve naturales porque los mezcla con pedacitos de canciones. Cuando pensás que así cualquiera hace una pieza te das cuenta que no, que para componer
primero hay que atender, elegir, aislar y después unir, y que
para eso hace falta, no sé, afecto. Este muchacho se hizo un lugar raro y te abre la puerta.» EV hablaba, claro, del procedimiento de recoger cosas dispersas, en principio radicalmente
opuestas, y componerlas de manera que despejen los sentidos
para... algo que aún no se sabe. Hay un tipo de instalación musical llamada *soundscape* que se hace con fragmentos de sonidos
naturales o mecánicos grabados *in situ*. Parte de lo que se propone es revertir la esquizofrenia, la ruptura entre mucho de lo
que escuchamos todo el día y la fuente emisora. No es cierto que cualquiera pueda hacer una obra así si se toma el trabajo
de grabar y montar. Puede que la tecnología se lo facilite al
consumidor contemporáneo; pero, si algo del arte difunto queda en el artista de hoy, es una especial competencia para reani-
mar lo que diariamente escapa a la percepción y, en ocasiones
por pura obviedad, se ha vuelto casi espectral. Esa competencia, que cada obra regenera, transforma (y estimula), se parece
más a la vieja síntesis imaginaria que a la capacidad de gestión;
permite que sonidos y cosas se agiten en la memoria o invo-
quen al presente algo que está por venir. Esa competencia es lo
que la depresión anula. De la multitud de puntos que apremian
al deprimido, ninguno indica nada o todos son mojones inflexibles. Por eso hoy se habla de «ataque de pánico». No ha-

bría debido extrañarme el bienestar de mi amigo. No le habían presentado un objeto acabado para que pensara posibles relaciones, sino un aparente desquicio de relaciones de las cuales podía surgir un objeto inesperado. Esa promesa le concernía. Se fue a caminar, que en este momento es lo que le sale mejor.

Ya entregado a los deberes modernos, a la tarde estuve escuchando un cedé de DJ Spooky, *Optometry*, que me había comprado un mes antes. Yuxtapuestos o superpuestos a las mezclas, los samplers de chirridos urbanos, al rap y los vinilos de Spooky, un cuarteto de afectos al free encabezado por el percusivo pianista Matthew Shipp improvisa modulaciones, intervalos y transiciones que realzan un paisaje de añicos, y a la vez lo restauran. El espectro sonoro de Spooky, hecho con los mismos materiales que enturbian nuestro ambiente, matizado por la historia del jazz, esboza un horizonte donde el pánico podría acallarse y la esperanza bajar la presión. Líneas de fuga arquitectónicas, textos encriptados, fuentes sonoras ocultas, planos cruzados: la nueva música ofrece una morada. En el folletito del cedé, Spooky se insufla un poco: «Las galerías de la memoria son un escenario virtual... Los sampleados y fragmentos dicen lo no dicho; la cultura del mix asciende sin quebrarse». Quizá solo estemos volviendo a oír el aire que habitamos. Stockhausen dijo que la nueva música se mueve entre la rivalidad con el ruido y la captura de sonidos esquivos, fantasmales. El filósofo alemán Gernot Böhme ha analizado cómo ciertos generadores de atmósfera urbana –olores, dimensión acústica, formas de vida– favorecen la experiencia compartida. Sitúa lo que llama *atmósferas acústicas* entre los rasgos del medio ambiente y la sensibilidad humana. Las atmósferas se experimentan mejor en el contraste y el movimiento de ingreso. Si algunas son de una sutileza imperceptible, el pasaje de una a otra puede disparar una conciencia dramática de la transición y de la naturaleza de cada estado. Me acordé de un concierto del improvisador Sami

Abadi en una fábrica metalúrgica de Almagro, muerta y en proceso de recuperación cooperativa: solo, Abadi sampleaba sobre la marcha los breves temas que iba tocando en un saxo de juguete, una melódica, un violín, una maraca, un toctoc, etcétera, y los sumaba en armonías que agrandaban los talleres semivacíos, resonaban en rollos de membrana asfáltica y bandejitas de catering y, por un momento, avivaban la conciencia del trabajo, de la pérdida del trabajo, de la condena y la necesidad del trabajo. Böhme tiene un comentario al viejo debate sobre el efecto emotivo de la música: «La música como tal es una modificación del espacio según lo experimenta el cuerpo».

Uri Caine se crio en Filadelfia. Fue a una escuela hebrea donde oyó cantidad de música judía de todo Oriente Próximo. Se inició en el piano con una profesora de barrio, pero a los doce años, fulminado por Coltrane después de oír *Crescent*, buscó a Bernard Peiffer, un virtuoso francés inflexible en la exigencia técnica pero dado a sazonar raramente los acordes ajenos. Después de hincar el diente en la escuela de Viena, estudió armonía y composición con George Rochberg, un serialista estricto que sin embargo le encargaba escribir corales a lo Bach o sonatas a lo Beethoven. Un par de años después estudiaba musicología en la Universidad de Pensilvania (donde el plan era que el alumno identificase cualquier pieza escrita del siglo XVI al presente), y de noche tocaba en clubes con celebridades del jazz como Philly Joe Jones o Joe Henderson. Hizo seminarios de orquestación con George Crumb y se perfeccionó con Vladimir Sokoloff, pianista de la Orquesta de Filadelfia. Ya trataba de relacionar los dos mundos, pero sentía que los proyectos de cruce diluían la música. No le gustaba Stravinski, sino «el último Stravinski»; no Cecil Taylor en general, sino *Nefertiti*: las expresiones intensas y singulares. Por eso no imitaba las locuras de Taylor si tenía que acompañar a Morgana King; tocaba como un pianista de Morgana King. Esta versatilidad, que podría haber derivado en diletantismo, alentó un diálogo sin escrúpulos entre su archivo musical completo y algunos de los ítems excepcionales. No se trataba de perturbar al público ni acercarse al abismo. Los músicos de jazz improvisan muy a la manera en que varían los temas en una sonata, pero los desarrollos de las dos formas son diferentes. Caine no veía razón para no tratar una melodía romántica como un estándar. A fines de los ochenta se fue a vivir a Nueva York. Recaló en la Knitting Factory, hizo migas con notorios adeptos a la caricatura musical como Byron y el impetuoso trompetista Dave Douglas, grabó en trío y en los años noventa logró que el alemán Stephan Winter le produjera una serie de adaptaciones –de Mahler, de Wagner, de Bach, de canciones místicas judías, de Schumann– que tratan concienzudamente los originales sin privarse de recurrir a la bandeja giradiscos, un coro de góspel, un *obbligato* de ruido callejero o un sample de oración tibetana hecho por un DJ. El concepto es sencillo. En las *Variaciones Goldberg*, por ejemplo, hay piezas cromáticas o diatónicas, complejísimas o simples, basadas en formas de danza (una giga) o en la canción de taberna. Si Bach sacó provecho de las licencias, ¿por qué no replicar sus técnicas en formas de hoy? Caine ha cumplido en grabar unas *Goldberg* ortodoxas en piano solo; pero en sus *Goldberg*, las arregladas, hay una con ritmo de mambo y otra a cargo de un coro de borrachos. Así como en su Mahler hay un *lied* interpretado por un cantor de sinagoga y un adagio a cargo de una banda de klezmer. Con todo, el disco más terso es *The Sidewalks of New York*, un caleidoscopio que reúne cantantes, músicos y efectos electrónicos para recrear la atmósfera de Tin Pan Alley, la calle donde nació la canción neoyorquina de entretenimiento entre 1892 y 1915. Caine, esto es importante, solo figura entre la lista de músicos y como director artístico. La selección empieza con temas de los primeros espectáculos de variedades y termina cuando la influencia del jazz, el ragtime y la opereta produjeron un híbrido nuevo en la música bailable. Hay voces blancas y negras; acentos judíos y negros, cascos de caballos, gritos de vendedores ambulantes, un uso emocionante de la música concreta. Es un disco divertido y conmovedor. Gary Giddins dijo que si la banda de Caine quería fundirse en un mosaico de otra época, comprendió que reverencia y humor no son menos compatibles que sentimiento y tecnología.

Esta vez Caine presentaba *Bedrock*, un trío eléctrico donde él toca sintetizador Rhodes y a rachas un piano acústico. La formación habría pasado por grupo de funk corriente de no ser porque 1) el bajista Tim Lefebvre y el baterista Zach Danziger operan sus polirritmias bajo la influencia de beats electrónicos de hip-hop; 2) un invitado, DJ Olive, acentuaba la proverbial, inicial suciedad del funk con loops, rasguños y otros productos de sus bandejas; y 3) Caine nunca se arrastraría detrás de los restos de un género que ha perdido su hipnótica aspereza original. Funk: canallismo bluesero, éxtasis de góspel, adherencias de sudor de trabajo, de sexo y de baile. Si en los años setenta del siglo pasado grandes músicos como Davis, Sun Ra, Herbie Hancock o James Blood Ulmer encontraron en la funkodelia y el sintetizador un eje para rehacer el jazz, Caine toma los residuos del funk mancillados por MTV y los trata con instrumental *ad hoc* –vibraciones, reverberaciones, síncopas fuertes–, pero con el mismo cuidado que aplica a una sonata de Schumann. Espacialidad, iteraciones, destellos, mucho groove. Desde luego que Caine no iba a limitarse a parasitar un género. Pero esto era más. Constantes cambios de acentuación del bajo. La batería asistida por varios ritmos programados. Sobre esas figuras Caine reticulaba arpegios de la mano derecha, sostenía un acorde estridente y desarrollaba largas progresiones armónicas con la izquierda. De la bandeja de Olive, con sus connotaciones de reproducción, de mediación del disco entre el cuerpo y el éter, surgían frecuencias bajas, chasquidos, clamores de aluminio, aires de jukebox y de radio, delicados ululatos, un sotobosque de vahos melódicos en donde la identidad no desdeñaba desvanecerse; el sonido de la supresión del autor. Esa música de encuentro entre dos mundos, uno de espacios físicos e interacciones humanas en tiempo real, el otro de espacio virtual y procesos digitales, se correspondía con el escenario: monitores en el teclado de Caine y la batería de Dazinger, ropa negligente, auriculares, muecas, y sobre la mesa de Olive, además de la consola y el giradiscos, una botella de agua y una manzana verde. Decibeles descomunales. Temblaban hasta los cables. A mitad del concierto la música me persuadió de que no la juzgara. No era resignación; al contrario, era una indiferencia activa y contenta al lenguaje; un intervalo propicio a una pequeña revolución semántica. De golpe me di cuenta de que cada sonido de esa espesura se ofrecía al oído claro y distinto, y me hice la ilusión de que había entrado ahí siguiendo una ruta de la instalación de Estol. Porque el arte improvisador de Caine lleva el signo de la época: la estructura, aunque rigurosa, cede todos los privilegios al sonido. Y el sonido acalla los requerimientos, neutraliza las exigencias, minimiza las dualidades. Tal vez mi amigo EV hubiera encontrado ahí un poco de silencio interior. En la sala el público se balanceaba. Al contrario de lo que sucede a veces, el recurso a la tecnología digital no divorcia a Caine del cuerpo. Ahí había computadoras, pero también gestos, vigor, derroche, presencia. Desde mediados de los cincuenta, ninguno de los ensayos del jazz con la electrónica tuvo relación con la música experimental. Caine llegó a la electrónica desde su formación sentimental, que incluye el jazz, la música clásica, la contemporánea y el pop, y encontró a la electrónica en auge. Es como si entregándose a una heterogeneidad ilimitada hubiera alcanzado la música que tiene más o menos su edad.

Caine es uno entre varios músicos de hoy que no retroceden ante la paradoja entre la manipulación quirúrgica de obras conocidas y la inmediatez de la música improvisada. La paradoja es aparente, o es el estímulo. En 1989 el saxofonista free John Oswald distribuyó gratis entre amigos, críticos, DJs y afectados el cedé *Plunderphonic* (Plagiofonía), en el que reconstruía grabaciones de otros artistas (dividiéndolas en fragmentos, invirtiendo el orden, condensándolas en miniaturas). Era difícil escuchar esa obra sin preguntarse por la relación de Oswald con los compositores originales, la elección de los temas, la autoría, la psicofisiología de la percepción y los planos de sentido en la música. El hecho es que el disco se filtró a los medios y la Federación de la Industria Discográfica de Canadá demandó a Oswald por robo, exigiéndole que destruyera el stock remanente y los másters. Lo que esa gente no entendía era el papel capital que juega la familiaridad en el método de la electrocita. Para que un plagio sonoro funcione alguien tiene que reconocer el material, aunque sea por una ínfima huella en la memoria. Tal como la música se insinúa en el alma, una parte del proceso creativo pasa del autor al reconstructor. Es una relación sutil y mudable cuyos frutos no solo son jugosos cuando el original es una pieza magna (el original puede ser la Mona Lisa o la Quinta de Mahler, pero también una botella de Coca o, como tocó Caine esa noche, «Raindrops keep falling on my head»). Y los frutos se multiplican cuando la reconstrucción es modificada a su vez en tiempo real, con lo que la improvisación conlleva de tratos con el estado de ánimo del músico, su mayor o menor vehemencia y la pendiente amenaza de que no le salga nada bueno. Improvisar colectivamente sobre reconstrucciones es la respuesta que ha concebido Caine a la endogamia del jazz.

A fines del siglo XIX la invención del piano mecánico dio a toda la familia burguesa la feliz posibilidad de hacer música sin saber leer una nota. Del rollo perforado de pianola a la clonación de embriones hay un sueño de vida a distancia que sella las nupcias de la razón con el simulacro. La reconciliación de citas y materiales que la vida desecha, como barruntó en la exposición de Estol mi deprimido amigo EV, es una vía a la recuperación del contacto por medio del sobresalto perceptivo. Como cuando se reconoce un ruido sampleado: «Eso soy yo». Requiere en iguales dosis entrega al pormenor azaroso, capacidad de abstracción, actividad analítica y un buen grado de desprendimiento. Caine no introduce la amplificación de vinilos y el *scratch* en un trío eléctrico de funk solo para devolver el jazz a su interrumpido romance con el baile. Es un modo de componer: poner junto. *Composición* es una reunión que origina un lugar. Los sonidos elusivos de la música actual, el incidente en el límite de la audibilidad, las voces fantasma, la mecánica alterada, dejan vislumbrar fenómenos y vetas de significado que subyacen al ultraje de información, mediación y consumo que es la vida diaria. No los revelan, claro. En cuanto el significado se mostrara, ese lugar que empieza a esbozarse se desvanecería. Pero mientras sea un esbozo, mientras solo atisbe, puede que, como quería Debord, aún se pueda reapasionar la vida cotidiana. Días después del concierto me regalaron un libro sobre las cajitas donde Joseph Cornell disponía en conjuntos personales cosas que encontraba en los cambalaches y los tachos de Nueva York: bolitas, tuercas, loros embalsamados, estampas exóticas de almanaque. El prologuista atribuye a Cornell una máxima: «Hazte un mundo en el que puedas creer».

UN AÑO SIN PRIMAVERA

Amanece el 10 de junio de 2015. Más allá de los vidrios empañados, nubes irresueltas se estiran en un cielo de granadina pálida. Ayer llegó un mensaje de Chris Andrews. Como siempre en nuestra correspondencia, mitad inglés australiano, mitad español porteño, no falta un comentario sobre el tiempo. Es que entre el clima de Sídney y el de Buenos Aires hay una consonancia. Esta vez él dice: «Hace unas semanas hice un viaje a Inglaterra y la diferencia de *weather* entre Londres y Sídney me dejó aturdido dos veces: la primavera ahí llegaba muy tímidamente (con unas pocas flores, *hellebore, daphne*), mientras que aquí este otoño es luminoso y tibio, de timidez nada, con las grandes flores púrpuras de la *Tibouchina lepidota*». Al final agrega: «El *weather* es mucho más que el tema obligado de los anglosajones reticentes». Me consta que en la poesía de Chris el tema es constitutivo. En Buenos Aires este otoño es algo pusilánime: el frío se atranca en una larga tibieza, las hojas caen por turnos heridas de un pardo sucio y el ginkgo de la vereda de enfrente tarda en amarillear.

Esto empezó el año pasado con un fastidio atrabiliario por el abuso de la palabra *inefable*, que, justamente porque sugiere algo que supera todo lenguaje, nunca se sabe bien qué significa, y sin embargo es habitual en retóricas calificadas. En estos casos no hay como consultar a los que saben. Curtius, por ejemplo. En el imponente *Literatura europea y Edad Media latina*, dentro del análisis de los núcleos temáticos que permitirían organizar la literatura occidental, está el capítulo «Poesía y retórica». Uno de los apartados empieza así: «Este tipo de tópicos, que yo llamo «lo indecible» (*Unsagbarkeit*), tiene su origen en el hábito de "insistir en la incapacidad de hablar dignamente del tema", que desde Homero ha existido en todas las épocas». *Indecible* es la palabra que eligen los traductores de la edición de FCE (1955), pero en mis diccionarios la primera acepción de *Unsagbarkeit* es *inefabilidad*. En estas precisiones andaba cuando vi que se había traducido *La música y lo inefable*. El libro de Vladimir Jankélevitch es un ensayo sobre las fuentes o causas del poder de encantamiento de la música y en un pasaje se detiene en un deslinde. «Lo indecible es la noche negra de la muerte, porque es tiniebla impenetrable y el desesperante no ser, y también porque, como un muro infranqueable, nos impide acceder a su misterio: indecible, pues, porque sobre ello no hay absolutamente nada que decir, y hace que el hombre enmudezca. Lo inefable, por el contrario, es inexpresable por ser infinito e interminable cuanto sobre ello hay que decir. Lo inefable, gracias a sus propiedades fecundadoras e inspiradoras, actúa más bien como un hechizo y difiere de lo indecible tanto como el encantamiento difiere del embrujo.»

Era agosto de 2014. Graciela, mi mujer, tenía una beca de la Universidad de Columbia y nos íbamos a Nueva York por cuatro meses. En Buenos Aires se había desatado una ola de calor impertinente. Veintitrés grados, alta presión, asfixia bajo las frazadas, una encubierta amenaza arbórea de brotes prematuros que iban a malversar la desolación invernal. En las conversaciones sobre el tiempo arreciaban las alarmas sobre el cambio climático. «Buenos Aires se tropicaliza.» Era un parloteo entusiasta, como si por unas veces fuera imposible regodearse en el reuma, el sistema linfático o el yo anímico sin explayarse en el aire, las plantas y las apuestas sobre el embarazo de las torcazas. El 25 de agosto cambió el viento y de golpe refrescó antes de lo que anunciaban los pronósticos. En el mercadito del barrio noté no tanto burlas a los meteorólogos como un festejo por la irrupción de lo inesperado. No es que hubiera irrumpido, claro. La atmósfera tiene su estilo, sus arrebatos dionisíacos. Los cambios de tiempo son arritmias escandalosas en la pauta del tiempo crónico. Uno es sucedido. Asombro, confianza, contrariedad o desconcierto. Se activan conexiones en todos los sentidos.

La víspera de la partida llegó el segundo libro de poemas de Chris Andrews, *Lime Green Chair* (Silla verde lima). Aunque me pareció mejor leerlo bien a la vuelta, vi que el primer poema se llama «The Mist Lifts» (Se alza la niebla). Yo no estaba en condiciones de explicarme qué es lo que no puede decirse, pero tenía mucho que pensar sobre lo que no se deja decir y provoca interminables intentos de decirlo de todas las formas. Tal vez conviniera interrogar al tiempo atmosférico, aunque más no fuese para detectar alguna verdad en la esencia de las preguntas.

Por lo pronto el alemán diferencia entre *Zeit* y *Wetter*, el holandés entre *Tijd* y *Weer* y hace poco me enteré de que el árabe entre *Zamn* y *Alyauw* o *Taqs*. El inglés tiene *time* y *weather*. Pero, lo mismo que en otras lenguas romances, en español hay una sola palabra para designar el tiempo como sucesión de momentos y como estado del aire; por eso a veces tenemos que decir que el clima está pesado. Técnicamente, sin embargo, hay una diferencia de escala: *tiempo* designa el estado de las variables atmosféricas (temperatura, presión, humedad) en un lugar y un momento determinados; *clima* habla del promedio de esas variables en el mismo lugar durante un período extenso, por lo usual treinta años. Es una confusión de grandes proporciones, pero no tan graves como el recorte radical de la experiencia que decreta en nuestra mente el gobierno del tiempo. Al que se suman los deslizamientos gramaticales. «Hace un lindo día.» ¿Lo hace alguien? ¿Se hace el día a sí mismo? Todavía está por resolverse si el modo neutro indica una falta total de sujeto, un acatamiento de la inmanencia, un feliz vestigio de animismo o la ronda espectral de un hacedor trascendente. «Llueve.» «Hiela.» «Truena.» No es lo mismo que «Está lloviendo». Para separarme del tic-tac, opté por usar «El tiempo que hace» (como los franceses) y programé unos ejercicios de observación atenta.

Llegamos a Nueva York el 26 de agosto. Temperatura: 90° grados Fahrenheit, unos 32° Celsius. La calima mordisqueaba las articulaciones ya irritadas por el viaje y la carga; en los bares, una refrigeración ostentosa petrificaba las contracturas. En un período largo, no hay modo de ignorar que Nueva York es muy húmeda; los tejidos habituados a Buenos Aires protestan por no encontrar otro aire. Pero vivíamos a una cuadra del borde norte de Central Park y la vegetación, en ese momento en apogeo, iba a acallar las quejas con una minuciosa ópera del pasaje polícromo de las estaciones. A mediados de septiembre el calor duraba. Ventanas abiertas, zumbido de aire acondicionado, reguetón, rockabilly, un estudiante de piano, cubanos jugando a las cartas en la acera; solo las lluvias iban a desalojarlos. El cuerpo tomaba nota.

En la segunda mitad de septiembre adelantaron la hora. Se instaló la tumefacta combinación de anochecer temprano y temperatura dudosa, aumento de la presión laboral y ajetreo de colegios. El diario aconsejaba no subestimar el Trastorno Afectivo Estacional. Gente en short y gente con pulóver. El tiempo que hacía ponía de lado los dilemas verbales porque más allá de las descripciones, informes y pronósticos, más allá de «las modulaciones del corazón», se acusaba en las ropas, la sangre y el cuero.

En las charlas sobre el tiempo que hace se combinan ecos de divulgación científica, indicios de lo imprevisible y señales de la vaguedad del sí mismo. Cuando son de circunstancias se atienen a clichés, pero si pueden alargarse crecen en placer y sintonía con el aire, a la vez que transportan información más honda: formas de ser, ángulos de mirada, detalles de la fisiología, la propiocepción. Intentos de trascender las *qualia*, las cualidades subjetivas de las percepciones individuales que según Daniel Dennet son intrínsecas, privadas e inefables. Como cuando Celso, el dominicano del lavadero de la esquina, dice que las hojas ya están anaranjadas, o cómo o cuánto duele un sabañón. De esas excursiones sin fin al afuera uno vuelve con necesidad de otras palabras. El tiempo que hace, dice Barthes, «tiene una carga existencial: pone en juego el sentir-ser del sujeto, la pura y misteriosa sensación de la vida».

18 de septiembre. La nueva muestra de David Hockney se llama *The Arrival of Spring*. Trata del fin del invierno y los primeros atisbos de primavera en Woldgate, East Yorkshire, donde en 1952, a los quince años Hockney trabajó en una granja. Hay cinco carbonillas de escenas del pueblo y una serie de impresiones de dibujos en iPad, cada uno sobre un día específico entre el 1 de enero y el 31 de mayo, que detalla sostenidamente el paso de las estaciones. «Tuve que esperar a que sucedieran los cambios. Algunos dibujos estaban demasiado cerca de los previos y comprendí que debía ser menos impaciente. Tenía que esperar a cambios mayores. Eso me hizo mirar con más rigor lo que estaba dibujando.» El almanaque se reescribe signo a signo en el tiempo que hace, y para el espectador la duración se trueca en saltos de temperatura física; cuando en la obra despunta el sol, en la sala él se saca el pulóver.

Domingo 21 de septiembre: Marcha de los Pueblos contra el Cambio Climático. Apretados a lo largo de Central Park West y los alrededores de Columbus Circle, se encolumnan organizaciones estudiantiles y movimientos ácratas, indios peruanos e indios sioux bailando en traje ceremonial, científicos enarbolando pizarrones, víctimas del huracán Sandy agitando salvavidas, una banda de bronces de Nueva Orleans, ceñudos trabajadores metalúrgicos, un movimiento de madres por el futuro y otro de abuelos por sus nietos. Son 310.000 manifestantes, el gentío más denso reunido hasta hoy bajo consignas como «No hay planeta B», «Trabajo», «Justicia», «Energías limpias» o «Frenemos a los consorcios petroleros». La marcha es una fiesta de algarabía rabiosa. Cuando las columnas entran en la avenida de las Américas bajo un cielo plúmbeo, sin embargo, las moles de los consorcios las reciben con una sequedad inmutable, y hasta con fluorescentes encendidos en oficinas de trabajo sin tregua. Ese mundo –no solo ese– vive en un tiempo inconmovible. Pero esas columnas vocean el derecho a la existencia. Lo que está en juego no es solo la supervivencia de la Tierra, sino de una parte incalculable de la vida en su versión terrestre y una escisión más brutal entre los que tienen y los que no. La contracara de la marcha del 21 es el éxito mundial de los programas de información meteorológica. Los más vistos son del género *Weatherporn* (Pornotiempo), en sus tres versiones. Está el mero sensacionalismo de Fox TV o el sitio Resistencia Límite: diabólicas rachas polares, tormentas locales con nombres mitológicos, escombros en Haití, mujeres que profetizan tsunamis, niños ateridos, mapas con sinusoides y vacas moribundas en montaje de *horror movie*. Híbridos de meteorólogo y comediante de a pie presentan el taimado blablá negacionista en falaz empate con la teoría del cambio climático, y en vez de *cambio climático* insisten en hablar de *calentamiento global*. Nadie que profundice en las causas de la sequía mortal en California o ese calor indecente en las últimas Olimpíadas de Invierno en Rusia. En el programa de Charlie Rose, la eminencia de la física Michio Kaku se suma descaradamente al show: un vórtice polar, enseña, es como «un baldazo de aire frío arremolinado». Rose ríe. Sí, pero ¿se puede hacer algo con la situación en general? «Bueno, en cierto modo parece irreversible, así que habrá que acostumbrarse a una nueva normalidad.» En la versión porno blando, TV México destaca con la jocunda Angie González, que en minicuero negro, meneando la melena entre sonrisa y pucherito, anuncia sol para el sábado pero previene severamente de los fríos matinales. Más arriba están las estrellas del *hardcore* como la colombiana Marilyn Otero Fernández, que se desnuda escandalizada, hasta la raya del culín, ya se avecine mucho calor o algo de frío.

Michel Serres hace hincapié en la historia de la pugna entre la razón mecánica –con su ciencia de las probabilidades y la medición precisa del tiempo y las trayectorias– y la imprevisibilidad del tiempo atmosférico y las vagas previsiones del barómetro; entre la ciencia de los astros y la de los meteoros. Lo que se dirime es un conocimiento del futuro integral o fragmentado, ninguna bagatela en términos de sociedades. Serres insiste en que hay que pasar del método deductivo y la ciencia global a la confección de atlas transitorios. Invita a leer un mapa meteorológico cualquiera antes de que lo borronee la cháchara: «La rotación de la Tierra, ligada a los caprichos de su relieve, fosas y prominencias repartidos de forma aleatoria, engendra en el aire turbulencias, algunas de las cuales giran en un sentido y otras en el contrario. Por otra parte el Sol calienta mares y continentes, y los enfría cuando desaparece, con cadencias diferentes, los sólidos más despacio y los líquidos más deprisa. Esta desigualdad de temperatura desencadena otras turbulencias, que aparecen y desaparecen periódicamente. Las masas de aire frío y caliente responsables de los intercambios entre los polos y el Ecuador se desplazan erráticamente; cuando se encuentran, del enfrentamiento surgen nuevas turbulencias que el viento, raudo, empuja hasta deslizarlas entre las anteriores, más amplias».

Octubre. Pese a todo, la inercia de las estaciones trae irreprochables mañanas de otoño. En el nácar lijado de días más cortos los árboles se preparan para vivir de lo que fabricaron durante las fotosíntesis del verano. A medida que desaparece la clorofila, las hojas pierden verdor. El follaje va del amarillo margarina al ámbar anaranjado, del bronce al borgoña. El arce japonés, que ya era escarlata en verano, se vuelve púrpura porque retuvo glucosa. Racimos de frutos pálidos cuelgan de los fresnos. Pertinaces hojas perennes conservan el tono cuando las arranca una tormenta. Hojas en las aceras, remolinos de hojas a la zaga de los coches, hojas húmedas pegadas a los muros marrones de arenisca, fragmentos de pergamino de hojas en los rellanos, hojas pegadas a las suelas. Estornudos, vuelo de gorras de lana. Consideremos a Wallace Stevens: «Lo imperfecto es nuestro paraíso».

Palabras imperfectas para la imprevisibilidad de la atmósfera: una forma poliédrica, una ilusión de volumen lo bastante lábil para captar todo lo que sucede en un momento; afinación, sincronicidad. Ahí late el siempre herido deseo de tomar contacto, y en el contacto perderse. Antes que nada está la atención («La plegaria del alma», dice Benjamin que dice Malebranche). El paradigma de la atención sería el haiku. «Aprende sobre los pinos / del pino. / Sobre bambúes del bambú» (Basho). Como tantas cosas, Barthes lo vio antes: «El haiku es una notación fugaz, suele intentar situarse en el límite discretamente sorprendente del código (la estación) y del tiempo que hace (recibido, hablado por el sujeto): despertares precoces de las estaciones, languidez de estaciones que mueren: que producen *falsas* impresiones: el discurso, ¿no es acaso la *falsa impresión* de una lengua? Y al mismo tiempo, la lengua, ¿no es la que *falsea* al sujeto? (Toda ley *falsea* al sujeto.) Contradicción dramática en la cual estamos condenados a debatirnos».

No es solo que los movimientos del aire no cesen nunca ni dejen de envolver la Tierra, las cosas, los cuerpos y la conciencia; es que el tiempo que hace arrebata la vida breve para los ciclos de muerte y renacimiento; y la sume en el accidente. Considerando que ya estamos en el Antropoceno, primer período geológico en que los mayores cambios en la condición de la Tierra los causa la actividad humana, el TQH es la cifra del ser ahí con los demás; en el cogollo de temporalidades que es cada conciencia, una pulsación de ritmos volubles (que llega al escándalo). No somos ajenos a la amoralidad de los meteoros frente a las expectativas que depositamos en la hoja de ruta de las estaciones. Hace treinta y seis años James Lovelock advirtió que es afectando el entorno como la vida fomenta y mantiene condiciones adecuadas para sí misma. La atmósfera y la parte superficial de la Tierra se comportan como un todo cuyo constituyente característico, la vida, se encarga de regular condiciones esenciales como la temperatura, la composición química y la salinidad de los océanos. Ese todo es un sistema homeostático, es decir, tendiente al equilibrio, y Lovelock lo llamó Gaia, por la diosa griega Gea, Gaia o Gaya. Bruno Latour anota que, como ya comprobamos, de la reacción de Gaia contra lo que los humanos le infligen no se puede esperar indulgencia.

Pespuntes del tiempo que hace se notan en la tela del tiempo que pasa. A fines de octubre la temperatura baja a 49° Fahrenheit, algo menos de 10 °C. El muchacho sirio del deli de Columbus con la 106 no da abasto para despachar cajas de Advil a cubanos e hindúes moqueantes. Aparecen sacos de paño y hasta guantes livianos; una sociedad de la abundancia se revela en un porcentaje alto de ropa de media estación. Cierto que acá la amplitud térmica entre verano e invierno es enorme. Sin variar un solo ingrediente, el menú flamígero del Curry King paquistaní gana conveniencia. Las células queman más; piden otro combustible. La piel, susceptible, amaga erizarse. Se hinchan menos los pies. En el súper solo amplían la oferta de sopas precocidas: chowder, minestrone, trigo burgol con zapallo; porque damascos, sandía, alcauciles y carne o pescados de cualquier latitud los neoyorquinos tienen en cualquier época del año. La transformación de los alimentos en commodities mundiales anula en el consumidor toda noción de la agricultura.

Hoy al atardecer, vista desde Battery Park, la estatua de la Libertad no lograba zanjar una discordia entre vientos. Era como si una tormenta faltara a la cita. Nubes cónicas oscilaban en el aire, teñidas de lila por una luna apenas menguante. Las nubes son un problema. Blanquecinas, parturientas, algodonadas, filamentosas, amoratadas, fulígenas, oblongas, raudas, pachorrientas, funestas (y el cielo: azulejado, ¡marmóreo!). Sin olvidar que hay cuatro grandes categorías: *cirros* (penachos en forma de escobilla, compuestos por cristales de hielo); *estratos* (extensas capas nubosas que a menudo traen lluvia continua); *nimbos* (nubes capaces de descargarse en precipitaciones); *cúmulos* (nubes hinchadas de base plana que cruzan el cielo de verano). Como también esta terminología fue asimilada por la lengua franca del pornoclima, una experiencia que merezca el nombre solo puede obtenerse de un lenguaje que no resigne ni la tipología estructural, ni la tradición de la filosofía natural ni procedimientos de estéticas muy diferentes (entre sí).

La canadiense Lisa Robertson tiene un libro que se llama *The Weather*. Antes leo «The Weather: A Report on Sincerity», un ensayo suyo publicado en *DC Poetry* que empieza así:

Bright and hot. Flesh and hue. Our skies are inventions, durations, discoveries, quotas, forgeries, fine and grand. Fine and grand. Fresh and bright. Heavenly and bright. The day pours out space, a light red roominess, bright and fresh. Bright and oft. Bright and fresh. Sparkling and wet. Clamour and tint. We range the spacious fields, a battlement trick and fast. Bright and hot. Flesh and hue. Our skies are inventions, durations, discoveries, quotas, forgeries, fine and grand. Fine and grand. Fresh and bright. Heavenly and bright. The day pours out space, a light red roominess, bright and fresh. Bright and oft. Bright and fresh. Sparkling and wet. Clamour and tint. We range the spacious fields, a battlement trick and fast.

«Me interesa el tiempo que hace. ¿A quién no? Nos arreglamos para la atmósfera. Diariamente solicitamos de nuestras madres el pronóstico para el cielo. En concordancia elegimos el atuendo; como banderas o veletas, significamos. Pero también me interesa el tiempo que hace porque el desplazamiento cultural me ha mostrado que el tiempo que hace es una retórica. Más aún, es una retórica de la sinceridad que cae en un demótico calmante, familiar. Se expresa entre extranjeros amigables. Te hablo. Preciosa mañana. Tú me hablas. Se despejó la niebla...» Pero la sinceridad, y esto Robertson lo rastrea en la historia de la poesía romántica, ha generado una retórica sucedánea que la solidificó en exuberancia y confesión. De modo que los poemas de *The Weather* prefieren los verbos impersonales o la primera del plural, como un intento de constituir una persona todavía indefinida, lirofóbica y sin duda cambiante, profanadora, capaz de disfrutar el clima como un continuo de condiciones y modificaciones. El objetivo es «infiltrar sinceridad»; no disolverla en escepticismo crítico, sino devolverla al juego de lo idiomático, de la escala, al goce de las intensidades. Sacar el clima del lenguaje de los departamentos gubernamentales de agricultura y guerra. «En parte, lo que yo quiero preguntar es qué otras ideologías puede absorber la retórica del tiempo. ¿Puedo hacer que absorba ideologías incorrectas?... Un sueño loco de paridad debe tener su propio clima y ese clima siempre tendrá por estructura una inconmensurabilidad inagotable.»

The Weather consiste en siete prosas sobre los respectivos días de la semana, cada una seguida de un poema breve como una perdigonada de sentidos. Es una poesía de una sonoridad fantasiosa, frontal, percutida de iteraciones. Traducir un poco de «Lunes» ya es un quebradero de cabeza: «El primer credo de todos es el paraíso. Un medio tan maleable. Un tiempo no muy largo. Una transparencia causada. Un transportador de ruptura. Un transporte sutil. Poco y raro. Hondo en la mañana opulenta, regiones de dicha, duro y delgado. Escaso y poco. Cotidiano y templado. Nuevo comienzo en el reino de la atmósfera, que circunda la sólida tierra, el globo terráqueo que sube y canta, elevado y endeble. Radiante y caliente. Carne y matiz. Nuestros cielos son invenciones, duraciones, descubrimientos, citas, remedos, buenos y grandiosos. Bueno y grandioso. Radiante y fresco. Nuevo y chispeante. El día derrama espacio, una ligera holgura roja, radiante y nueva. Radiante y sin fin...».

Desde el muelle del Seaport, al fondo del cielo, sobre el mar más allá de Long Island, una columna de aire cálido y húmedo forma nubes ahusadas de pólvora o grafito. La masa de aire frío que las infiltra por debajo las adensa, las eleva, las hace girar en sentido antihorario y las desarrolla hasta que parecen efectivamente el yunque que describen los manuales. Se acercan. La brisa del mar las provee de energía. Se cargan de estática. Estalla la tormenta. Un chico negro pone su pianito en bolsa y dirige la sinfónica de meteoros. Relámpagos radiografían los techos de Brooklyn; truenos tremebundos asolan el puente. El otro día, en un noticiero, una mujer de Arkansas mostraba el parche de pasto chamuscado donde un rayo había llegado a tierra después de atravesarla toda desde la coronilla hasta los pies. Hay cantidad de anécdotas sobre pararrayos humanos. Parecen alegorías de la permanente condición del cuerpo: un mediador entre el cielo y el suelo. En la poesía es recurrente el debate entre el ansia de elevación y el cuidado agradecido de los bienes del domicilio terrestre. Un especialista de este subibaja es Charles Wright; cuando no se solaza en el sublime norteamericano, y lo amortigua con un escepticismo agrio («parte de la lluvia ha caído / el resto aún está por caer»), es capaz de ligar concisamente la piedad y la risa. «Como podría haber dicho Agustín / vivimos en dos paisajes / uno eterno y divino / y otro solamente el patio trasero.»

Veinte kilómetros al norte de Manhattan, en una barranca sobre el Hudson, los jardines de Wave Hill «albergan –dice el

folleto– cientos de especies de todo el planeta», las más culti-
vadas con un concepto estético-caritativo de diversidad, otras
establecidas por sí solas y que botánicos obedientes a una feliz
serendipia cuidan, nutren y modelan. Hoy es un domingo de
noviembre y ya hace un frío septentrional. En las once hectá-
reas de la finca hay una mansión de 1843, un jardín de flores,
una pérgola con vista panorámica al Hudson, un bosque de arces, tilos, castaños, abedules y olmos, un solar de pastos, un
conjunto de estanques con lotos y nenúfares, un jardín alpino y
otro de secano, un huerto de hierbas aromáticas y un invernadero con un apéndice exterior para cactus. Todo a lo ancho de
la pendiente el verdor del césped tiende a declararse eterno,
pero la desnudez de unos árboles, la persistencia de las perennes y el pardo rojizo de las hojas de arce extienden la policromía
hasta que el alma se desconcierta entre el viento glacial y un
paraíso omnincluyente. Es inevitable un rapto de adoración.
No menos inevitable es para mí un derrame mental de tiempos
en conflicto; un esfuerzo por conjugar recuerdos espontáneos
con el aire de este día. Los frutos de ese plátano que tantas aler-
gias desataban en el colegio. Los nenúfares de Monet y los del
botánico de Palermo. De las desavenencias entre meteorología,
historia local y tiempo íntimo surgen borbotones de preguntas.
Si es verdad que el clima modela el carácter. Si el esplendor de
este edén no se sufraga con maltratos industriales de los que
Gaia se desquita borrando humanidad con aludes, maremotos,
sismos y sequías. No, no: boba manera de plantearlo. El tiempo
que hace es amoral; inintencionado. Todo lo que hay acá es
ahora. Esto es una pérgola. Aquí la naturaleza ilustrada. Allá el
cabrilleo del río y al otro lado el cielo pardo, los árboles como
cerdas negras en el filo de los riscos, la Naturaleza. Pero de la
colisión de temporalidades, un verso de Arturo Carrera cae in-
demne a disolver las jerarquías decorativas de Wave Hill. «Vías
intactas bajo la deslumbrante maleza.» Esta celebración del

todo junto está en Quiñihual, una de las partes de *Las cuatro estaciones* que son estaciones de ferrocarril que enlazaban momentos de la infancia en la Pampa, y a la vez las del año y las de una vida en el curso de las generaciones. Carrera sabe que el ser preciso de la infancia es irredimible; que solo puede volver como mito. Pero de la distensión de los poemas, del murmullo de instantes y pasajes, de la alternancia entre largos silencios y unidades sintéticas, nace un mundo. Todo lector tiende a hacerlo su mundo, sin por eso adulterarlo. No menospreciemos los poderes de trance de la poesía, su fuerza de persuasión. Siguen goteándome versos de Carrera. «El moscardón que zumba en la letrina.» Sobre las Palisades de Nueva Jersey, nubes heladas viran al granate. Realidades asociadas proceden a celebrarse. «El moscardón que zumba en la letrina.»

Miércoles 26 de noviembre en el Upper West. Cielo duro, de peltre; en Amsterdam Avenue, cuerpos oblicuos contra el viento, unos y otros como tironeados por un perro con correa, agrandados por el volumen de abrigo. Es víspera de Acción de Gracias y aquí el que no recibe a la familia viaja a donde sea para comer con la familia mañana. A las dos de la tarde cierran los negocios. Mientras dura la luz macilenta, la ciudad parece embalsamada. A la noche, en Amsterdam Avenue caen unos copos amerengados que se funden al instante y mojan la ropa. Cerca de casa hay un tailandés abierto. Después de la gloriosa sopa abrimos *The Seven Ages*, el libro de Louise Glück que compramos en MacNally's. Son poemas sobre el envejecimiento y el repaso de instantes de una vida, de lo que pueden haber dejado para templar la espera de la muerte o acordar con lo que se hizo, sombríos de lágrimas de eros ya secas. Tienen ese aire de identidad móvil que Glück se creó en base a una métrica versátil, literatura clásica, oralidad llana, repeticiones y encabalgamientos; cesuras que abren una tiniebla, afectan el significado de la frase en las líneas siguientes y, a la vez que hechizan, dejan el pensamiento lúcido para cosas concretas: un banco frente a un manzano en primavera, el olor de un pastel. Todo muy efímero. El amor, para empezar. «Teníamos, al final, solamente el clima como tema. / Por suerte vivíamos en un mundo con estaciones; / sentíamos, aún, una variedad de accesos: / a la oscuridad, a la euforia, a diversas clases de espera. // Al final no hacía falta preguntar. Porque / sentíamos el pasado; estaba, en cierto modo, / en esas cosas, el césped del frente y el del fondo, / impregnándolas, dándole al membrillito / un peso y un sentido casi insoportables» («Membrillo»).

En diciembre llovió bastante, las borrascas desarbolaron muchos paraguas, los días se plegaron sobre sí mismos, algo de nieve cuajó por unas horas sobre los capós de los coches, corredores y ciclistas sacaron sus espándex y los jubilados, sus polares, en las calles mermaron los viejos con andadores, poco a poco fue bajando más la temperatura y la gente preparando el ánimo para el invierno. Estalló la sinfonía de villancicos, baladas y reguetones navideños. Proliferaron las ferias callejeras de comidas tradicionales y étnicas.

Unas semanas antes, mediado noviembre, me habían informado por mail de que el libro (largo) que pensaba traducir a la vuelta no iba a publicarse. Tres meses de hueco laboral eran asunto grave y me apuré a buscar reemplazos. Maxi Papandrea, que acababa de abrir la editorial Paprika, me había dicho meses antes que pensaba publicar *The Peregrine*, del inglés J.A. Baker, un clásico moderno de la literatura de la naturaleza; el diario del seguimiento del halcón peregrino –el ave más rápida del mundo– durante el otoño y el invierno de un año en una comarca de Essex. Le escribí a Maxi; todavía no lo había dado y acordamos tarifa y fecha. Días después ya estaba espiando el original: entre muchas otras de decenas de aves, árboles, amaneceres, cielos, lluvias y mareas, había descripciones de los hábitos y el vuelo portentoso de ese cazador sin escrúpulos, a veces rústicas, a veces sublimes. El 14 de diciembre volvíamos a Buenos Aires. En el último momento decidí despedirme del parque. Era domingo al mediodía. Hacía dos grados bajo cero, el cielo parecía un pellejo de lobo marino, en las ramas desnudas se veían los pájaros que antes habían ocultado el follaje y en la Great Hill, favorita de familias y paseadores de perros, no había nadie. Estaba rodeando la cima cuando mi vejiga de diabético se puso cargosa. Bajé unos metros la cuesta y escondido detrás de un roble me alivié. Al salir por el otro lado, un poco más arriba, solo en un centenar de metros a la redonda, había un halcón castaño, de lomo pardo y plumas de vuelo blancas. Posado en el suelo, algo agachado, agitando las alas flexionadas para afirmarse, alternaba inexpresivas miradas al cielo con picotazos a una presa que la hierba no dejaba ver. Yo había visto milanos, gavilanes, incluso un azor, pero un halcón no. Nunca. Frío, olor a tierra, olor a sangre caliente, olor a plumas, atisbos de garúa, vaho de mi aliento; de repente un chillido ronco, de glotón atragantado, que no inmutó a los arces pelados.

15 de diciembre. Buenos Aires. El cerebro recibe el cambio de clima como un fundido en negro, que dura hasta que la memoria vuelve a insertarse en el presente. Hace 26 °C y con la ayuda de la inercia térmica el cuerpo se ilusiona, aunque la baja presión le haga zumbar los oídos. En el barrio, las flores de Santa Rita, los malvones y azaleas, las hortensias y los tilos desbordan de hiperrealidad en la luz exuberante. Con los días y el aluvión de tareas y el reencuentro la turbación se aplana. El jueves 18 la máxima llega a 32 °C; el viernes a 34 °C. Aunque llueve y refresca, la semana siguiente el aire no se mueve y sin embargo la presión aumenta. Hordas de hormigas sobre cucarachas muertas; bullicio de abejas en la lavanda; tábanos, mariposas. En la calle el cansancio del año y la ansiedad compradora de las fiestas se sienten como polvo de limaduras en un gas saturado. Hay un subrepticio, omnipresente olor a fruta podrida. La ra-

dio: «Vientos húmedos provenientes del anticiclón del Atlántico [...]. A partir de hoy se recibirán donaciones de Navidad para los damnificados en las inundaciones del litoral». Los trámites en reparticiones dispépticas a causa de comilonas metanórdicas instruyen como un tratado sobre Meteorología Incongruente.

Enero de 2015. John Alec Baker nació en 1926. Vivió siempre en Chelmsford, un pueblo rural de un valle del condado inglés de Essex, fue bibliotecario, amante de la ópera y murió en 1987 de un cáncer causado por una droga contra el reuma. Nunca manejó un coche. No hizo vida literaria. En 1967 publicó *El peregrino* y en 1969 *La colina del verano*, dos libros que poetas, documentalistas, naturalistas y estudiosos consideran geniales. El primero cuenta el seguimiento, del otoño de 1962 a comienzos de la primavera de 1963, de los halcones que hibernan en una franja de unos quinientos kilómetros cuadrados del valle del río Chelmer. Tiene forma de diario, pero resume diez años de observaciones. Las descripciones son tan exactas y tan vehementes que al principio los editores sospecharon que se las había inventado, porque el peregrino es el ave más rápida del mundo y Baker recorría el campo a pie o en bicicleta. Sin embargo los largos tramos de costa helados son los de un invierno particular y extremo, el de 1963, y años después los etólogos confirmaron toda la información que el libro vuelca sobre el halcón y otras treinta aves. El peregrino es un volador superdotado, artífice de una belleza vertiginosa. En vuelo de crucero promedia los cien kilómetros por hora, pero cuando ataca en picado llega a los trescientos. No hace mucho más en la vida que estar en el aire al acecho, cazar, comer, bañarse y pernoctar en una percha a resguardo, no lejos de otras aves incautas o pendencieras. La disciplina de Baker nacía de una pasión de naturalista, una admiración de poeta y una obsesión de alienado; de hecho, si algo hila las entradas del libro es el ansia de una fusión hombre-pájaro en la morada común de un medio ambiente. Empecé a traducirlo la primera semana de enero, con un esfuerzo denodado y tolerables 28 °C. «En cuanto sale de su casa, el buscador del halcón sabe hacia dónde sopla el viento, siente el peso del aire. Es como si muy adentro de sí viera el día del halcón creciendo sin cesar hacia la luz del primer encuentro.» En el libro es otoño. Aunque hay largos pasajes dedicados a la chatura de la vigilancia, la prosa concentrada nunca decae; cada frase es un reto y un surtidor de visiones y sensaciones. Un verano canalla me pringa el pellejo y me hierve los huesos mientras Baker tirita, agazapado detrás de un seto, prismáticos en la mano enguantada, y cuando se cansa de esperar reanuda camino haciendo crujir la escarcha. Un viento puntiagudo me agujerea los flancos; el torso se me hiela y las nalgas me sudan. La poesía suspende la lógica del tercero excluido. «Al norte del río, relumbrando al sol, los arados volvían humo la tierra espesa. Con una sacudida el peregrino se desprendió de una distante bobina de pájaros y subió al cielo matutino. Vino hacia el sur, batiendo las alas o planeando en la primera corriente cálida del día, dibujando ochos, en curvas alternadas a derecha e izquierda. Acosado por una turba de estorninos, remontándose para adelantarse, pasó por arriba de mi cabeza, a gran altura y muy pequeño, mirando hacia abajo y a los lados. Los ojos despedían fogonazos blancos entre las barras oscuras de la cara.» Al compás de las descripciones de Baker ahora alargo mi lista de nombres de aves, plantas y peces: gerifalte, avefría, gallineta, pinzón, zostera, archibebe, lechuzón, ranúnculo, lucio, perca. La sugestión empieza por respuestas corporales inusitadas; después, me encuentro observando los pájaros del barrio, gorriones, jilgueros, tijeretas, y las gamas del verdor de los árboles, y cómo se ahonda el color de las rosas chinas mientras el sol sube hacia su cenit de verdugo. Esto voy aprendiendo: un poema confía en propiedades que las cosas siguen teniendo aun cuando dejamos de aprehenderlas. Atención. Afinación. Asentimiento.

Mis notas mentales se intercalan con lo que oigo por ahí. «... iniciativas solidarias para socorrer a los cientos de damnificados por los deslizamientos de lodo y grandes piedras a raíz de las lluvias intensas...» Días de viento desorientado, a los tumbos; alboroto de gorriones; unas cotorras esmeraldas dejan en bandada la copa de un paraíso pero en seguida se dispersan, retroceden, se cruzan chillando, aturdidas de electricidad; dos se pierden a lo lejos, más allá del campanario de la iglesia de los Palotinos. En el patio del colegio los niños de desgañitan. «... embistió de frente a una camioneta familiar debido a la densa bruma que esta mañana acortaba notablemente la visibilidad.»

Este año el otoño empieza tan tarde que mi vecino dice que a lo mejor llegamos a la próxima Navidad con invierno. Remilgadamente la temperatura baja un par de grados por semana. A la salida del subte, la gente sube las escaleras con una irritación soñolienta, rumbo al smog, lastrada de disneas y carrasperas y urticarias. En esta situación me siento por fin a leer bien el libro de Chris Andrews. En buena hora. El sexto poema se llama «Weather Break» (Cambio de tiempo):

«Evolución de tormentas aisladas. / ¿Con este calor te basta? Lecciones de geografía / recapituladas en el cielo: ningún bloque tectónico / sin su falla, y valles que un gran glaciar / que se escurrió dejó colgando / bajo una costra gris de morenas plestozoicas. / Cuando no está pasando nada, pasa el tiempo que hace. / Meteorólogo: nada mal tu trabajo, ¿no? / No te ponen en la calle ni aunque pifies por diez grados. / A mí un error de nada y el jefe... / Parece que se nos viene una lluvia rasposa. / Tal vez un último chubasco de amarillo limón. / Evanescentes maravillas se desenredan. // ¿Aburrido en la ciudad del tiempo que hace? / Para postales escabrosas de la historia, alza la vista: / domos de placer bajo fuego de bárbaros boquiabiertos / como modesto aporte a la preparación de ruinas emparradas / donde pintores ilustrados puedan tambalearse, plenos / de un asombro nuevo, mientras arriba / alpes nevados se transforman en mesetas rojas. / Cualquier cosa que pase, un tiempo hace igual.»

Esto sí que es serendipia. Antes de ser personas dramáticas, tanto el *mí* que en este poema menciona su trabajo como los destinarios de las preguntas se diluyen en la neutralidad de sucesos sin nada de la grandiosidad que el lenguaje suele regodearse en atribuirles. Aquí no se sabe si alguien le habla a cualquier otro o divaga solo, más histriónico que conversacional, encogiéndose de hombros ante la seductora idea de la poesía como diálogo. Lo que uno acusa es un rastro de esos momentos en que un estado anímico se dispara en descubrimiento, en indistinción. Cuánto de lo que nos atañe sucede imperceptiblemente, ¿no? Qué cantidad de acontecimientos influyentes son un apenas, un casi nada. Cómo a lo inconmensurable solo se entra por lo fugitivo, lo inaparente; solo desde la circunstancia.

Julio de 2015. El satélite Deep Space Climate Observatory, en equilibrio gravitacional a un millón y medio de kilómetros, envía las primeras vistas completas del lado soleado de la Tierra. La luz dispersada por moléculas de aire le da el característico tono azulado. Los datos van a usarse para medir niveles de ozono en la atmósfera, propiedades de la vegetación y la reflectividad ultravioleta.

Julio de 2015. Ya no puedo hacer los ejercicios matutinos sin una remera, aunque abrigarse no salva a nadie de alguno de los virus que tienen a medio mundo apestado. A las 7.30 las plantas del patio afloran a un resplandor de rosa y celeste reacios a fundirse en lila. Dicen por la radio que hace dos grados. Hay listas de tareas bajo los imanes de la heladera. Bastantes. El diario apremia. Difícil tomar distancia del calendario, y más mantener la atención despejada. Con todo, me asomo al patio e, ilusión cumplida, me convierto en lo que Ungaretti hizo de una parte de mí. «Me ilumino de inmensidad.» Adentro la radio vuelve a cantar la hora. Del éxtasis queda un rastro en el estornudo.

NINGUNA INSOLENCIA

No hay días corrientes. Puede que haya días típicos, pero la rutina, campo de los imprevistos, le da a cada uno su tonalidad particular. Este empieza a las 7.00, cuando suena el despertador y varios dolores postsesenta me indican que no estoy muerto. Beso a Graciela, me desperezo y me levanto. Todavía es de noche. Una vez aliviado y lavado, echo un vistazo por la ventana para que el cerebro se abra de su cine hermético al modo realidad, un gajo de luna sobre techos y ramas desnudas. Como me cuesta hospedarla, porque la conciencia lanza su horda de memorándums y cargos, saludo al sol y mezclo unas asanas de yoga con grosera calistenia. Después salgo a correr veinte minutos, a ver si las células queman azúcar morbogeneradora. No debe de hacer más de cinco grados. La rigidez mental se afloja en la calle desarticulada del alba. Paro la oreja al incipiente concierto de ruidos, con un zorzal atroz como prima donna, pero de cada cosa que veo irrumpe una palabra más voluminosa: los muñones de los plátanos dicen *podar*, los tajos rojos en el cielo dicen *nublado*. Vuelvo escabulléndome del atropello de papis de colegiales. Entonado por las endorfinas, me empapo la cabeza y me siento a meditar, sin gran ortodoxia, rapidito, como para recordar al menos que la única verdad es lo que contiene este momento, de la realidad entera con todos los que quiero dentro hasta la circulación del aire que acalla las ideas. Me inyecto insulina, despierto a Graciela y mientras preparo el desayuno calculo cuánto puedo zamparme sin estropear los cuidados. Con la lectura de los diarios, papel y pantalla, se cumplen la participación en el mundo, la presunción de favorecer las causas justas y la barbarie de paladear la tostada ante la foto de cincuenta cadáveres egipcios o el hacha neolítica que han descubierto en Shangái, porque si algo da a este rito laico es un gusto amoral de empezar el día con historias. Pero hoy continúa el cabaret chillón de las elecciones primarias nacionales. En la literatura las cosas pasan muy rápido; en los diarios, la tele y los blogs las mismas noticias se arrastran semanas enteras hacia un desvanecimiento insípido. Es un mecanismo tradicional para implantarlas, al traductor no le cabe duda, y la realidad del ciudadano informado se adapta de arriba abajo al yeso del lenguaje. El candidato Massa dice: «Si no endurecemos las penas de la trata, la violación y el abuso, nos encontramos con que queremos seguir demorando el problema». No, intendente: el supuesto deseo de «demorar el problema» (¿no la solución?) no se encuentra; es previo a la decisión de endurecer o no las penas. Y las penas, si hablamos de ley, son a la trata; las penas de la trata son las de las prostitutas, con las que nunca va a empatizar el que desdeñe las preposiciones. La crónica sobre un accidente empieza con un «Escuché el teléfono», que electrocuta las finas distinciones perceptivas que pueden hacer las redes neurales. Un titular de *Clarín* encuentra los «Primeros vestigios de una pelea por la candidatura de 2015»; vestigios, como si una elección futura fuese una ciudad sepultada. Mucho, me entero, «viene sucediendo desde hace años atrás»; nada, por suerte, desde hace varios años adelante. Suficiente. Graciela se va a dar una clase. Munido de mate y fruta, subo a ejercer de deshollinador de la lengua; con una escala en el excusado, como Leopold Bloom.

En mi altillo idílico, el papelerío de vario, libros de todo género y postura, mamotretos de referencia, dosieres, recortes de prensa, facturas, libretas, es el retrato de un desarreglo mental que el oficio sabe instrumentar para sus fines. Lenguas, gramática, hermenéutica, ejecución, orden de los componentes, argumentación, sucesiones y sincronías, tonos, trayectos, criaturas, culturas, técnicas, lugares: la traducción me ha pautado la vida en una suerte de nomadismo sedentario. 9.10. El original va a sostenerme mejor que una costumbre.

El libro es *I Love Dick*, una novela de la estadounidense Chris Kraus, cineasta, videasta, performer, profesora de cine en Suiza y de escritura creativa en San Diego, editora de Semiotext; una vanguardista temeraria que impulsó un feminismo herético, animó la escena experimental neoyorquina de los setenta y, en tiempos de Reagan y el yuppismo, vio morir de amargura, sida o suicidio a muchos amigos suyos de talento inoportuno. He mirado fotos en la web: temibles ojos claros de judía; un menudo volcán de energía práctica. La novela empieza la noche de 1994 en que Chris Kraus, cineasta con un proyecto encallado, y su marido el profesor Sylvère Lotringer cenan con el conocido y algo misántropo crítico de arte y teórico cultural Dick y toman unas copas en su casa. Chris va a cumplir cuarenta. De vuelta en el hotel, dice que se enamoró de Dick. Para que prospere un sentimiento que la saca del letargo espíritu-sexual decide seducirlo. Sin empacho, le deja llamadas en el contestador, le envía faxes y lo bombardea con algunas de las cartas complejas y descarnadas que escribe, muchas a medias con Sylvère, que lo toma como un juego de solidaridad con ella. Dick jamás contesta. El proceso, con incidentes y un par de ambiguos encuentros fugaces de los tres, termina cuando ella decide separarse. Fin del patetismo. En la segunda parte Chris se obstina sola en persuadir a Dick de que un tipo inteligente como él no puede fingir indiferencia ante tan bruto ataque del deseo de otra. A mí, la veleidad juguetona de esa pareja libresca me repugnaba un poco; ahora ya admiro la valentía de Kraus –porque los tres personajes son reales–, y la vehemencia por tocar fondo. *ILD* es un libro pleno de situaciones cambiantes, sentimiento terco, síntomas, manía, retratos generosos y venganzas, de arte, literatura e imaginación analítica, de paisajes, esnobismo y dolor: la experiencia de una mujer que destroza su personalidad y la expone impúdicamente sin escatimar enfermedades ni sordidez, porfiando por rehacerse en una escritura en primera persona veraz. Qué suerte: es importante que este libro se lea en castellano. Lo único que la certera, libertaria editorial española Alpha Decay consiguió del agente es un infecto pedeefe de pruebas sin corregir. Me lo paso detectando títulos inexactos, nombres mal escritos, inconsecuencias temporales, diferencias de número gramatical; pero Kraus reparte su abundancia en una prosa fina, desenvuelta, jovial: un peligro para el traductor. El mero título ya es un aprieto: aunque quise ponerle *Me encanta Dick*, ya que *Dick* es no solo el diminutivo de Richard (origen germánico; significado: «rey poderoso»), sino también *polla*, *pija*, etcétera, me conformaría con *Quiero a Dick*, pero la editora se inclina por *Amo a Dick*, que es pertinente pero me incrusta en una delicuescencia culebronera que exclama tanto «te amo» como «amo el helado». Igual allá voy, expectante porque, como suelo hacer para agregar interés, no leí todo el libro.

Hoy Chris, después de estrellarse dos años con la mudez de Dick, y de haber cruzado Estados Unidos en unas semanas, maneja (conduce) rumbo a una cita crucial que él le ha concedido en su recoleta casa de Antelope Valley, California. Leo: «The Story of Route 126 reads like a secret story of Southern California. It runs West into Ventura Country from Valencia, a former Indian burial ground». Uf, ese *it* de la segunda frase designa *route*, cuando el sujeto de la anterior es *the story*. Voy a infringir la norma castellana; adhiero más a la idea de alterar el idioma de llegada con formas ajenas que a la de forzar el original a una naturalidad autóctona; hay que rascar la corteza. Además, quizá sea el cuento el que corre, junto con la carretera. Para más, acá decimos *ruta*, claro; pero traduzco para España. Así que: «El cuento de la carretera 126 se lee como una historia secreta del sur de California. Rumbo al oeste desde Valencia, entra en el condado de Ventura, en otros tiempos un cementerio indio». Doy un paseíto googliano por el condado de Ventura. Me acuerdo de que hace muchos años, cuando traducía a máquina con la copia en carbónico que me exigían, corregir era tan engorroso que pensaba el párrafo en conjunto, algo esencial si por ejemplo eran párrafos de Harold Brodkey. Así desarrollé un golpe de vista que ahora, que en la pantalla es tan fácil enmendar sobre la marcha, me permite montarme en la frase como un ciclista con canasta, corrigiendo la dirección con manubrio, un poco de freno y cambios. Uno siempre está en medio de una frase; y entre lo que ya escribió, y es pasado, y el descubrimiento que vislumbra cerca del punto está el momento de pugna con las palabras en un umbral: esa duda inexorable es la fatiga del oficio, pero también la dádiva. El tiempo pasa en períodos gramaticales de una mente que se ha vuelto transporte. A la vez, entre cada término y su traducción el referente se desdibuja, o más bien se amplía, y como en las metáforas segrega algo más. Traducir es cometer fatalmente una inexactitud fecunda tras otra; pero, entregado como está a la sucesión de frases, al rato ya no sabe quién las está cometiendo. También compone, visto que el ritmo de una prosa está en el orden de los componentes de la frase, y el ordenamiento de las frases es distinto y característico en cada idioma. A la vez uno escucha una historia y aprende, aprende. En realidad es la mezcla de atención, reflexión, entretenimiento y abandono al ritmo la que escande, no el tiempo sino la frase que se obtendrá una vez distribuida la carga. En la desmesurada carta que le escribe a Dick mientras viaja a la cita, Chris alterna el relato de un viaje a Guatemala, el genocidio y la lucha de una periodista neoyorquina casada con un dirigente indio –lo asesinaron– con recuerdos de un programa de arte feminista de 1972. De golpe tropiezo. «Artists in the program wanted, according to Faith Wilding, to "represent our sexuality in different, more assertive ways". "Cunt" signified to us an awakened consciousness of the body.» Escribo «según Faith Wilding las artistas del programa...», y tardo unos segundos en optar por *coño*. No es que la palabra me arredre, y tampoco que me apene ceder. He vivido dos décadas en España, cuatro en Argentina y he oído centenares de doblajes a muchas variedades del español, así que tan natural me resulta *coño* como *concha*, *chocho* o *mamey*. Qué precioso es el idioma. Pero me pesa la sombra de la traición a la localidad, un cargo que se ha sumado a la histórica vileza del *traditore*. Cuántas veces oigo a enteraditos rezongar porque leen *chaval* o *gilipollas* o *cerilla*. Ya podrían entender que las diferencias insalvables entre formas locales no son de léxico. La concepción de un mundo local está inscrita en la entonación, la prosodia, en los usos de los tiempos verbales y los pronombres demostrativos, en el montaje de la frase. La diferencia es entre «¿Ha traído usted un mechero, Ailín?», con inflexión en *mechero*, y «Ailín, ¿usted trajo un encendedor?», con acento suspicaz en *trajo*. A lo sumo entre nuestro fluido «Luis debe estar ahí» y el correcto pero adiposo «debe de estar allí». El 80 por ciento de los coloquialismos son efímeros. Mi ilusión no es el ya descartado, imposible idioma neutro, sino una mezcla de variedades léxicas y entonaciones, si lograse colársela a un editor, porque a fin de cuentas el contexto aclara sentidos, el oído del menguante número de lectores está habituado a argots surtidos y sobre todo porque, si bien las variedades regionales difieren cada vez más, los vínculos de cada traducción no son con una identidad cultural basada en localismos, sino con la lengua politonal creada por la historia y el corpus de las traducciones; y es ahí donde la riqueza de la tradición se deja revolver por las novedades y contravenciones. Las lentas metamorfosis de ese tejido, hecho de cuidados, rigor, fracasos, escrutinio, rabia y amor, son la mejor posibilidad de que el español vuelva a ser la lengua franca de desarraigados que fue en origen. También de que mantenga la densidad histórica de las palabras, la sintaxis pragmática y la plasticidad que hoy pierde para reducción de los límites de nuestro mundo, borrado de los matices de lo real y creciente impotencia imaginativa e inopia del usuario. No es lo mismo «tocó su hombro» que «le tocó el hombro», ni que «se tocó el hombro». No es lo mismo *malicia* que *perversión*. *Fascismo*, *nazismo*, *populismo* y *autoritarismo* son fenómenos diferentes, como lo son *ambición*, *pretensión* y *codicia*, un *despistado*, un *incauto* y un *pelotudo*. Algo mucho más político se juega en estos detalles que en importar un *coño*. Y, políticamente, en todo caso, el problema no radica en qué es lo culturalmente auténtico y acaso liberador, sino que la corrección venga impuesta por una alianza entre la Real Academia y los grandes grupos editoriales españoles que a través de instituciones truculentas, como la Fundación del Español Urgente, quieren dictar las normas que aseguren la preponderancia de la industria centralista sobre la bulliciosa hueste de pequeñas editoriales latinoamericanas. Aceptaremos todas las contaminaciones si son mutuas; pero exigimos que cada país pueda elegir qué libros traduce, obtener los derechos, distribuirlos en toda la geografía del idioma.

Suena el teléfono. Es una promoción. Vuelve a sonar y atiende Graciela. Vuelve a sonar. Es la contadora, que me pide datos para la recategorización del monotributo. Así no se puede. Anoto: limpiar los quemadores de la caldera. Ha llegado Nina, que comenta que este año los jazmines van a brotar pronto y me recuerda que cambie el cable de la plancha.

Las 11.30. Para Chris, las 8.05 p.m. ya, y Dick la esperaba a las ocho. Cuando al fin deja la carretera 126 en la salida a Antelope Valley siente unas ganas terribles de orinar (¿o mear?; ya veré). «I didn´t want to have to do it the moment I walked into your house, how gauche, a telltale sign of female nervousness.» Estas frases con sintagmas yuxtapuestos me huelen mal. Probemos: «No quería hacerlo...». No: «No quería tener que hacerlo no bien entrara a tu casa, vaya torpeza (para no repetir que), un signo delator de nerviosismo femenino». Desde la escalera Nina pregunta: «¿Cómo?». «No, nada, hablaba solo.» Es que constantemente digo las frases en voz alta, sin percatarme, y me lo apruebo pensando cuánto de oración tiene este trabajo. Más: la oración, la lectura constante en voz alta o en silencio, un uso de las horas que no es del mundo pero obedece a una regla, la pertenencia a una especie de cenobio disperso, la atención concentrada en cada acción pequeña o grande («como el herrero que golpea el metal», dice Basilio) lo acercan bastante a los «deberes del oficio» del monje. Un ascetismo inmerso en la palabra. La fusión de tiempo y vida en operar con el lenguaje. Qué fantasía. Porque conviene no olvidar que la espiritualización de la obra de manos, como cuando se compara traducción o rezo con herrería, sería una precursora de la ascesis protestante del trabajo que en versión secular es el capitalismo. Es cierto, Max Weber, no puedo esconder que trato de apurarme. Tengo que hacer no menos de ocho páginas si quiero que la jornada rinda. Hay que sudar tinta más horas si quiero comprarme tiempo para escribir. Trabajaría más cómodo para Argentina (usaría *coger* en vez de *follar*), si pudiera llegar a fin de mes con las infamantes tarifas argentinas. ¿Tendré que admitir que todo se reduce al dinero? Bueno, si bien el trabajo del traductor transcurre en un tiempo reglado, homogéneo, una vida no es una sucesión de unidades discretas: uno muere y renace, mueren y nacen otros, hay accidentes, hallazgos y fiesta. Hay una economía no restringida dentro de la cual escribir es un lujo gratuito, ¿no lo dijo Bataille? Cierto también que dejar de escribir sería el lujo máximo, el verdadero triunfo sobre el tiempo y el yugo de tener que ser alguien.

Chris, que ya en casa de Dick empieza a emborracharse ante la impavidez de él, comprende que no es muy seductor explicarle una idea que tuvo investigando una huelga de obreros de la Coca-Cola en Guatemala. Topo con el verbo *rant on* y tengo que buscarlo por milésima vez: es uno de esos barrancos insondables de la memoria; un lapsus repetido. Para abreviar, busco en el Word Reference. Mientras leo *perorar* y valoro si en el contexto no es mejor *despotricar*, desde la banderola de la página me asalta la foto del candidato a senador Daniel Filmus y en seguida la de la candidata Gabriela Michetti, que desde izquierda y derecha practican por igual la adulación del pueblo argentino, o la gente. La discusión de *rant on* en el fórum del WR contiene mucho entusiasmo afable, sed de contacto, poco saber y menos puntería. Esto me pasa por no ir directamente al Oxford. Mi trabajo se ha acanallado (y ahora encima está desprotegido, porque suena el teléfono y es una encuesta; corto). Cierto que antes (¡antes!) había que repasar 354 páginas para corregir todas las apariciones de una palabra mal traducida, lo que ahora hace el buscador. Había que manipular diccionarios corpulentos y pasar horas en la biblioteca confirmando referencias. Internet ahorra todo eso, y por añadidura posibilita tours de conocimiento instantáneo. Después se manda el archivo y listo. Pero en el mundo on line las editoriales, como casi todo empresario y/o consumidor, multiplican el vértigo de la programación, la ansiedad y el apremio, y lo que se ahorra en manejo de papeles se pierde en distancia lúcida con el texto. Y no es que ahora gane mejor. Lo que tengo es posibilidades de ubicuidad, una memoria mil veces más poderosa que la mía; como dice Serres, una imaginación equipada con millones de íconos y programas que razonan lo que yo nunca podría. Tengo una cabeza objetiva en las manos, en el teclado de la computadora, en el celular, y puedo desalojar información de mi cabeza, lo que por otra parte podría favorecer la vía zen hacia la comprensión de que la realidad es el vacío y el vacío es eternamente generador. De hecho ya soy otro; una simbiosis cerebro-máquina con la mente fuera de mí; una interfaz. Si se corta la luz me vuelvo un discapacitado. Los libros habrían debido convencerme de que una cabeza bien hecha es preferible a un saber acumulado. Pero traducir alienta la curiosidad, y todos los días corroboro que la buena condición de una cabeza depende de lo que aporte el lenguaje. Mientras, la civilización, digital o analógica, sigue atada al formato página. En mi economía, cada página es una cifra.

A las 12.40 estoy bien sumido en la novela. Ya unas páginas después, Chris le cuenta a Dick que abandonó a su marido. «Hmm –dice él–; me lo esperaba.» Para llenar la vaguedad, ella vuelve a parlotear sobre la emergencia del terror en situaciones de conflicto; pincha a Dick con la superioridad de los estudios de casos sobre las generalizaciones teóricas. Agotados los temas, él la mira fijo. «¿Qué quieres? –una pregunta directa teñida de ironía.» En esto una languidez ansiosa en el diafragma me susurra a mí que me está bajando el azúcar. Arranca la taquicardia. El sudor frío. Me levanto temblando, agarro el tazón de fruta y la devoro, sentado de nuevo, obcecado en avanzar una línea más, a los tumbos entre adjetivos y desconsolado de que Chris diga «I want to sleep with you. I want us to have sex together». Es que «tener sexo» es una expresión absurda y rústica que empapó toda la lengua desde el reino del spanglish y cuya sola virtud, pienso, es haber señalado cuán mojigato es *acostarse*, no digamos ya *hacer el amor* en una situación como la de este libro. Querría inventar un giro a la vez lúbrico y moderado, lograr que se naturalizara como el inglés *have sex*. «Hacer sexo», tal vez, pero no va a colar. No. Ya que Chris ama a Dick, como obliga el título, negocio falazmente un «quiero que hagamos el amor».

Suena el teléfono. Hablo cinco minutos con un amigo. Hablo otros cinco minutos con Mariana. Algo me zumba en la cabeza y antes de seguir reviso unas cinco páginas. Cambio «carreras de coches preparados» por «carreras de coches trucados», orgulloso de mi memoria bidialectal. Repongo una línea que me salté. Atravieso la plétora de realidad que Kraus abarca en el relato: detalles de cuadros de Kitaj, efectos colaterales de antidepresivos, cómo meter el contenido de una casa en un guardamuebles, un extravío en un bosque, escenas de infancia en Nueva Zelanda y de acoso humillante por un profesor de antropología, las fotos hirientes de Hannah Wilke, los usos del maquillaje y los puntos suspensivos de la prosa de Céline. Me obligo a hacer una pausa. Hay libros que concentran y libros en expansión incesante. Parado ante la ventana, veo que la aguja de la iglesia de San Patricio, reminiscencia de Irlanda y de curas argentinos desaparecidos, pica el cielo helado, lo astilla y que en cada cristal pululan miríadas de asociaciones que disparó la cabeza abarrotada de Kraus hasta que el conjunto echa a rotar, estremece un ciprés y a medida que el movimiento se realimenta me abduce a un ámbito sintético donde las botas que dentro de una página Dick le sacará a la hirviente Chris y el mate que tengo en la mano son signos de una mnemotecnia que representa el universo entero. Ah, Giordano Bruno, traducir es la entrada al infinito múltiple y uno. Pero suena el timbre. Bajo a abrir. Es el medidor del gas. En cuanto cierro la puerta vuelven a tocar. Traen libros. Una vez arriba de nuevo, leo que Chris reflexiona: «Qué autorreferencial es el delirio». Y a poco de seguir me encuentro con *steep* y disgustado con mi memoria voy al diccionario para encontrar: *abrupto, escabroso, ¡escarpado!* Cuántas palabras preciosas se desvanecen hasta perderse. Nunca indagué francamente en el significado psicológico de estos innúmeros resbalones en las mismas piedras. En cambio conservo desde hace treinta años un cuadernito donde fui y sigo haciendo antojadizas selecciones de lunfardo, españolismos, americanismos, y de tecnicismos, de la pesca a la astronomía, y de giros oídos a mis tías o a los borrachos del barrio del

Raval, y de hallazgos del venero de la literatura, todo cada vez
más confundido. Palabras precisas de una falsa opacidad, *gri-
morio, arúspice, afelpado*, palabras del álbum de la melancolía,
canillita, cachada, cenizo, palabras que la comunicación servil
me sepultó en el sistema implícito de la memoria: como *escarpado*. Así el tiempo segmentado se disuelve en la realidad de la
duración continua. Pero ya las diligentes funciones del cerebro
pasan de los ganglios basales a la corteza temporal media e invierten su esfuerzo en dos páginas más. Dick le vuelve a preguntar a Chris qué quiere. Ella dice que acostarse con él. Dick le
demuele la visión de placer preguntándole: «Why?». Es una
pregunta no ilógica pero ruin. Chris recuerda haber leído un
manual de etiología de la esquizofrenia que enumera seis formas de volver loca a otra persona. Apocada, contesta que pen-
só que lo podrían pasar bien. Él asiente y le pregunta si trajo alguna droga. Y entonces: «I was prepared for this. I was carrying
a vial of liquid opium, two hits of acid, 30 Percocet and a lid of
killer pot». Aprendo en la web que el Percocet es un analgésico
narcótico muy adictivo compuesto de oxicodona y acetomi-
nofén. Pero ¿tendré que poner *ampolla* o *frasquito*? ¿Y *yerba,
hierba* o *maría* (*letal* o *matadora*)? Ya no debería seguir ocultán-
dome que quizá no tengo gran fe en la eficacia o la factibilidad
de la traducción. Lo hago porque me sale con cierta facilidad,
porque me sienta al carácter más que el periodismo o la enseñanza, porque no tuve la paciencia de estudiar bioquímica y
por tozudez. Finalmente: «Sex with you is so phenomenally...
sexual, and I haven't had sex with anyone for about two years».
Lo que, sin pensar, como un copista, altero levemente: «El
sexo contigo es fenomenalmente sexual; y yo que hace como
dos años que no me acuesto con nadie». Bastante fiel a la idiosincrasia del estilo Kraus. ¿Pasable? Vaya a saberse. Algo de lo
mejor de traducir es que uno se carnavaliza.

En estos momentos de tribulación se aconseja parar. Nina se

ha despedido hasta dentro de unos días. Son las 14.35. Graciela ya volvió. Hay que comer. Como todo empleado de la industria, por especializado que sea.

Me acuerdo, sin embargo, de que a los diecinueve años, con un inglés esencial y mucho diccionario, traduje durante días un poema de Dylan Thomas porque la música me había embobado, porque Thomas animaba al padre agonizante a luchar contra «la muerte de la luz», por necesidad de apoderarme del alma de los versos; por ver si podía musicalizarlos en mi idioma. Así que en el comienzo la literatura surgía en mí indivisa, indiscriminada. El mismo egocéntrico que se apropiaba de ese poema quería poner en el mundo un pedazo de su jactanciosa visión. También compartirla, es verdad. Muy pronto el afán de distinción y la imaginación, que es tan independiente, dividirían las tareas, y la identidad se inclinaría por el lado presuntamente más aventurado. Sí, pero ¿no es también más amable, enriquecedor y hasta generoso traducir un texto ya organizado que traducir el desgobierno de la propia y promiscua cabeza? No sé. El traductor profesional escribe con la seguridad de que van a publicarlo. El escritor toma la palabra por su cuenta. El traductor tiene el privilegio de un uso público de la palabra. Doble responsabilidad. Por eso duda.

En el almuerzo, la charla matrimonial de cuentas y tareas comunes y obligaciones y chismes recae en la palabra común. «El argumento de Crespo adolece de un dato sustancial»: ese periodista no sabe que *adolecer* no es *carecer*, sino *padecer*. La presidenta se obstina en malograr sus grandes condiciones de estadista tuiteando en voseo, que «se quieren llevar puesto el país». ¿No se da cuenta que esa lengua simpaticona, nociva y pasional obedece al mismo régimen que la de los que se mueren por defenestrarla? Y con ella a nosotros, que tuvimos la impudicia de apoyar sus reformas. Así la historia nos derrota cíclicamente sin que el oído tome gran conciencia. La crítica de arte

PQ sostiene que «una ansiedad reverbera en nuestro corazón cuando el atisbo de una revelación asoma el hocico». Ah, la refinada creatividad argentina. Todo está mal ahí: el verbo *reverberar*, que un *atisbo asome*, la rima interna. La traducción de una novela alemana ignora que si el pasado de un pasado no se expresa en pluscuamperfecto la historia se esclerosa. Como leen demasiadas traducciones estándar, muchos escritores tampoco lo saben. De golpe me veo embutido en el escuálido repertorio público del insulto: qué manga de ñoquis, qué ladrones. Me siento desnucado por el garrote vil del idioma 2013. «No se nos ocurra levantar el dedito», dice Graciela. Sí, cuidado con envararse. Pero mientras tanto la traducción es un amparo para lo único que cualquiera puede lesionar impunemente, ¿no? ¿Y qué decir de la importancia de transmitir el exuberante archivo de la cultura, de saber o saber corroborar cuál es la versión más citada de las *Enéadas* de Plotino, qué es el *Libro de Kells*, quiénes son los «hombres huecos», qué es un quásar y qué un loncomeo, de saber que Raymond Roussel no es «Reimon Russel» (lo he oído en eventos públicos)? Si una gran tarea política del presente es razonar con calma cuánta gramática necesitamos para pensar y sentir de veras, hacernos una idea de qué es imperativo eliminar de la lengua, qué destruir, qué guardar y poner a disposición, el traductor puede cooperar como pocos porque está acostumbrado a dudar entre palabra y palabra. Hay que ver cómo me doy cuerda. El problema no es que la escoliosis sintáctica, la falta de curiosidad y el vocabulario mísero y errado nos impidan entendernos. El lenguaje todo es el elemento del malentendido. El problema es que creemos entendernos, y que algunos suponen que hablan claro y otros fingen que es posible. «La duda, en tanto que gran don moral que el hombre podría agradecer al lenguaje y ha despreciado, sería la inhibición salvadora en un progreso que conduce al final de la civilización a la que cree servir.» Esto avisó Karl Kraus en 1932, y poco después se soltó Hitler. Dentro de un rato, bajo la ducha, voy a rectificar todo lo que me dé cuenta de que hice mal. Como confundir *propano* por *butano*, que desde luego no son el mismo gas. Si hoy o mañana vamos al cine, examinaré los subtítulos como un forense o encontraré un giro astuto que me venga de perillas. Mientras, acá se ha largado a llover. Antes de retomar el trabajo, un cigarrillo que ayude a cambiar de tema. Para esto la traducción es utilísima. A su entrópico modo. «¿Vos sabías qué es el Percocet?», le pregunto a Graciela.

N. B.
La influencia preponderante de las traducciones en muchos momentos de la literatura no se detiene. Basta atender a la cantidad de novelas en español de las tres últimas décadas modeladas por el Bernhard de Miguel Sáenz. La mitad de la poesía argentina actual está impregnada por los poetas anglosajones que Mirta Rosenberg y Daniel Samoilovich han traducido para *Diario de Poesía*. Y me consta que ninguna obra de los muchos narradores que leyeron *El curso del corazón*, de M. John Harrison (Minotauro), dejó de acusar el efecto de bruma y desasosiego psicofísico que emana de la traducción de Andrés Ehrenhaus. Hay más ejemplos de sobra.

CONSOLACIÓN POR LA BARATIJA

Buenas noches. Quiero hablar del barrio porteño del Once, que me parece adecuadísimo para un debate sobre fronteras urbanas, pero si me permiten voy a empezar cantando. La canción dice más o menos así:

Canto a la ciudadela de los apelmazados rollos de franela y perlón estridente, a las cuadras y cuadras de inhóspitos comercios mayoristas de mostrador largo, anaqueles horribles y tufo a desodorante, té con limón, y humedad acidulante. Canto al pulóver de acrílico que electriza la carne, al hechizo micótico de esas galerías donde copias clandestinas del prêt-à-porter de moda conviven con pálidos originales de modas muy caducas, a los millares de perchas que vociferan blusas de orlón en la luz embalsamada de los fluorescentes; a los empleados y dueños que se hamacan de tedio en las puertas de los locales, al alborozo mecánico con que abruman al cliente. Canto a la fastidiada locuacidad del mercader atávico, a sus raptos de ingenio amargo. Canto al encuentro fortuito del tefilín del rabino y la muela de oro del estudiante boliviano sobre la mesa de un operador inmobiliario, al resto de balcón francés sobre el zaguán desbordante de pulseras zodiacales, cubiertos de plástico o llaveritos parlantes, a la mostacilla, el telgopor, la academia de danza flamenca, el cuello de microfibra desbocado. Canto al fondo violáceo de la galería comercial, a las polícromas fotos de sándwiches de pastrami que engalanan el bar diminuto, al tétrico pasillo del tercer piso que lleva al salón de tatuaje, el sillón del dentista y el estudio del contador. Ah, barrio del Once, sumidero de fuerzas indómitas y adormecidas, santuario de la manufactura irritada, el plagio industrial, la ganga y el regateo, ágora de exilios establecidos, nomadismo de la abulia, kermesse de tradiciones desvaídas pero tercas. Once: la socarrona codicia del comerciante descreído desbaratando la insulsa cuadrícula urbana, el devaneo de orden racional. Corroído escenario de una feria democrática autoconstituida.

Perdón por este desborde lírico. Tan whitmaniano, ¿no? Pero se me ha vuelto irrefrenable, casi crónico, desde el momento preciso en que se desató, el verano pasado. Era una tarde de sol bochornoso y yo había ido a que me hiciera un fondo de ojo un oftalmólogo que atiende en Larrea y Bartolomé Mitre, una de esas esquinas que no merecen una literatura urbana ni la alientan... Pero... ¿por qué no? De la puerta de la calle se entraba de golpe a la salita de espera. Las sillas eran bajas y estaban vencidas. Eso y la cara jovial del especialista fue lo último que vi aceptablemente antes de que él me pusiera unas gotas, me mandase a esperar y al cabo de media hora me acercara el oftalmoscopio. A la salida, con las pupilas agrandadas como medallas, busqué orientarme por el negocio de pelucas que recordaba haber visto enfrente. En vano. Dos tercios de mi realidad visible eran una titilación de alfileres blancos, y el martirio arreciaba cuanto más subía yo los ojos o más relucía la superficie que me atacaba. Los colectivos me ametrallaban de náusea; el deslumbramiento me atrofiaba el olfato y el oído. No atiné siquiera a comprarme unos anteojos negros desechables. Atento a no caer atropellado y no embestir transeúntes, me tambaleé hacia el subte zigzagueando por las calles del Once presuntamente más ganadas por la comunidad coreana. El tercio inferior de la realidad que podía ver, de los guardabarros de los vehículos o los muslos humanos hacia el suelo, era una sucesión de instantáneas experimentales: lámparas de efecto acuático, helados de palito en contrapicado, escorzos de maniquíes, chinelas de raso o de felpa, y aun en esa atmósfera velada me impresionó el colorido. Entonces sucedió. Vi el correteo aturdido de los chicos, algunos con chucherías en la mano, entre una torpeza de piernas agobiadas; vi que había muchas señoras de edad, y muchos vaqueros sucios, y ostentosas zapatillas descosidas, y que la muchedumbre que me estaba zarandeando se agolpaba contra vidrieras y zaguanes, se demoraba frente a estantes repletos de celulares, entraba o salía de corredores, y que la masiva corriente de excitación cinética era tan continua como la sucesión de ofertas; vi que una larga serie de camisetas deportivas solo mutaba en serie interminable de animalitos de vidrio o ropa de cama cuando yo lograba cruzar de una manzana a otra, o cuando la corriente me imprimía un giro, y que, entre el tráfico lento y recalentado, entre un hervor de charlas y de bocinas, empezaba a alentar en mí un deseo de comprarme bastantes cosas que, sin embargo, me gustaba mantener al borde de la satisfacción. Hasta que vi un escaparate con lencería de dama, y en un rapto de valor alcé la vista, y descubrir que el local se llamaba La Bombachita me alcanzó para comprender que entre el recuerdo del Once de mi infancia, donde ese local se habría llamado Roitman Hermanos, o el recuerdo de las agudezas de los sesenta, cuando se habría llamado La Liebre Rosa, y ese nombre de ahora, La Bombachita, había un rugido de tiempo histórico que me sobrepasaba, me vaciaba de mí, y de repente, desmenuzado en chispas de mercancía, fui únicamente ese barrio. Asimilado al centro de un mundo pletórico, percibía distintamente miles de detalles y no había síntesis por hacer ni nada que interpretar. Carteles e imágenes prevalecían sobre su significado y me aflojaban la individualidad. Pero, cosa rara, la embriaguez me libraba de esa miopía cotidiana, para la cual el barrio del Once sería un mero bodoque mercantil plantado en medio de Buenos Aires. No. Yo había entrado en una zona anómala donde la baratija revolucionaba el sentido común. Y entonces, del giro épico que iba tomando la situación surgió un recuerdo. A fines de los ochenta, durante un viaje de visita que hice cuando vivía en España, escuché disertar a un taxista que me llevó al Once sobre el cambio fatídico ocurrido en ese, dijo él, baluarte tradicional de la comunidad israelita. Cientos de negocios de bagatelas, e incluso los de confección, habían pasado a manos de detestables invasores coreanos. Esos roñosos sin ética empresarial, que fabricaban todo a precios irrisorios explotando a sus compatriotas pobres, habían obligado a los honestos confeccionistas moishes a exiliarse en Lanús, dedicados al cuero y la compraventa de oro. «Pero si usted se fija –dijo el taxista– va a ver que hay muchos negocios con las persianas no del todo bajas, y que dentro hay gente medio en tinieblas: son los judíos que resisten.»

Me pregunto qué hará ese hombre frente a la ola de inmigrantes andinos de hoy, por ejemplo. Y es que no es fácil arreglárselas narrativamente con una formación de una localidad tan extrema. De Rivadavia a Córdoba y de Callao a Pueyrredón, el Once es noventa manzanas de mejunje edilicio –barata construcción desarrollista, de ocho pisos, mancillando perlas de racionalismo y fortalezas de estilo burgués parisino– con un promedio, en las sesenta más densas, de ciento veinte bocas de venta por manzana, gran parte de ellos mayoristas. Telas, cueros, confección, accesorios para toda la casa, regalos. Un volumen de comercio de miles de millones por año. Iglesias, escuelas religiosas, gimnasios, un centenario colegio alemán, altares budistas, gran surtido de sinagogas; distribuidoras de cine; videotecas de ocasión y librerías de lance. Sirio-libaneses, judíos esquenazis y sefarditas, armenios, turcos esmerlíes, coreanos, chinos, peruanos, paraguayos, bolivianos y ahora brasileños disputándose la clientela, sin frenesí, entre la pasajera, constante multitud que derrama en la plaza Miserere el ferrocarril del Oeste y se desplaza despacio en la deliciosa narcosis del consumo posible. El emporio de la imitación empeorada. Por acá deambulan los que nunca comprarán por internet. Mimetizados con ellos andan cultores del camp en busca de curiosidades y desmedradas familias de clase media en busca de atuendo económico para cumpleaños de quince. Ansiedad de los vendedores por incitar a la compra. Facultad de Ciencias Económicas, Universidad del Salvador, Morgue Judicial y centro cultural Ricardo Rojas, factoría de artistas atrevidos. Calles asoladas por el bramido de los ómnibus. Tumba extensa de la planificación edilicia. Abundancia obscena de medianeras a la vista. Mustias flores de maceta en balcones cercados por humo de escapes. Muchachas duras de indecisión frente a caleidoscopios de zapatillas, hombres extasiados ante hileras de relojes, fuerte sensación de que hay gente acá que pasa mucho frío o un calor inhumano. Destacamentos de maniquíes que imitan niños o señoras de hace cinco generaciones. Eslóganes arcaicos en los cartelitos de precios: «Vea qué oportunidad»; «calidad europea»; «para la dama o el caballero». El bar La Perla, donde siguen fastidiando con que divagó Macedonio Fernández y se drogaba el legendario rockero Tanguito, y la pollería Sabor Norteño, donde se lee el diario de Lima. Agencias de envío de dinero, reventa de celulares usados, sótanos donde cúmulos de billeteras robadas esperan reconocimiento cinco metros por debajo de un tul de olor a varéniques, choripán, arenque encebollado, humus, pescado a la chorrillana, ají de pollo, chop suey y medialunas. Amena fragancia de los carritos de garrapiñadas. En Plaza Miserere, hombres de hinojos ante hornacinas con santos. Cumbia que llega desde la bailanta Elefante. Palomas que parecen de telgopor o pergamino. En una de las infinitas colas para los micros, una chica de pelo frito cubre con un pañuelo la cabeza de su novio, y lo besa, y él se mece en su silla de ruedas. Tráfico de cámaras digitales, porro, paco y Adidas entre humo de tortillas de maíz. Después del sacudón de esa tarde de enero volví en otoño, más de una vez, en lo posible siempre al crepúsculo. Cuántas y qué largas calles del Once no tenían un solo árbol, pensé. Pero que nadie lo declarase irremisiblemente feo.

No yo, al menos, que había nacido en el barrio, Cangallo y Pasteur, como en un chiste en yiddish, y vivido ahí los meses suficientes para que ahora me volviera un recuerdo, uno solo: la alfombra donde probablemente había gateado cuando bebé. Mucho más flagrante era que mi primer departamento de vivir solo hubiera estado en Lavalle y Junín, entre sederías y distribuidoras de cine. O sea que el Once me competía. Cebada por estas dos gotas, la memoria empezó a encharcar el presente a borbotones. El edificio de Uriburu y Tucumán a cuya puerta, acostumbrado antes a vivir en una casa, mi abuelo se asomaba en pijama. El escritorio tétrico de tío Riddel, adonde mi madre me llevaba de visita, en una planta baja de Mitre y Larrea. Mi avispada primera novia en Sarmiento y Uriburu. Mi segunda novia a dos cuadras de la estación de tren. Amigos politizados en un departamento a metros de la Perla del Once. Historias de una banalidad tan obvia como la arquitectura del barrio; por algo yo había querido olvidarlas. Pero la memoria no paraba de chorrear. El local mayorista de plásticos de mi tío Jack en Azcuénaga y Tucumán. Tortuosas clases de música en la academia del famoso acordeonista Feliciano Brunelli, a la vuelta de esa Recova que hoy parece de un policial de 1940 filmado en Panamá. Qué denso e intrincado el tejido de las circunstancias. Clases de teatro en el IFT, nido de judaísmo criptobolche. Un sótano en Viamonte y Paso adonde en mi primer trabajo de cadete me confinaban a ensobrar revistas. Qué atroz la falta de límites para las fuentes de melancolía. Años después, cuando yo viniera de visita desde Barcelona, a mi madre le gustaría que fuera a buscarla a unas reuniones de psicodrama para ancianas judías en la Sociedad Hebraica, institución a cuyo cine yo había ido, como medio mundo, a ver películas de Bresson. Me entraron escalofríos. ¿Sería que una parte voluminosa de mi vida, una parte que yo había tratado con menosprecio, giraba sobre ese barrio, incluso que el barrio era una pieza capital de mi vida?

No, no. Procuro que ni mi vida ni ninguna vida sean objetos a considerar, algo que si se contempla puede enseñar algo, una cosa cuidable que brinda conocimiento; procuro alejarme de este modo, fuente de autoindulgencia y dolores. Y por otra parte, si uno las mira desprevenido, la vida y la edificación del barrio del Once son un venero de antimemoria. Una instalación audiovisual de la amnesia. Una terapia por absorción en la corriente del momento. Y en la corriente del momento el Once era para mí la experiencia de una materia mental absoluta; para darle realidad, para coexistir con ella en una sola realidad, había que decir las palabras justas, si esto es posible, o ir eliminando las más falsas. Para eso tenía que volver al momento de ceguera del verano. ¿Qué es esto? ¿Qué es esta apabullante acumulación de instantáneas donde vive tanta gente y tanta más anda de compras?

A ver... A ver...

Antes que nada está la delicia de los nombres propios y los comunes, de gentes y cosas, ese multiverso de lo desigual, de la materia útil y el cachivache, la forma escénica primordial donde las palabras no indican las cosas: son las cosas. Párense en la esquina de Uriburu y Lavalle mirando al sudeste y miren los letreros: «Gatuvia, accesorios para la noche»; «Remeras Nick Tramsay»; «Tobías Michels, el rey del plástico»; «Carteras Mireia Peyton»; «Peceras Chuan Leng»; «Panchos» «Explorer»; «Artículos de cotillón "Tu festichola"»; «Lo de Sara»; «Danzas Agarrame»; «Escribanía Chalukián». En cuanto uno se habitúa al mareo, descubre método en el delirio aparente. Ahí están, uno al lado de otro y a lo largo de tres cuadras, esos locales desnudos, guarnecidos de rollos de polar en pie, encapuchados de plástico como flagelantes de un culto a la confección canalla. Pero en una transversal lo que se alinea son vidrieras con herramientas, o con animalitos de tela, madera, plástico y peluche, o bolsos o relojes. El Once es una combinación de cantidades exorbitantes con una especificidad minuciosa hasta lo insondable. En el Once se puede comprar: 17 metros de perlón antipiling imitación leopardo, sarga, shantung, muselina o lamé nacarado de 1,80 m de ancho; cincuenta y siete modelos de gorros, cada uno posible con los colores de la bandera argentina, brasileña, finlandesa, etcétera; manteles individuales con forma de vaquita, uva, banana o niña pequinesa; sacapuntas extrasuave para lápiz de ojos; el libro *Patología Forestal del Cono Sur de América*, de Raúl Mosteroni, y el libro *La condición humana* de André Malraux; un video de *Zazie en el metro* de Louis Malle; un fraude no empalagoso de colonia Calvin Klein One llamado Cavin Lein Uno; un símil de placenta con los fetos de dos gemelos en resina epoxi; floreros de vidrio de veintitrés formas en tamaños chico, mediano, grande y extragrande, si se quiere con el girasol de plástico incluido; vaqueros, delantales, gargantillas, cepillos de dientes fosforescentes para verlos durante cortes de luz. Ahí la industria se ha vuelto naturaleza: solo obedece a la pulsión inacallable de replicarse. Y en ese clima de generación permanente uno empieza a necesitar de todo. Uno no solo querría probarse los pañuelos más estrambóticos, los pantalones más chingados; desea esas cosas para que lo adornen y condecoren, relojes de pared, anotadores, estuches, muñequitos, miniaturas de Harley-Davidson, y las desea porque son efímeras, inservibles, y cuando uno cree que el barrio lo ha curado de la enfermedad utilitaria repara en que también desea estas cosas porque son accesibles, es decir, baratas.

En el buen precio siempre radicó la vitalidad de los mercados populares, y en la pequeña escala y la variedad, sus efectos mágicos; esto hasta que el capitalismo terminó de consolidarse en un gran mercado racional, abstracto y automático. Dentro de esta historia, el Once es la reliquia de una cruza contra natura entre feria popular de pequeños productores y racionalismo de industria. El Once fue creciendo como una prueba de que los sueños de la razón ya no producen monstruos. Entre las construcciones del barrio no hay ni siquiera auténticos adefesios. La caprichosa arquitectura de Buenos Aires decae aquí al unísono, en un gris de abandono y suciedad festoneado de adornos. Al mismo tiempo, en el gentío de la calle el deseo de mercancía es tan indiscernible de la necesidad que no hace falta tentarlo con eslóganes culturales, religiosos, históricos, jurídicos. Nunca civilización y naturaleza estuvieron tan divorciadas como en el Once de hoy, ni las construcciones más lejos del misterio.

Y sin embargo hay un tono emotivo, aquí, ¿no es cierto? El oído lo advierte en algo como un crepitar de estática, un bamboleo del aire donde, cerca de la estación de trenes, las disquerías resuenan de música bailantera, un ulular de sicus o un alarido de clarinete, un bisbiseo de plegarias a veinte divinidades distintas y de discusiones de pareja en cinco lenguas. El código de ese tono está oculto no solo para los peatones que lo acarrean, sino para los moradores que lo alimentan. Produce en el aire subrepticias inflamaciones de sexo, de remordimiento, de codicia, de desasosiego, de desquite, de contacto y de entrega; está, ese código, en palabras pocas pero irrefrenables que desbaratan la lengua del intercambio comercial. Por entre la enfermedad de la gestión mercantil, se filtra una efervescencia impura, aplastada y caótica, y en los nombres deliciosos y la loca variedad de la bagatela también una gracia, y al cabo una claridad, limitada, limitadora.

Miren cómo a las insípidas, frágiles decenas de edificios sesentistas, con sus ténders y sus triciclos en balconcitos inusables, se yuxtaponen buenas copias vernáculas del art nouveau, del decó y el racionalismo; y vean cómo al pie de esa gramática de la distinción, en los locales comerciales de la calle, cunde una sola apatía del alma; ahí toda la iniciativa está puesta en el rédito. El espíritu pequeño burgués, ovillado en el interior de la casa, el dinero y la familia, inactivo en el foro, trata el espacio público con cortedad estética y sensación de peligro. Peor todavía: por las noches y los domingos la compulsión de los más acomodados del barrio a resguardarse en espacios alejados, seguros, deja este mundo secular desierto, paralizado, presa de un aire ominoso. Ni los varios e inconspicuos templos del barrio, ni el bullicio de los muchachotes jasídicos en las esquinas, compensan el cierre de los comercios. Pero por eso mismo se nota que, al menos de lunes a la mañana a sábado a la tarde, estas calles representan para el hogar burgués lo que el mercado del medievo daba a una grey protegida por la catedral: vivacidad de intercambio, necesidades y beneficio indiscernibles del placer del contacto. Los días de semana, en el Once no hay frontera entre el local y la calle; a lo sumo una mampara aísla la oficina que hay al fondo del negocio; más allá de la gestión del dinero, parece que nadie tuviera una privacidad que defender. Y no es por una ética de la comunidad, ni siquiera por un ideal campechano; es simple tendencia al amuchamiento, a la promiscua dependencia mutua. En el Once es difícil comer solo; si acaso se come en una falsa privacidad coral, vinculada, en mesas angostas de un espacio atiborrado, activo, que niega la infausta, inflexible división burguesa entre relaciones cara a cara en ámbitos cerrados e intercambio expuesto y mudo en el lugar público. El aire de las galerías pixeladas hierve de cuitas sentimentales y asuntos de liquidez. Manzanas y manzanas de conversación incesante: he aquí la consagración del mercado antiguo, sus maravillas tangibles, sus secretos joviales, sus chismes ilusorios, sus fábulas fraudulentas.

Bueno, no exageremos.

A cincuenta metros de la esquina nordeste de la Plaza Miserere, de espaldas a las vías del tren, está el monumento espontáneo a los muertos en la catástrofe de la discoteca Cromañón.

Todo monumento funerario es una exhibición franca y hasta jactanciosa de herida íntima, pero esta instalación asfixia la piedad del que pasa. Después de verla uno siente que el dolor que prolifera en la vida del Once es mucho más fino, insondable y penetrante que la vindicación del dolor que teatralizan estas descoloridas fotos de familia, las zapatillas chamuscadas que cuelgan de alambres. El dolor más permanente del Once atisba en las pensiones de empapelado sofocante, en el humo y el frío de las parrillas de paso, en esas persianas eternamente torcidas, en la ansiedad de la mano que palpa las pocas monedas del bolsillo, en la grasa aglomerada en refrigeradores achacosos, y cobra cuerpo en la fatiga nerviosa del paso de la muchedumbre. De siete a nueve de la mañana, trenes y micros vuelcan decenas de miles de viajeros, una riada de mano de obra que inunda las avenidas del barrio, se escurre por las calles, en el tránsito a otros lugares deja aquí sus guarniciones y crece de nuevo al atardecer, antes de apretujarse en el tren suburbano o formar las interminables, aletargadas, hastiantes colas de los micros de regreso exudando un cansancio que empapa el aire y por poco no derriba. Villeros. Empleados administrativos. Desocupados periféricos. Emigrantes. Tropa multitudinaria del trabajo en negro, algunos incluso en la confección. Uno que otro díler; pungas también, y charlatanes. No tienen grandes miedos, y andan con el deseo solo a medias gastado. En las orillas de la plaza los recibe la música de las disquerías de ocasión, rutina de sampler y procacidad anodina, Mariah Carey, Natalia Oreiro y Jorge Sanz, «Tuve tu amor y también tu fuego, / Tuve tu veneno, / Tuve tu vida y ya no la quiero», que un pasillo de olores de chipá y pochoclo transforma, como en un Escher bárbaro, en formas repetidas de negocios de ropa, hospitalidad asfixiante de locutorios, zapaterías, bazares de regalos. De esta hueste bamboleante pero erizada el Once es red de accesos a la ciudad, shopping center y sistema de postas de refresco, la tranquilidad y el hartazgo de un trayecto obligado y la reparación por medio de la vagancia y el gasto. Porque ya me dirán ustedes si, cuando la alternativa es una hora de cura del alma con el estentóreo pastor de la Iglesia de los Caminos de Cristo, por ejemplo, comprarse un vaquero o unas zapatillas con cámara de aire a un tercio de lo que cuestan los originales en otro barrio no es un consuelo y una mínima liberación. En los primeros meses de este año de inflaciones, el 80 por ciento de la población argentina, sometida a los mismos aguijones del deseo que el otro 20 por ciento, participó en el consumo con menos del 40 por ciento del total. No vamos a propugnar que manteniendo esta inferioridad, o extremándola, las gentes de corazón humilde entren en una vía espiritual de ascetismo; mucho menos que se agudicen las contradicciones sociales y crezca la conciencia revolucionaria, como en tiempos del leninismo. Algo hay que hacer con la excitación sobreinducida y atascada, ¿no? En el modelo mundial que predomina, una vida es una larga rutina jalonada de orgías. La consigna del Once es «miniorgías para todos ¡ahora!». De la grey que resplandece en la iglesia sectaria, al rubor del que incursiona en la cadena de ropa informal Bruggin's, del altarcito budista de emergencia o la sinagoga de entresuelo al corpiño de lentejuelas para la murga, el Once es parejamente profano: fetiches divinos del espectáculo en su escalón de desahucio. En este suelo tan bajo, el cálculo racional retrocede al mundo preilustrado del cuento maravilloso. La vida recobra encanto. El Once es el reino autocreado de la consolación por la baratija. Solo que el comerciante sabe que además del capricho están las necesidades básicas de esta clientela, que no son nada volubles, y las de los negocios minoristas cuyas existencias él provee, y que si su negocio no las atiende va a terminar por hundirse. Así es como el riesgo crea un clima de provisionalidad que hermana al vendedor con el cliente. Por muy condicionada que esté nuestra mente, el cuerpo tiene que abrigarse, y calzarse, y precisa un jabón no abrasivo, y para cebar el mate necesita un termo que conserve el agua caliente y no chorree, mecacho, como el minorista necesita stock para vender en su quiosquito. El Once es un desafío a las uniformidades dictatoriales del mundo global. Una serie de repeticiones que realizan la fantasía de verse considerado y abastecido.

Termos, ya que acabo de mencionarlos, vende en su negocio el señor David Najman, nacido en la Galitzia rumana, veterano de cuatro matrimonios y casado ahora con una cordial señora mulata. Hace cincuenta y dos años que Najman, que se proclama criollo, vende termos de toda clase, de plástico, aluminio o acero inoxidable, de dieciocho pesos a novecientos; podría retirarse, pero dice que si no viene al local pierde el asidero que lo sostiene en vida; Najman es una mente mercantil que la edad y la influencia de este baile de apariencias han vuelto un alma casi dionisíaca. En el Once este casi hace una diferencia importante: manifiestamente, cuando dice su edad el señor Najman toca madera; y si es supersticioso no puede entender la tragedia. Sin embargo, desde su atalaya en el mostrador, mira la calle agitada con la templanza que dan miles de días de exposición a individuos de lo más diverso, menudencias corrosivas y conflictos súbitos o duraderos. Los griegos decían que el aplomo que da la exposición a la belleza de lo diverso estimula el impulso de hacer algo igualmente bello. Arte, por ejemplo. *Poiesis*. No es el caso del Once. Así como a partir de cierta edad uno es responsable de su cara, en el Once hay suficiente historia como para que su comunidad se haga cargo de la apariencia que tiene. Pero no: al señor Najman y sus colegas y clientes les importa un pito que la calle que miran sea horrible, y aún prevén que en los años próximos la fealdad grosera, el abandono y la suciedad arrecien sin depender de las ciclotimias de la economía. No tiene por qué haber un apocalipsis. Las transformaciones de la fealdad pueden no terminar nunca. Pero justamente por eso, ahora que en esta ciudad se libran las luchas decisivas por la propiedad de los espacios comunes, y visto que a los vecinos del Once no les interesa el remiendo, en los momentos de vena política uno se pregunta si lo que habría que hacer con algo como esto sería arrasarlo y levantarlo de nuevo (contando con malos antecedentes y previendo una suerte improbable), o respetar la inercia no del todo infeliz de su enfermedad eterna.

Solo que *enfermedad* es acá una palabra muy cretina. El señor Najman me ha explicado exhaustivamente por qué el barato termo que me vendió es lo más práctico que tiene para el trabajador de escritorio, cómo manipular el pico rebatible y por qué no conviene exigir la rosca. Me mostró una gama de repuestos. Fueron momentos muy gratos. Después me acompañó a la calle y, antes de bajar la persiana, se puso a discutir con el vendedor de falafel de al lado, cuyo quiosco es una mugre con olores suculentos. ¿Qué augurará este crepúsculo lívido y varicoso? Enfrente, en la acera de un local largo, azulejado como un corredor de hospital, bolsas de basura mal anudadas derraman un tapiz de pasto sintético para pesebres, y en pleno mayo. Esto es lo que tenemos en este lugar de la ciudad: esta empresa, este pálpito, esta sordidez preñada de emociones neutras. Hoy el destino de cualquier ciudad incluye la eterna transformación de sus fealdades. Esta es la fealdad que hemos hecho nosotros; es un reflejo de parte de nuestra mente, incluso para los que solo andamos de paso, y nada indica que si está enfermo seamos nosotros, todos, quienes podamos hacer algo más sano. Se diría que no. En realidad ni siquiera sabemos, ahora que lo estamos tratando así, si el Once es un organismo vivo o un fantasma. Quién sabe. A lo mejor el Once es uno de esos corazones del universo donde, a pesar de cada dolor y cada alegría exteriores, cada cual tiene, por un instante, la posibilidad de ser lugar indefinidamente perfectible de decisión y resonancia. Un vínculo ambulante entre la intemperie y el abrigo, entre el capricho y el juicio, entre el cómputo y la pérdida, y entre los idiomas y las sensaciones y los futuros. El Once podría ser una obra de arte del desequilibrio. En este caso la mejor iniciativa política, me parece, es exigir que a nadie, por un rato prudencial, se le ocurra tocarlo.

DOS O MÁS FANTASMAS

Hay un poema de A. R. Ammons que habla de las vidas perdidas, no en el mundo en general, sino en un presunto individuo. Se llama «Easter Morning» (Mañana de Pascua), es de 1981 y empieza así:

> Tengo una vida que no prosperó,
> que se hizo a un lado y se detuvo,
> anonadada:
> la llevo en mí como una gravidez o
> como se lleva en el regazo a un niño que
> ya no crecerá o incluso cuando viejo nos seguirá afligiendo
>
> es a su tumba adonde más
> a menudo vuelvo y vuelvo
> a preguntar qué es lo que falla, qué
> falló, a verlo todo bajo
> la luz de otra necesidad
> pero la tumba no se cierra
> y el niño,
> que se agita, habrá de compartir tumba
> conmigo, viejo que se las
> arregló con aquello que quedaba [...]

A lo largo de unos cien versos la meditación sigue, no siempre con un ánimo tan lúgubre, durante un paseo por el campo, visitas a viejos tíos y conocidos de un lugar natal, gente que podría ser real o imaginaria, miradas al paisaje y conjeturas sobre el niño que no prosperó, como si el que habla en el poema estuviese buscando la calma por encima de esa penosa bifurcación de las vicisitudes. Archie Randolph Ammons (1926-2001) fue uno de los últimos grandes poetas norteamericanos de la naturaleza. Confió el anhelo de contacto a la descripción cuidadosa y a una forma lábil, movediza, tan imbuida de reverencia al misterio como de designación científica: antes que *calma* prefirió decir *estabilidad*, antes que *inquietud, desorden* y, antes que *espíritu, mecanismo complejo*. Fue un poeta de la inmanencia: para él lo misterioso era que el mundo esté todo en sí y contenga todo, hasta la posibilidad de conocerlo. Por eso, aunque sea infrecuente, no extraña en su obra este poema intimista que habla más bien de lo inconcluso que persiste, de la continuidad de lo que parecía interrumpido. Es de una nitidez tan alucinante que por momentos parece que Ammons convocara a un gemelo muerto, pero no: habla del encuentro imprevisto con el extranjero que llevamos dentro; o con el cadáver resurrecto de alguna de nuestras posibilidades eliminadas. Yo lo traduje en 1995, cuando me faltaba un mes para volver a vivir en Argentina después de veinte años en España, mejor dicho, en el País Catalán. Entonces lo asocié rápidamente con *La esquina feliz*, el cuento de Henry James en que un hombre que ha vivido treinta años en Europa vuelve a la Nueva York natal. La ciudad es otra, al punto de que empieza a poblarse de rascacielos, y él, el cincuentón Spencer Brydon, se hace cargo de una casa de tres pisos que ha heredado. Como es la casa donde pasó su infancia, lo abruma con interrogantes sobre el destino del niño que él fue ahí. Brydon se acostumbra a visitarla de noche, casi se envicia; deambula horas por las habitaciones desiertas, solo, hasta que a fuerza de acecho logra sentir una presencia; y al fin la presencia se le manifiesta. La figura que Brydon ve y James define con un par de trazos (lleva galera; a la mano con que se tapa la cara le falta un dedo) lo sacude tanto que se desmaya. A la mañana siguiente despierta al pie de la escalera, en brazos de su mejor amiga, en un sopor de piedad horrorizada y reconocimiento.

En mi oportunismo, yo interpretaba que el fantasma del cuento de James y la vida enterrada del poema de Ammons simbolizaban lo mismo: a saber, que la casualidad no da tregua. Basta que uno asienta un poco menos que incondicionalmente al curso autónomo de los hechos, que sea un poco remiso a encarnar el acontecimiento, para que con cada giro imprevisto arrecie la lucha terca entre el plan y la vida. Mantener estrategias agota y a la larga lesiona. Pero si uno acepta ese cansancio, puede sentarse y ver algo de lo que ha pasado, esclarecer en cierta medida qué dejó atrás o resignó en cada disyuntiva. En todo caso yo necesitaba una visión amplia sobre la decisión y la espontaneidad. Alrededor de un año y medio antes, durante una visita a Buenos Aires, una escritora que yo no conocía me había ofrecido hacerme una entrevista. A los pocos días, la tarde de la cita, yo había abierto la puerta de la casa en donde paraba y ahí estaba ella. Es decir: era Ella. Saltemos por encima del año y medio de deliberaciones, encuentros urgentes y contabilidades. Las cuentas estaban muy divididas. En la Argentina percudida por la dictadura de 1976-1983 había una incipiente democracia; yo tenía toda una historia y una vida diaria amable en Barcelona, dentro de lo completas y amables que pueden ser las vidas; a la vez, la pregunta de dónde quería envejecer no se acallaba. Era una oscilación interminable. Pero si hablamos de espontaneidad, lo mejor para entenderla es una conmoción amorosa. No había por qué decidir. Ni fatalidad ni causas: lo que había, como siempre, era la necesidad de que exista el azar, que en ese caso me mandaba de vuelta.

Pero ahora, al filo del regreso, embebido de Ammons y de James, me preguntaba solapadamente quién habría sido yo si veinte años antes no me hubiera ido de mi ciudad, en caso de que hubiese alguna ciudad mía. Sigo convencido de que no es una pregunta trivial, y menos redundante. Es útil: complica el relato que uno hace de sí. En las últimas décadas, hablar de relato se ha vuelto cada vez más práctico para una serie de disciplinas, desde la filosofía, la antropología y la psicología hasta la politología y el periodismo, incluido el de la televisión. Hay un difundido acuerdo en que los humanos ven o viven su experiencia como un tipo u otro de narración, que somos por naturaleza novelistas de nosotros mismos y que poder relatarse con abundancia es esencial para tener una personalidad plena y sincera y hacer una vida buena. La falta de un relato personal denotaría tendencia a la psicosis o la inmoralidad. Sin embargo algunos filósofos, como Galen Strawson, sostienen con pormenor de razones que esas tesis son falsas. Strawson dice: no solo es falso que haya una sola manera acertada de experimentar nuestro ser en el tiempo –está la manera Proust y la manera Joyce o de Pessoa, por ir a ejemplos gruesos–; el mandato de ser una unidad narrable puede cerrar caminos de pensamiento, empobrecer éticamente y crear desdicha al que no encaje en el modelo. Hay sujetos diacrónicos, que consideran su esencia como una médula que estuvo en el pasado y seguirá estando en el futuro, y sujetos episódicos, que no conciben su sí mismo como una presencia continua. Strawson dice que, si hay un *self* en cada individuo, es «una sinergia de actividad neural»: de modo que el hipotético sujeto de la experiencia es el producto mudable de una materia cerebral siempre en proceso: un aglomerado indefinido de selfs pasajeros inscrito en redes de células. Con este material puede armarse un relato, varios o un rompecabezas inacabable. En mi parecer, sin embargo, en el estado de pulverización del lenguaje que afecta al mundo, de adhesión de los relatos personales al inventario tópico de la cultura de masas, y de incapacidad de expresar matices debida a la esclerosis sintáctica del hablante medio, creo que necesitamos un arte de la argumentación detallada. Necesitamos argumentos, siempre y cuando prescindan de la vieja pauta de exposición, nudo y desenlace y de la condicionadora exigencia de tensión y crecimiento a que el público global está habituado. El premio al condicionamiento se lo lleva el culto a la identidad por las raíces, un eficacísimo productor de sujetos en serie.

Así las cosas, preguntarse quién habría sido uno si no se hubiera ido de un lugar es tan disparatado que trastorna el mandato narrativo. A mí me tentaba ese disparate. Durante años me había ejercitado en el desinterés por el pasado porque el pasado no servía para la vida, que en realidad era una sucesión estroboscópica de presentes. No me había costado poco concluir además que el exilio, con su fardo de culpas, rencores y dolor, era un falso problema creado por las palabras. Había masticado mi Bataille: soberano es el que sabe que en el vasto fluir de las cosas él es solo un punto favorable a un resurgir; el que prescinde de constituirse como un proyecto. Había procurado despersonalizarme. Me alegraba sentirme como un precipitado de lo que muchos otros habían depositado en mí. Me parecía que estaba prevenido. Cierto que, por mucho que me aliviase tener DNI español, nunca había dejado de referirme como argentino: seguía siendo de un país. Y, la verdad, si para volver ahí tenía que prevenirme tanto no era muy soberano que dijéramos. El amor me daba temeridad y energía, pero la Argentina real me daba miedo. En un viaje anterior a Buenos Aires, mientras me cortaba el pelo, había escuchado a varios señores evaluar la especie de que el presidente Menem, ese astuto latino bajito, se había acostado con la áurea modelo alemana Claudia Schiffer. Se me ocurrió que una credulidad tan pueril encajaba bien con la perversidad que había aplastado al país durante la dictadura y la guerra de las Malvinas y todavía flotaba en los usos de la policía, la inmunidad de cientos de asesinos y el goce del país en autocelebrarse. Y pensé que la facundia de los argentinos y la compulsión a adornar todas las pausas de una charla con agudezas eran la inversión de un pánico al vacío. Bueno: mi yo joven había sido un avanzado borrador de argentino de esa calaña. Para

Macedonio Fernández el mundo era un *almismo ayoico*; yo solo había vislumbrado qué quería decir Macedonio viviendo en otro país, o tal vez con los años, y ahora temía quedar preso en la servidumbre a la continuidad del yo con su pasado. ¿Y si no podía escribir más? ¿Si caía en un realismo doctrinario, reflejo y disecado? Para mí la literatura era la evasión más radical, un transporte de la realidad sucedánea en que vivimos a la posibilidad de un contacto con lo real, y por eso hacía literatura fantástica; y entonces empecé a precaverme, tanto de la promiscuidad como de la nostalgia, escribiendo todas las historias que se me ocurrían en un mundo inventado, que me proponía ir explorando de una en otra, llamado Delta Panorámico; un mundo hecho con astillas y posibilidades del nuestro, desde donde, esa era la ambición, nuestro mundo se pudiese ver mejor.

Y pese a todo, con el regreso me entraba una dulce sensación de cumplimiento, de concordancia; el cese de una recóndita inquietud por el destino, del titubeo callado sobre el lugar de pertenencia. Un reposo. Aunque la sensación fuera sospechosa, incluía una necesidad de actuar en la polis, de unirme a una sociedad, la de mi origen, con la mente refaccionada. Cierto que en seguida comprobé que mis miedos estaban fundados. En Argentina no había sociedad pública, salvo la del espectáculo o las corporaciones, entre las instituciones y organizaciones políticas y la familia impermeable. El pequeño burgués argentino se jactaba de no pagar impuestos; remozaba diligentemente su casa, pero rarísima vez la acera, y en la acera ajena dejaba cagar a su perro. El discurso social argentino solo aceptaba que se hablara desde posiciones reconocibles y todas esas posiciones, incluso las subversivas, incluso las de muchas sectas de filiaciones inmigratorias, formaban un hermético sistema de oposiciones complementarias: *la argentinidad*. Definirse era el estilo y la exigencia, y dentro del repertorio de figuras definidas estaban los locos pintorescos, los genios excéntricos, los escépticos y los disconformes. Pero estos pavores languidecían al lado del encuentro efectivo, tan distinto del de las visitas fugaces, con mis amigos y conocidos de primera juventud, porque ellos le hablaban a la persona que suponían que yo había llegado a ser según el desarrollo lógico del embrión que recordaban. Esos seres queridos no me miraban ni me escuchaban; de hecho procuraban no verme, para no encontrarse con ese falso esbozo de español, un tipo cuyas críticas al país parecían observaciones de turista. Como a alguien le hablaban, era imposible no preguntarme a quién. ¿Quién habría sido yo si no me hubiera ido? Dejemos de lado que habría podido estar muerto o desaparecido. Esos amigos habían sobrevivido, mientras otros morían, pugnando por mantener la entereza entre trabajos oscuros, la desolación y las complacencias, pero atrincherados en sus convicciones sin revisarlas –aun cuando el socialismo de partido único ya se desmoronaba, reo también de ineptitud y barbarie–, sin cavilar cómo podía ser una futura práctica emancipadora, sin revisar nuestro eventual papel en una batalla que habíamos perdido, quizá porque estaban demasiado heridos y aislados. Yo veía en ellos a uno de los que habría sido, posibilidad más acre por el hecho de que eran generosos, altruistas y deseaban ese mundo más justo, si no más libre, que habrían tratado de implantar una vez más aunque buena parte de los argentinos se habían desentendido de la masacre. Yo no le reprochaba a mi ciudad natal que hubiera cambiado, sino que fuese la misma. Y releía el poema de Ammons como un presagio: porque el que habría sido yo habitaba cómodamente esa ciudad detenida, con su población, incluso la más resistente a la autoridad, de todos modos ansiosa, irascible, autoritaria en su simpatía, afecta al fundamentalismo de las raíces; una ciudad de personalidades impetuosas, de religiosos descreídos y ateos supersticiosos, clavados en la mística del crecimiento personal y nacional, de la incesante marcha adelante, y nada vigilantes de su racismo subcutáneo; una ciudad en cuya cultura la familia no solo era refugio, no solo maraña de afecto, atenciones y rencor, sino claustro, empresa, leyenda, generador de sensiblería apática, banco usurario y tribunal hipercalefaccionado. Yo no quería reencontrarme con ese yo pretérito. Tenía de él una opinión muy pobre. Así que empecé a alejarme de las antiguas amistades que insistían en restituirlo. El procedimiento se volvió recalcitrante; para combatir los mitos vernáculos me impuse olvidar las letras de tango que había atesorado en mañanas de radio en la cocina de mi madre y en la primera juventud de varón porteño hijo del pueblo. Velé con denuedo por las amistades y relaciones de trabajo con España. Al fin, vacilando, sorteando el recelo, anudé lazos con gente que había conocido en mis viajes desde fuera, es decir, que me había encontrado en fase avanzada de transición. Con ellos la falta de foco era menor. Pero solo mi mujer le hablaba a mi presente; solo ella se relacionaba con mi relato, como yo con el de ella. No sé si esta minifenomenología será cierta, pero el tironeo entre posesión y entrega puede poner a los amantes muy nerviosos, hasta que se rinden de veras. Entretanto mi mujer y yo nos estudiábamos. Mientras, además, las ventiladas mentes argentinas a las que ella me acercó iban abonando una nueva versión de mí que, como había previsto, se instaló en la polis con ese grado de efusión y de inquina que solo despierta la comunidad en donde uno fue chico.

«Ponga a dos individuos en relación con el cosmos y se relacionarán de verdad entre sí», dijo Robert Creeley. A mí, que había tratado de iniciarme en el desapego, me amargaba que las estridentes ciclotimias de la política, las perentorias tensiones del amor y los aportes e inquisiciones de los nuevos conocidos me apartaran de la vía. Siendo un hombre de letras, no se me escapaba que la interferencia provenía del carácter vírico del lenguaje, la mayor herramienta de control sistemático y de falsa comunicación. Argentina es un país de recio monolingüismo dialectal, orgulloso de su facundia, sus excentricidades sintácticas, su inventiva léxica, su prosodia veloz y campechana. Sobre esto se ha escrito mucho, y es cierto que esa lengua es rica en su peculiaridad; pero, absorbida por el espectáculo, ha derivado en una variedad reluciente y escuálida como una modelo, de un tecnicismo afectado, hegemónica, calificada de *expresión argentina*; un cálido invernadero verbal del reconocimiento inmediato, donde los retoños de usuarios, a despecho de sus opiniones, se desarrollan como plantas de la misma especie. Como sé que el que dice lo mismo que todos no puede pensar con matices –menos aún si ignora el uso de subordinadas– y termina por no sentirlos, la cuestión me impacientaba. Para colmo, mis rebeldes resabios de españolismos solían provocar una sorna irritada. Yo decía *vale* en vez de *bueno* o *está bien*, *calabacín* en vez de *zapallito*; a veces se me escapaba un tonito impropio. ¿Y este qué se cree que habla? He oído zumbar esa tácita pregunta frente a regresados de distintos destierros. En un extranjero los deslices son simpáticos; en un argentino son vanidad o alta traición. A mí me resbalaba estar marcado; al fin y al cabo era esa clase de distinción a que el emigrado se aferra; también era la proclama de que mis veinte años en España no habían sido un paréntesis de exilio, sino una vida plena de alteraciones irrevocables. Y con ese ánimo escribía. Mi plan más político consistía en inficionar la expresión argentina de impertinencias, tanto locales como tomadas del tronco central del español; perforarla para que mostrara su fondo hueco y repararla con una nueva mezcla. Fantasías, es evidente, del que detesta su lengua tanto como la adora. Justamente, fue cavilando este deseo como de golpe comprendí que, al fantasma del que habría sido yo de no haber dejado Buenos Aires, se había sumado el fantasma del que podría haber sido si me hubiese quedado en España.

Esto era muy prometedor; una interesante complicación del cliché.

La unión de esas dos probabilidades, a las que sin duda se sumaban otras más fugaces abandonadas en lances menores, conformaba un extranjero en mí, precisamente el extranjero que escribía: una evolución del extranjero implícito que siempre escribe cuando uno se sienta a escribir. Claro que al mismo tiempo me percaté de un error. En España, mientras se prolongaba en mí la épica de las comparaciones típica del exiliado, había procurado resguardar mi rumor vernáculo de incrustaciones de la lengua imperial; sin embargo había terminado contaminándome, por suerte, y en esa emisión contaminada había encontrado el poco de autenticidad que puede haber en cada escritura. No iba a protegerme ahora del contagio de la expresión argentina, ¿no? Un corolario inmediato del desapego es la comprensión de que las cosas y los seres surgen a la realidad conjuntamente; de que somos nodos inseparables de un tejido siempre mantenido y renovado por las relaciones. Entonces columbré que si la lengua es un virus, también es el medio de la relación, y tal vez el trabajo constante de las relaciones, la amorosa y las otras, fuera el vehículo de la salida del sistema. Solo abriendo a los aportes y sustracciones de los otros el lenguaje que yo iba aglomerando podía evitar encerrarme en un relato impermeable a los fantasmas. Hasta los maestros de la mística recuerdan que el deseo de conservarse es impolítico y vulgar. «Si cualquier roce te irrita, / ¿cómo vas a limpiar tu espejo?», dice un poema de Rumi.

Había que acallar la policía de la conciencia y a la vez aplicar discernimiento; algo que bien podría ser la definición de una poética. Un sí mayor y un no menor (o a la inversa). No solo desestabilizar el argentino estándar y el español inmarcesible desde dentro, trastocar jerarquías y entendidos, alentar las transformaciones siempre activas en cualquier sistema simbólico –no solo abonar el campo, ponerlo a vibrar–, sino también cortar las secuencias narrativas que tapan las rupturas y discontinuidades de los hechos, encadenan la vida a la lógica del tercero excluido y tantas veces ocultan con una razonable continuidad los abismos de una historia enloquecida. Hacía falta un pensamiento asociativo para el ritmo de las relaciones.

Me pareció que la literatura tenía sus poderes, no tanto de incidir bien o mal en lo real, como de hacer cosas con el mundo. Y que la fuerza y el ahínco para buscar la autonomía, ese conocimiento inseparable de la caridad, se obtienen de las condiciones dadas. Todo consiste en asentir. «No se hagan falsas ilusiones –les dijo Buda a sus discípulos–: el nirvana, ese estado de cese de la ansiedad, es el samsara, la rueda de las reencarnaciones, es decir, este mundo. Y el samsara, este mundo, es el nirvana.» A mí me hacían falta unas cuantas reencarnaciones para entenderlo. De momento, necesitaba fricción.

La fricción convirtió la vida diaria en Buenos Aires en una generadora de vidas hipotéticas. Dos fantasmas le agregaban un rumor de tiempo descoyuntado y de impermanencia. ¿Había algo que temer? Si no me hubiera ido no habría experimentado la distancia, esa fuente de nostalgia, estupor culpable y languidez cuando el emigrado mira hacia su lugar de origen, y de ironía dramática, impavidez excesiva y esclarecimiento crítico cuando mira el lugar de adopción (y el de origen también). El intervalo de espacio-tiempo en donde el emigrado se encuentra lo ayuda a distanciarse de sí mismo; un día, esté donde esté, quizá el proceso lo lleve a ver desde fuera cómo su presunto otro yo se pulveriza. Pero, como en el jadeante teatro de la Argentina la función no para nunca, el que vuelve tarda en percatarse de que el intervalo subsiste; que el exilio es para siempre. A mí, en principio, el que habría sido si me hubiera quedado en Barcelona no me daba aprensión; no habría sido muy diferente; a cierta altura uno ya estaba constituido. Pensando lo cual me entró una aprensión también por ese que estaba al otro lado del mar: un sujeto irreparable. Jung dice que alrededor de los cuarenta y cinco años hay una inflexión en la vida, culminante, a partir de la cual el individuo puede repetirse y declinar en un estancamiento aceptable, o abrirse a la modificación y renovarse. No quiero imaginarme los libros que habría escrito si no me hubiera ido a España, pero no me tienta nada imaginar los que habría escrito si no hubiera vuelto; la verdad, no me imagino nada. Por cierto, sería desolador que mis amigos de Barcelona le hablasen exactamente al que creo ser ahora, porque significaría que no he cambiado. Y me parece indiscutible que he cambiado. Mi mujer tenía una hija de once años; desde entonces aquella nena ha sido también mi hija, hoy una mujer de veintiocho. Huelga hablar de la magnitud de las conmociones adjuntas. En estos años me ha nacido un aprecio extremo por el presente, por la modificación sin fin, y quisiera no serle infiel. Si me hubiera quedado en Barcelona habría tenido una economía energética menos onerosa y más estreñida. En cambio en Buenos Aires cualquier iniciativa independiente afronta un gran surtido de dificultades y constricciones. Pero las constricciones, como saben los sonetistas y los seguidores de Georges Perec, promueven inesperados cambios de rumbo, rodeos insensatos y frenazos abruptos, la fantasía improvisatoria; enrarecen tanto las historias que pueden volverlas más verdaderas. Sucede también con las empresas conjuntas. Yo adhiero a esa poética: si uno aporta atención y entusiasmo, las constricciones abren lugares donde parecía que no había nada. Es muy provechoso agregar algunas propias; y mejor aún crearse un repertorio de constricciones, normas a respetar diferentes de las normas jurídicas, económicas o morales del sistema más o menos mundial, y cumplirlas como principios hasta que uno o el colectivo del que forma parte decida cambiarlas por otras que se respetarán no menos. Los artistas llaman a esto procedimiento, o método; puesto en marcha en conjunto, puede ser una política de la sociabilidad. Puede fomentar el gasto inútil, la imaginación y, dicho sin reparos, el desprendimiento. Y desde luego sirve para rescatar provechosamente multitud de cosas que la marcha adelante fue dejando por el camino, destartaladas, y antes que regalarlas uno barrunta que puede montar de otro modo. Incluso la familia.

Al final del poema de Ammons el caminante, en un lugar que no es el suyo, oye el llanto del niño que él no fue al borde del camino. Entonces se sienta a descansar y ve algo que no había visto nunca: dos grandes pájaros negros aparecen en el cielo volando juntos, muy alto, rumbo al norte. De pronto uno vira un poco a la izquierda y el otro, quizá sin darse cuenta, sigue adelante por un minuto mientras el rezagado se pone a planear en círculos como si buscara algo, tal vez perdido. Pero entonces:

> el otro pájaro volvió y volaron los dos juntos
> por un rato, tal vez buscando una corriente;
> dieron unas pocas vueltas más, posiblemente
> remontando –al menos, era claro, descansando–,
> y reemprendieron vuelo hacia lo lejos hasta quebrar
> la línea de las matas y el bosque del
> lugar: fue una visión de majestad
> e integridad copiosas: tener
> pautas y rutas, interrumpirlas
> para explorar pautas distintas
> o accesos mejores a las rutas, y luego el
> retorno: una danza sagrada como la de la savia
> en los árboles, permanente en sus descripciones
> como las ondas en torno a las piedras
> del riachuelo: nueva como este particular
> flujo de ardor que rompe ahora a caernos
> desde el sol.

Yo también, para cortar las líneas, he parado un momento a mirar las nubes por la ventana, como dándole un tiempo a alguna de mis vidas extraviadas. Me gusta releer ahora este poema de pérdida y reconciliación. Le adjudico este mensaje: inevitablemente poseemos al otro que tenemos al lado, o enfrente, y el otro nos posee. Es un fenómeno estructural: somos seres de entrega e incorporación. Y dos son el principio de una comunidad, si uno cede al impulso.

Qué historia más fofa, dice mi locutor interior, esa voz indefectible, y yo le hago caso. Demasiada pulcritud, sí. Cómo se puede hablar del extranjero al margen de la historia y la actualidad de la violencia de las migraciones, la llegada del africano o el birmano exhausto a una playa donde la policía lo vapulea en una lengua inaudita, la rumana que asoma al puerto de Baltimore desde un contenedor hediondo de vómitos abierto por un capataz mafioso. El mar o la vastedad que recorre el emigrado son abismos; aterran. El vehículo sórdido en que suele llegar lo expulsa como un vientre. Esto dice el martinicano Édouard Glissant; pero él cree que la experiencia del abismo, que es lo abarcador, transforma la tierra desconocida en un lugar donde el abismo se proyecta como un germen de conocimiento; el que cruzó está abierto, y no solo a un conocimiento específico, a los apetitos, daños, y dones de un pueblo en particular, sino al conocimiento del todo, un conocimiento liberador porque el todo es relación incesante, o la relación incesante lo es todo. «Por eso permanecemos en la poesía», concluye Glissant. Bueno, pero la narración también es un arte de las relaciones.

Vean si no mi blando caso. Estaba escribiendo esto cuando un día, en el diario español que leo tres veces por semana, vi una foto en que una diputada opositora del parlamento valenciano, exasperada por las corruptelas del gobierno de la región, luce una camiseta con la leyenda «No nos falta dinero, nos sobran chorizos». Se la mostré a mi mujer y, como ponía cara de espera, le expliqué que un *chorizo* es lo mismo que en Argentina un *chorro*, un ladrón. Ella se rió a medias y comentó que probablemente la raíz común fuese el verbo *chorear*. «En otros tiempos acá también algunos decían *chorizo*», añadí yo. «O sea –dijo ella–, que originalmente *chorear* sería español y los españoles olvidaron el verbo y se quedaron con el sustantivo.» «También puede ser –dije yo– que nosotros hayamos importado el sustantivo *chorizo* y derivado el verbo *chorear*.» «¿Y por qué el verbo que derivó no es *choricear*?», ahondó ella. En la más honda pausa que se hizo oí unos crujidos. Se estaban rompiendo las líneas de varios relatos. Sin preaviso, una horda de fantasmas aprovechó el momento para hablar por mi boca: «Tengo –me oí decir– que comprarme urgente un buen diccionario de argentinismos».

Nunca terminaremos de contar cómo suceden estas cosas.

RETIRO, LA ESTACIÓN

De vez en cuando, para plasmarse en una entidad manejable, uno se pone a fijar los resbaladizos contenidos de la conciencia en listas de máximas. Lo que resulta son unos breviarios que hacen de mojones, capital de experiencia e instrumental ético para seguir avanzando por la senda única de la vida. El encargado de formularlos es el locutor interior que todos tenemos implantado en la cabeza. Hace unos días, por ejemplo, mi locutor interior, seguramente motivado por el Bicentenario de la Patria, vertía sus últimos corolarios sobre la identidad, la independencia, la pertenencia, esas cuestiones: «No hay ninguna afirmación de independencia que me libre de estar constituido por los otros. Soy una figura pasajera surgida de un montón de circunstancias, un nodo en una trama de relaciones que se tejió espontáneamente, y que tal vez mis decisiones ayudaron a modelar».

Y también decía cosas como: «Lo más difícil de practicar y lo más urgente de aprender es la paridad. Frente al otro, uno casi siempre se coloca por arriba o por debajo. Estamos poseídos por la pauta de la carrera, todos, y en raros instantes nos volvemos reales».

«No hay realidad sin participación», agregaba yo.

Correcto. En todo caso no incorrecto, como pretensión. Y musical. Salvo que de repente, cuando uno se dispone a paladear un fruto de años de meditación, un ser querido le hace un reclamo más o menos inaceptable, o un pedido de aclaraciones, y el diálogo entre pares deriva en una batalla ruin. Como alegorías apolilladas, entran en escena Arrogancia, Sarcasmo e Insinuación Venenosa. Un día sucede esto; uno ofende a un ser querido, y encima se olvida de prever la réplica: «Pero ¿vos quién te creés que sos?».

Otra vez. Otra vez. He sentido el dardo de esta intimación en varias etapas de la vida. En la mente la frase se inscribe con los dos signos enfáticos, de pregunta y de admiración, y es hiriente y oprobiosa. Se descalabran el ser cívico, el ético y los demás.

Porque, seriamente si es posible, ¿quién me creo que soy?

Así uno cae en la espesa retórica de la identidad, para la cual, como se sabe, hay no pocos antídotos terminantes. Tomemos el de Bataille, por ejemplo: «Yo no soy, tú no eres, en los vastos flujos de las cosas, más que un punto de parada favorable a un resurgir».

Bien. Pero esa tarde en concreto, ¿quién cuerno me creía yo que era? Disculparme con el ser querido era tan insuficiente y tan poco tranquilizador como ofrecer una satisfacción. El raudo paseo por las variantes de la mística y el nihilismo se resolvía en unas dramáticas ganas de estallar. ¡BUM! Terminar con la carga de ser consecuente, con las causalidades inventadas, con la necesidad de certidumbre. Reventar la cáscara de la persona. Hacerme añicos de mí y que en el aire libre la vida de la acción encaminada y productiva, del dominio y la rigidez, delatara su condición esclava, las ataduras del miedo, su falta de inteligencia.

El asunto se ponía peligroso. El gas de los enigmas se recalentaba.

Como otras veces en mi vida fui a aquietar la cabeza a Retiro, el santuario de la vida en tránsito.

Y ahora los verbos de esta historia cambian de tiempo.

Acá estoy, en un vendaval de presente.

Entre las opulentas torres de grandes hoteles y consorcios globales, las grúas del puerto como saurios descarnados, las horas canónicas del trabajo, los magnolios de la Plaza San Martín y el amasijo cubista de la Villa 31, asediadas por el jadeo de camiones y colectivos que atacan al ritmo de los semáforos, por el periódico derrame de peregrinos, se alzan las tres estaciones de ferrocarril de Retiro. Los veintiún metros de cedro canadiense del Tótem Kwakiutl –águila, león marino, nutria, ballena, castor, pájaro y hombre– las protegen de los malos conjuros; el lánguido gong de la torre de los Ingleses escande el tiempo. Mirando de frente a las fachadas, las tres estaciones se suceden de menor a mayor.

Primero la terminal del ferrocarril San Martín, con su tejado de chapa acanalada y su vestíbulo somero. Contra una pared lateral, algo oculto pero bruñido hasta lo cegador, está el busto de nuestro prócer supremo. Cerca de él, sentadas en el suelo contra el tabique trasero de un puesto de pochoclo llamado Quick Soft, entre remolinos de migas y hojas de diarios, cinco mujeres despatarradas chismorrean sobre hijos y vecinos mientras clasifican montones de monedas; parecen una alegoría de la inmemorial obsesión de la cultura porteña por el cambio.

Saliendo por la puerta lateral del oeste, a ochenta metros por la calle atestada, familias rodeadas de bultos y sentadas en cajones se encorvan a la entrada del ferrocarril Belgrano. El edificio es una suntuosa sobriedad de mármol y hierro forjado, con columnas esbeltas, con una luz de mescalina que entra por los vidrios del techo y envuelve los humos azules de hamburguesa y carbón de asar tortillas. Ciclistas de a pie empujan sus rodados rumbo a los andenes sorteando viandantes aturdidos. El ring de un celular sobresalta la cola del negocio de lotería. Una mujer rompe un boleto y los fragmentos caen como mariposas. El pulso en el vestíbulo es denodado y contenido; pero en la calle, entre las terminales, el mundo de las necesidades y las persuasiones chisporrotea sin fracturas ni desmayo.

Cabinas telefónicas. Grandes rebajas en bolsos, mochilas, botecitos y piscinas inflables. Cosmos de chucherías o prótesis salvadoras en tiendas formales, cabinas desvencijadas o mesas de caballete a la intemperie. Socorro instantáneo: linternas, enchufes, imanes, pinzas, destornilladores; luego harinas, aceites y granos, outlet de falsas zapatillas Adidas y genuinas zapatillas Mark Barrin, guiños de muñequitas, neones para peceras, suministros electrónicos (celulares, mouses, motherboards, monitores, baterías), y al lado, disputándose el espacio vital de la tentación, amplia gama de gorras para dama o caballero y más amplia de anteojos de sol. Alivio para el afligido en la farmacia del Doctor Ahorro. Chance de vestirse de pies a cabeza: remeras, vaqueros, polleras, pantalones de frisa, algodón o poplín, chombas, buzos de polar, prendas infantiles, sandalias, alpargatas, botines, escarpines, y por añadidura corpiños, bombachas, combinaciones, calzoncillos. En una esquina, policromía vegetal en un vivero en miniatura: verdes de bambú, culebrilla y helecho se codean con claveles rojos, fresias glaucas, nardos rosados, crisantemos, alhelíes, naturales unos, otros de plástico, entre los cuales pícaros ositos de fibra parpadean a los transeúntes de caras bálticas, guaraníes, yorubas, caucásicas, manchurianas, aimaras, de caras semíticas y mediterráneas y caras de bisnieto de esloveno jaspeadas de rasgos ranqueles. Muchos curiosean, algunos compran, demasiados no tienen tiempo. Patovicas, vampiresas de hombros de ópalo, atletas de tórax avieso, enconadas pizpiretas de rímel incólume, lisiados, viejos claros de aceptación y tecnoprimitivos con iPod y camiseta de fútbol, el bolso laboral terciado a la espalda, pululan entre pirámides de chipá, bolsitas de garrapiñada caliente, choripán, devedés de *Crepúsculo* y *Transformers*, cedés piratas de Arjona y Beyoncé, Damas Gratis y Bersuit, termos, jaboneras, cuadernos para escolares, y casi todos, se paran, para aviarse de la refacción portátil o el capricho delicioso –Biznike, Fanta, Jorgelín, barra de cereales, Oreos o nacho sabor gruyere–, en alguno de los omnipresentes maxiquioscos. De este planetario de la humildad mercantil, la gran celebración son los nombres de los comercios. Sabores. Ojos azules. Camperas Stay With Me. Sánguches La Martina. Cigarrería San Diego. Quesos y Fiambres La Gran Vía. Panadería Juanito. Panqueques y Panchos Discapanch, Local Atendido Por Personas Discapacitadas. Helados New Cream. Un himno que este mundo de tres manzanas canta al planeta entero que él mismo contiene.

A todo esto uno ha llegado a una ancha entrada para peatones y coches, sortea los taxis, y cruzando uno de los umbrales, después de rodear el óvalo de las boleterías, se encuentra en la majestuosa estación principal, en un espacio indeciso entre un quiosco de prensa con una desaforada exposición de revistas porno y las mejores pero algo deslucidas fotos de Linda Thoren o Jessica Jaymes, la escalera que baja al subterráneo y el extremo oriental del edificio, donde el pasaje a los baños públicos linda con un rutilante plotter de platos especiales del bar Fincadella: una vaporosa tortilla de papas, un pez de hojalata con verduras humeantes, un bife de chorizo con hoyuelos húmedos, todos tan suculentos que el apetito no sabría decidirse, llegado el caso. Desde acá al extremo oeste de la nave central hay más de cien metros de largo, treinta de ancho y veinticinco de altura para la liturgia del tránsito.

Esto es la estación del Ferrocarril Mitre, cuyos trenes llevan al norte del cinturón urbano de Buenos Aires y la boca del delta del Paraná. Nunca remozada totalmente, vive como una venerable copia de las soberbias estaciones europeas del siglo XIX, cuando el ferrocarril encabezaba la marcha de la historia hacia delante y prometía reducir las naciones a juguetes trascendentes. En este rincón de Latinoamérica, como se sabe, la marcha adelante es penosa; dado el desinterés de consorcios y gobernantes por los viajeros, vías, estaciones y sobre todo vagones, son hoy envases móviles de roña, paliza física e imprevistos humillantes. En la crueldad cotidiana del transporte culmina la división de clases. Sin embargo en Argentina la sociedad guarda un resabio de la vocación de los viejos inmigrantes por mezclarse, llegado el caso reunirse, cierto que pasajeramente, y la estación Mitre es uno de los templos de esa porfía. El techo es alto y enarcado, con molduras y tragaluces de paneles pequeños. Lámparas cuya luz se hace verde en las baldosas cuelgan de cadenas negras, a distancias regulares, dejando el centro del aire para el reloj, rey de las estaciones.

Pedazos disociados de mi biografía se aglomeran cada vez que vengo a este lugar, para dispersarse alegremente no bien me voy. Estuve aquí de chico con mis padres, esperando el tren que nos llevaba a picnics junto al río. De adolescente, cuando el sábado al amanecer robaba tiempo para escaparme a remar entre las islas de San Fernando. De joven, camino a una reunión política en Victoria o la casa de una novia en Florida. He tomado aquí el tren, solo para ver la estación, cada vez que venía desde mi vida en España a visitar a mi madre. Paso ahora todas las veces que puedo, y en mi cabeza se desata sola la alabanza de la vida astillada. Se diría que las peripecias del consumo capitalista empobrecido, la mezcla de olores, la plétora de sobras y de mugre, los estertores del pop de purpurina no la han estropeado; al contrario, en la estación Mitre olores de vainillina, orégano, grasa vacuna, mostaza, sudor, pata, extractos, colonias y aromatizadores, café y maíz tostado, ruidos, musiquitas, objetos en venta y ciudadanos son un continuo con el lenguaje que procura representarlos. Aquí va la gente: el mayorista de ropa regateando por teléfono, la vendedora de regalos que taconea mordisqueando una medialuna, la doméstica experta en borrar del ojo interior el recuerdo de los baños que ha limpiado, el agitador de banderitas para estacionamiento, espías, libreros, estilistas, acompañantes terapéuticas, asistentes de reparto de soda, intermediarios futbolísticos, telefonistas de call center, lavaplatos, responsables de relaciones públicas, proctólogos, juristas, mantenedores de redes informáticas, masajistas, plomeros, importadoras de telas para tapicería, asesoras de diputados, barrenderos, cocineras, pequeños fabricantes de cerveza artesanal, ajedrecistas, alergólogas.

Bien, hay que parar. Es difícil decidir dónde. Este es el consabido castigo del narrador, la obligada mutilación del mundo infinito, especialmente duro acá porque, para que Retiro surta efecto, hay que prodigarse en nombrar todo lo posible. En seguida, aunque de todas maneras tarde, uno comprende que ha prejuzgado, que le ha infligido a cada individuo una definición que lo cristaliza, cuando en realidad todos siguen pasando, son nada más que pasajeros, y aquí la multitud que la gestión mercantil del deseo condena a ser masa se pulveriza en criaturas; cuando aquí el tránsito se manifiesta como condición originaria del ser, y a la vez como elegía a esa condición. Pero lo mejor es que no pasan de ida y vuelta sobre una sola dirección, sino en todos los sentidos, ofreciendo al que se cruza la frente, el perfil de lleno o sus tres cuartos, un hombro u otro, la espalda y hasta un poco de trasero si el pantalón es de tiro muy corto, el pecho erguido o cóncavo, la marca de vacuna en el brazo. En cuanto a los andenes, dejémoslos de lado: ahí todo se encarrila cuando el pasajero sube al tren, camino a uno cualquiera de muchos suburbios, o cuando baja y pone rumbo directo a su cometido. Pero en el hall central de la estación hay un paréntesis de desorden. Y en un costado del hall yo me meto en el bar Vickin II. No voy a preguntarme ahora dónde estará el Vickin I. Este, casi todo de vidrio, ofrece vista panorámica. Enfrente tengo el cartel principal del quiosco Pancho Beat. Sobre la tripa sintética de una inmensa salchicha bratwurst amarillean unas tenias que tardo en reconocer como papas fritas. A los lados del quiosco veo una chica con pelo rasta ordenando una mochila, un viejo acalorado gesticulando cerveza en mano, veloces señores trajeados camino al andén, señoras tirando de valijas, y a todo esto se superponen, reflejados en el vidrio del bar, una pareja de jóvenes, él con uniforme de marino, ella toda crucifijos y ropa negra, dos muchachas que se acarician las manos entre copas de vino blanco, un caballero inmóvil cuya tintura de pelo gotea, otro de canas prematuras que lee la revista *Lucha Armada*, el mozo, el cajero y cuatro amigos de edad, como cuatro puntos cardinales del compuesto sociorracial, en tertulia que en este momento trata los méritos de Barbra Streisand, y el murmullo de las conversaciones se funde con los ruidos de la estación, pasos, toses, motores, bocinas, y el ensemble es la banda sonora de una nube de imágenes desunidas, pero al fin sucumbe a la violencia soterrada de otro ruido. Es un ruido que viene de mi cráneo.

Es el zumbido del mundo ordenado. ¿Por qué no paro? Seguiría dando rienda a la voracidad de describir si no fuera porque el que escuche esto querrá una conclusión, un asomo de sentido. Pero la descripción es el placer, el deber y la condena del relato. Es el sueño de alcanzar una forma que no traicione la realidad, cuando, por desgracia, la compulsión del hombre a ordenar las cosas y clasificarlas es irrefrenable. Sin embargo aquí en Retiro la realidad tiende a la revuelta; veo los detalles, pero también el fondo único previo a las diferenciaciones. Nunca paramos de ordenar las cosas y los seres, de decir «este es así» y «aquel es asá»; pero ese mundo ordenado no es el verdadero orden del mundo. El orden del mundo, el que el mundo tiene por cuenta propia, es ajeno a los nombres. Acá en Retiro aflora, si uno quiere percibirlo: es intensidad; absorbe, abrasa, y aunque el momento en que lo percibimos dura poquísimo, a la larga es imborrable.

Nada de esto es seguro. Podría ser una quimera o una extravagancia.

Más cierto parece que el mundo ordenado (por nosotros) es la fuente y la partitura de este ruido que me está sonando en el cráneo y tapa el sonido inefable de la realidad. En el mundo ordenado puedo entenderme con otros, pero difícilmente me encuentre verdaderamente con alguien. Una que otra vez, como ahora desde el Vickin II, vislumbro el orden del mundo y casi alcanzo a escucharlo.

He aquí por qué vengo a Retiro. Vengo a confirmar que somos muchos.

Es incontrastable. Somos muchos y estamos unos con otros. La frase no es mía; viene de «Of Being Numerous», un poema de George Oppen. Acerca de ser numerosos. Siempre me pareció que ese título dice dos cosas: una, que vivimos con los demás, que el hecho de estar en un lugar y con otros es nuestra única esencia palmaria; pero también que una buena manera de asimilarlo es considerarse no una personalidad, sino una asamblea de personalidades, a veces muy encrespada, con discrepancias, disidencias, enfrentamientos tibios o sañudos. Lo peor es cuando alguna facción entera abandona la sala.

Pausa en la estación. ¿Qué es este entusiasmo? Suele sucederme acá. Es como si estuvieran a punto de darme algo que nunca he tenido y me conviniera recibirlo sin preguntar quién lo da. Una sensación de hospitalidad, de vinculación, de que la habitual aspiración de otra vida quiere resolverse en el saludo a esta, la que tenemos.

Al ratito la pausa se cierra. Abruptamente. Y, como siempre, lo más importante se me escapó. Allá se aleja, eso que parecía una revelación, y en su lugar, como hermosos impedimentos, reaparece el blablá. La vida así, tal como se nos da, la vida a la que durante toda la vida uno procura asentir, está parcelada por las palabras, que por otra parte son lo único que tenemos para acercarnos. En esa tautología vivimos. La confirmación de que somos apariencias, incluso ilusiones consolidadas por la vida en común, no desmiente que nos situamos unos frente a otros cada uno con su incorregible aparato de discernimiento.

Aquí está la estación Retiro, al otro lado y dentro del vidrio del bar Vickin II, y en mi cabeza lo que yo debería llamar «el-Retiro-en-mí». La verdad, nada me permite reconocer al santo detrás de esa cara de hipopótamo ni al apropiador de bebés en esas manos de tallador de diamantes. Pero no por eso estoy condenado a sospechar.

Ninguna revelación. Ya conozco el reto. Es de orden político. Se dice que las comunidades auténticas, donde el hombre no es lobo para el hombre, no surgen primariamente de sentimientos de interés mutuo, sino de la relación viva y recíproca de todos los miembros con un centro viviente, lo que avalará que todos estén en relación viva y recíproca entre sí. No me convence del todo este enfoque. Seguimos viendo cómo la relación con un centro viviente tiende a convertir ese centro en fundamento, cómo el fundamento se plasma en la obligación de mantenerlo, alimentarlo y hacerlo crecer, cómo se vuelve mito, esencia colectiva, porvenir, historia, esfuerzo de consumación, guerra contra los que quieren otras consumaciones. No. Una comunidad auténtica se basa en la asimilación de que los hombres se juntan porque les falta algo, básicamente una sustancia, porque se mueren en siete o nueve décadas, porque la presencia del otro modera el miedo al final. Una comunidad genuina solo puede sustentarse en el asentimiento al hecho puro de que no podemos ser sino con otros, que existen el nacimiento y la herencia, que por lo tanto aislarse es una imposibilidad medular, y de que el resto, proyectos y destinos comunes, es máquina retórica.

Termina la revelación. Vuelve el tosco mundo de las necesidades.

Las ocho de la noche. Acá el trajín no ha decaído tanto.

Es hora de un epílogo.

¿Y entonces? ¿Quién te creés que sos? La pregunta me ha estrellado contra la realidad del desorden, incluida su gloria. De la realidad del desorden intenta ocuparse la literatura que importa, o sea la literatura. Si un narrador titubea frente a la política no es porque él esté libre de violencia, sino por aversión a los conceptos, a la razón conceptual con que el político normaliza la violencia, a la simplificación y las pretensiones totalizadoras. Cuando quiere acercarse a un amigo abrumado, le cuenta qué le pasó a él o a un personaje de novela en una situación parecida. O lo inventa. Y no es cuestión de escritores: difícilmente haya participación sin relatos.

De modo que necesitamos argumentos. Necesitamos condiciones y protocolos para propiciar la invención, la extensión y el desarrollo del argumento. Más todavía, necesitamos evadirnos. Esto que forjan los relatos a mano no es la realidad. Hay que soldar la tramposa grieta entre razonamiento e imaginación. No creo que en la literatura haya pocos temas, como amor, muerte, poder, hibris, fortuna, etcétera. Aquí estoy en Retiro. Si uno se atiende a los saltos y desvíos de cualquier historia personal, a la ampliación constante del horizonte de conocimientos y actitudes, a la danza de las apariencias y sus relaciones, sobre todo a las relaciones, de las relaciones ve nacer objetos nuevos y la gama de acontecimientos se ensancha. Velocidad-y-catástrofe, por ejemplo, no empezó a ser un tema hasta que en el siglo XIX aparecieron los trenes.

Ahora entiendo algo mejor por qué vengo a Retiro, y por qué este rodeo. Necesitamos argumentos capaces de fundir el incidente súbito, el episodio ajeno, el detalle de lo real en dispersión y la fractura del momento como impulso de una nueva dirección que no estaba prevista cuando se empezaba a contar. Prendas de intercambio, respuestas a la tribulación, la curiosidad o la duda del que acaba de contar algo y, con suerte, cada uno umbral de un relato más. Y despreocupémonos si no son formativos y parecen poco formales. Basta esperar unas horas para que el fárrago primordial de la estación se defina en una silueta. Después se descompone; más tarde las palabras la conformarán otra vez. Esto no cesa. Amorfo es solo algo cuya forma todavía no concebimos.

EXTRAVÍO: UNA EXPLORACIÓN DE LA LECTURA EN LOS TRANSPORTES PÚBLICOS

Diez de la mañana de un subtropical enero porteño. En el barrio de Agronomía, cinco cabras pastan en el predio de la facultad de Veterinaria; la fachada de la asociación Bienestar ofrece ayuda contra la bulimia, la anorexia, la depresión y las adicciones. Dentro del colectivo 113, mecidas por un rondó de amortiguadores, gentes de edad van a hacer trámites o llevar análisis al médico. Más adelante, fuera, el popurrí arquitectónico de la calle Bolivia aglomera épocas; en el colectivo solo es el tiempo absorto de los mayores. Los viejos de esta época se han acostumbrado a aburrirse. Cuando en plaza Flores bajo con la mayoría, en todo el viaje no he visto a nadie leyendo, ni un mínimo indicio de lo que buscaba. Aunque es cierto que principalmente buscaba mirar.

Hace un mes el muchacho que fumiga mi casa me contó que en el 113 había visto a un hombre leyendo un libro mío, pero que estaba en francés. «Lo veo muy difícil –dijo mi coqueto escepticismo–, ¿vos cómo...?» «Porque en la tapa usted figuraba como Marcel Cohen.» «Es otra persona», le expliqué. Él se encogió de hombros.

En el 113 podría terminar ahora la excursión. Pero mi amigo A. N., pequeño empresario que lee mucho y usa con entusiasmo el transporte público, me ha dicho que él también vio al hombre del libro de Cohen, bajándose en la estación Agüero de la línea D de subterráneo y alcanzó a captar que el título tenía la palabra *garde*. Por eso, aunque entre los dos datos no se adivina la menor pauta, unos días después salgo a explorar de todos modos, al tuntún, como ejercicio espiritual de capricho, para alentar la ilusión de averiguar quién lee hoy en los transportes, ridiculizar el supuesto de que los pasajeros no leen, purgar de patetismo la constatación de que casi no leen, encontrar que ya ni se divierten con el celular (porque los celulares con más aplicaciones son caros), y también como reparación. Pero pronto algo me desboca: el hombre que lee a MC se vuelve legendario, y enlaza con otras leyendas urbanas, y todos los viajes por el plano de la ciudad y los arrabales son un viaje en presente continuo. Es lo que pretendía.

Porque yo sé quién es Marcel Cohen, y le debo una reverencia. No a Marcel Cohen el erudito en lenguas semíticas que murió en 1974, sino al escritor que nació en 1939 en un suburbio de París, hace periodismo con seudónimo y escribe poemas, novelas y unos conjuntos de relatos de argumento esencial y matices contenidos, a veces puras secuencias de gestos, diálogos breves o detalles materiales que delatan una ligazón íntima entre tragedia privada y aberraciones de la civilización. El último año del siglo XX, después de que José Ángel Valente me desayunara con que Cohen existía y me recomendara sus conversaciones con Edmond Jabès, logré hacerme con tres títulos de él. De *Assassinat d'un garde* tengo anotados los catorce cuentos; son narraciones intempestivas, sin trama ni final, punzados por un atisbo de sentido que al instante se desvanece. Que Cohen hubiera publicado unas cartas al pintor Antonio Saura escritas en judeo español ya podía considerarse una señal, siendo que parte de mi familia paterna era sefardita. Pero además la contratapa de la edición de Gallimard de la novela *Faits, II*, decía que la narrativa de Cohen combina la autosupresión del autor y una avidez inhabitual por mirar las cosas del mundo. Eso era muy promisorio; podía ser el inicio de una conversación. «Monsieur Cohen, me llamo MC, soy un escritor argentino y, sin ánimo de molestar...» Incluso proyecté una crónica del encuentro con introspecciones sobre el egoísmo literario, el miedo especular, la competencia y la disolución de todo en la infinitud real del diálogo. Patrañas. En 2000 estuve en París y, a punto de discar, vergüenza y escrúpulos me hicieron retroceder, como si una bienvenida cortés de Cohen pudiese realzar mi insignificancia en el mundo de la literatura. Etcétera. Pero apurémonos a evitar recriminaciones sórdidas. La secuela que importa es esta excursión al mundo del transporte ciudadano.

De modo que acá estoy, por ahí. En el 188 que va de Mataderos a Boedo una muchacha embarazada, maquilladísima y perpleja lee *Mujeres que aman demasiado* como preguntándose si una de las consecuencias del amor excesivo será el embarazo.

Y ahora un vagón del ferrocarril Sarmiento. Carteles institucionales de test de sida son la única publicidad. A muchos asientos de plástico les han arrancado los acolchados vinílicos; los expuestos mecanismos de las puertas muestran una roña fétida. Por rendijas perpetuas entra una humedad lamedora. El gentío experto ha desarrollado un bamboleo antisacudones que lo preserva de derrumbarse. Uno de los cien hombres del vagón lee el *Olé*, otro, las páginas deportivas de *Crónica*. Doblada sobre fotocopias de geografía, una muchacha subraya con un afán de conocimiento que emociona. En los andenes de Paso del Rey, carteles de *VosSosparte.org* urgen a mandar los hijos a la escuela. Gorras de béisbol, camisetas de fútbol, vestidos de taller clandestino, falsas zapatillas de marca. Más allá, en el furgón, nerviosos primitivos urbanos fuman sin pausa, pero entre los trabajadores, cuentapropistas y desposeídos del vagón, entre las caras andinas, guaraníes, bálticas bajo ondas estiradas por la planchita, cabelleras opulentas o jopitos oxigenados, lo común es una expresión exhausta de pensamientos, dura en una tierra de nada entre el interior y el afuera. Un matrimonio pulcro cambia los pañales de un bebé y acomoda tuppers, talco, biberón, cerealitas y fruta en bolsos forrados de diario viejo; la mamá ordena unos apuntes de decoración de repostería. La fotocopia es la gran candidata al trofeo a lo Único Leído. Se venden combos de revistas *Pronto* y *Sopa de Letras* del año pasado. Cuando vuelvo al atardecer, del Oeste suburbano hacia la capital viaja otra población: empleados de bingo, vigilantes nocturnos, jóvenes de paseo, usuarios de espectáculos con descuento de miércoles. Una mujer de trenzas y bolso vintage salta de su melancolía para atender el celular, pone cara de «sos de no creer», corta y destroza los pronósticos sumergiéndose en *Los 101 inventos que cambiaron el mundo*. Una señorita de perfume alimonado lee *Para ti*. Hay un arco de ocho o nueve modelos de actitud. Cada actor se desempeña en su vida cotidiana como si fuera un show-realidad y el tedio sumara puntos para la final. Pero es curioso: un hombre con bigotes de luchador turco y un estuche de trompeta lee a Elmore Leonard, y de la cara concentrada una máscara resbala dejando a la vista otra, inclasificable.

Maniáticamente yo cargo con mi lectura: *Vida y destino*, de Vasili Grossman, una novela monumental en varios sentidos. Voy por la página 357, donde un soldado antiestalinista –que morirá en la batalla de Stalingrado– reivindica el humanismo de Chejov: «Dejemos de lado las grandes ideas progresistas; seamos buenos y atentos para con el hombre, sea obispo, enterrador, magnate industrial, preso o camarero». Finjo leer. En la estación Medalla Milagrosa del subte E, un muchacho alto y desgarbado me otea con curiosidad. Brazos tatuados como telas del Bosco; pelo revuelto con esmero: este debería leer. Pero no: dirige toda la rebeldía contra el extendido vicio de clasificar por las apariencias. Y sin embargo, ¿en qué otra cosa consiste la individuación posible? Definirse. Distinguirse. Las superficies corporales hablan: dieta cárnica, yogures y ensaladas, pizza de Huggis con Fanta, milanesa con chop. También la indumentaria: bolso proletario de lona, maletín de escribanía, cartera con broches dorados, mochila Adidas, morral de bohemio. ¿Se deduce algo de esta diversidad? Mmm... Desde Constitución hasta Retiro en el subte C, pasando por el obelisco, pocas apariencias sugieren certeramente qué se inclina a leer un individuo; y menos signos ofrecen de que se lea en absoluto, como si, igual que en las colas de los bancos o la sala de espera del urólogo, el desvelo excluyente fuese llegar, no distraerse del avance, y el viaje urbano la mera calamidad de trasladarse. ¿Y puede haber otro desvelo?

Desde los paneles corredizos de la cultura parpadean las atracciones. Una de las sensaciones del verano es la fantasía de reformar nuestra humanidad desnaturalizada en las selvas 3D de *Avatar*. En la web triunfa la nueva publicidad de Adidas, con aportes de Calle 13 y DJ Neil Armstrong. En Mar del Plata, ¡mil quinientas personas! escuchan al «periodista» Luis Majul disertar sobre su libro sobre Kirchner. Nimiedades. Un verdadero hit es el terremoto de Haití, visto por la tele, con su advertencia de que la naturaleza también puede bestializarnos. El otro hit es la muerte de Sandro, un recordatorio de nuestra condición real demasiado obvio como para ser atendido. En cambio el mismo mensaje es insoslayable si suena en el transporte público, porque se expresa en el cansancio. Así es la naturaleza humana: la acumulación despiadada de fatiga esclerosa el cerebro. Pero el viaje rutinario ¿no podría enseñarnos a asimilar dignamente el paso del tiempo?

«¡Esto es muy raro! –truena el electrizado dependiente del quiosco de prensa de la estación Pueyrredón del subte B, un medio muy pluriclasista–. Vendo treinta *olés* una mañana cualquiera, pero a lo mejor gana Boca y no vendo ninguno; y sin embargo acá vendo *Clío*, *Sudestada*, *National Geographic*, *Rolling Stone*, *Barcelona*, ¡vendo revistas de arquitectura, de alimentación y de poesía! ¡Quién sabe lo que se le antoja leer a la gente!» El quiosquero de la estación del Once informa que de las seiscientas cincuenta mil personas que cruzan el vestíbulo cada día, unas cien compran el *Clarín* (por los anuncios clasificados) y treinta, *Diario Popular*. Seis *Inrockuptibles* por mes son su orgullo, y veinte *Muy Interesante*. A ras del suelo vuelan migas de pan de queso y hojas de los diarios que se regalan.

Ferrocarril Urquiza. En el tren que va a General Lemos un heladero manco y jovial pelea por el espacio con un vendedor de música pirateada (Dyango, música cristiana, Valeria Lynch), mientras al otro lado de la ventana, desde un cuidado muro de la estación Francisco Beiró, un misterioso retrato de Dante Alighieri frunce el ceño sobre un fondo azul de ochava porteña de 1930. El tiempo se descoyunta. Peones de construcción procuran no derrumbarse mientras mi compañera de asiento se cala unos lentes, en preparativo alentador, pero saca un móvil y no para de hacer llamados que redundan en información sobre su ruta. Un técnico con el overol azul de Metrovías se debate por mantener desdoblada una hoja de prensa con un artículo: «La construcción de la historia». Colgado de una anilla, un hombre demacrado, de rasgos suaves y portafolios, le habla de *Un mundo feliz* a su hija adolescente; admite que lo leyó hace años, cuando tenía tiempo, lo que no consterna a la chica. En este padre se resume el folletín de una clase media desbarrancada, tensa hasta el agotamiento entre los deberes de no limitarse más, mantener una leyenda que alcanzó ribetes mundiales –la cultura de los argentinos, ¡su facilidad de palabra!– y seguir creyendo que ser culto es condición de humanismo. Lástima que ahora, obsesionados por las arritmias de la economía, ahogados en trabajo para sostener la mínima posición que les queda, estafados, incómodos con sus veleidades, su desinformación y su consumismo, los pequeños burgueses argentinos se rinden: mientras sus hijos atienden facebooks, ellos descansan en el volumen de espíritu que acumularon cuando les iba mejor y lo administran como si fuera dólares. En toda la mente globalizada subsiste la noción filistea de que los males solo se soportan duplicando el esfuerzo. Para esta moral los intervalos son abismos.

Pero atención: siempre alguien lee. (Incluso tal vez a Marcel Cohen.) En el 109, por Villa del Parque, una bronceada pero ojerosa médica, con el estetoscopio por collar, ve que la miro cerrar un Murakami (*Sputnik, mi amor*), me indaga la cara y dice: «¿Le gusta este autor? Yo de él ya me leí tres». Qué expresión fabulosa, «me leí tal libro»: indica posesión, ingestión («me lo tragué»). Orgullo heroico de mejoramiento. Acumulación: contabilidad, yendo a lo peor. Pero también expresa la calidez de leerse a uno mismo como a un compañero o un amante. La doctora, que viene de hacer guardia en un hospital y va a buscar a sus tres hijos a la escuela, acepta sestear unos minutos como parte del gusto de leer en el colectivo. Murakami se le mete en los sueños. Toca el libro: «Acá hay una chica japonesa que se va a pasear en una isla griega y se hace humo; no la encuentran nuun-ca más; lo que me encanta de este hombre es que de golpe cosas reinexplicables y cosas reales son la misma realidad; pero yo igual termino durmiéndome».

A las siete de la tarde varios duermen en el tren Roca que va a Glew. Vidrios sucios de sustancias pardas, tornasoladas. Suelo pringoso. La tos de un vendedor de calcetines salpica sin dar frescor. ¿Cómo no es inconcebible que tantos viajen todos los días hacinados en estos cascajos inmundos sin sublevarse más que a veces por una demora ultrajante? Maltrato, desdén: en la división de clases del transporte ciudadano se condensa una desigualdad monstruosa. Pero no es que haya dos Buenos Aires, una más o menos holgada, perseverante en el consumo cultural, y otra anonadada y rencorosa. No. Rencor, miseria y locura nos impregnan a todos en una sola ciudad donde el tono de la vida es chillón, un desvarío del cual solo nos despabilamos en el umbral de la muerte. La línea A, que pasa por varios barrios de comerciantes y profesionales de posición estándar, es la apoteosis de la renuncia a la religión de la cultura. En los vetustos vagones enmaderados se distinguen algunas netbooks, una revista *Noticias* y un ejemplar de *L'Étranger* (¡epa!) para la clase de francés. Nada más. Si no leen estos, uno se pregunta quién cuerno lee.

También se pregunta si un lector es realmente una criatura tan peculiar.

El enemigo no es internet, sino la ansiedad. Como leer implica estar quieto, se requiere cierta inclinación personal: quizá una facilidad para descubrir que la lectura constante da un creciente plus de paciencia. El productor de paciencia de los libros es un placer que no todos identifican pronto como tal. Pero hasta el lector ansioso termina desarrollando un tipo de paciencia que, si bien tiene muchas utilidades, básicamente es la paciencia necesaria para no desertar de un juego una vez se ha entrado por ganas de jugar.

Jalonando grupos de monoblocs, enclenques arcos de fútbol asoman entre matorrales. De un lado de la vía hay un cementerio; del otro, un convoy de camiones recolectores espera ante el predio de Coordinación Ecológica del Área Metropolitana. Esto es el Bajo Flores, que el tranvía del Premetro cruza rasgando un tul de olor de basura, bordeando la Villa 1-11-14. Viajan varones de pelo oxigenado, muchachas de pollera de jean y zapatillas Sigma: el estilo básico del trabajador en negro. En el clima mental promedio que se obtendría desde esta escasez hasta el lujo de la Recoleta, ¿qué debería ser la cultura? ¿Solaz, conocimiento, agitación, vitamina para la sensibilidad? El chico que acaba de sentarse a mi lado, mochila Revons y perla en el lóbulo, se centra en una fotocopia muy subrayada donde descuella la cara borrosa de Max Weber. Le pregunto si le entusiasma. Mmm, son apuntes de sociología pero él estudia económicas, informa de reojo, y no me mira más ni contesta las llamadas del celular aunque la cumbia del ringtone suene y suene.

Las nociones estatales de cultura son ciegas, aluvionales. Hoy en el diario se anuncia el estreno de *El principito* en el Planetario, la apertura de *Polo Circo* en Constitución, conciertos de música urbana en la Costanera Sur, lecturas de poesía en el Botánico, la pieza *Amores de tango* en la plazoleta San Martín de Tours, clases de murga y bailes africanos en el inefable pabellón del Bicentenario y una ensañada de cientos de dádivas más con que el gobierno de la ciudad cumple, estimula el desahogo sensible y el disfrute veraniego –la cultura respira–, pasa por caja electoral y se queda orondo.

En el baño de la estación Haedo un gendarme le pide el diario al proveedor de jabón, que le advierte que no lo use para limpiarse. El gendarme se enterará de una denuncia que hacen hoy las tres grandes editoriales del país: en balnearias del país circulan copias piratas, no solo de grandes ventas como *El combustible espiritual,* sino de títulos de Saramago y Cortázar. La noticia de que vale la pena embarcarse en una piratería que solo abarca el cinco por ciento de las ediciones del país parece iluminar toda la realidad. En el tren Mitre que va a Tigre un señor de cabeza titánica abre una bolsa de Farmacity, saca un alfajor y se lo come y vuelve a abrir la bolsa para sacar *Lord Jim.* A cinco metros, contra una puerta, una mujer se mordisquea plácida y minuciosamente las uñas como para mitigar la comezón que le provoca *El amante* (la novela de Duras; no la revista).

Hay un cuento de M. John Harrison, «El don», en que un desconocido, en un andén repleto, le regala al protagonista Peter Ebert un libro; casi se lo impone. Es un libro sin tapas, con páginas faltantes y letras borradas en el título de portadilla, que demasiadas manos han manchado de té, aceite, tinta, semen. Desde el momento en que lo acepta, a Ebert le entra la certeza de que puede haber otra vida, y de hecho la vida se le volverá a él una peregrinación irrefrenable, ruinosa, enloquecedora y fantásticamente vana en busca de un ejemplar completo o un dato esclarecedor. Y efectivamente: un gran enigma de la representación ilimitada en que vivimos es si los libros pueden transformar realmente la vida. ¿Cómo pone en movimiento un libro, qué reinicia o desvía, cómo coagula el titubeo y sella el destino? ¿Cómo surge en alguien la literatura?

En la estación Retiro compro *Crítica*. Es lunes 25 de enero. El diario trae un poema en el que un preso recién liberado siente el olor del asfalto como «una sobredosis de alegría en las arterias». Lo escribió César González, que tiene veinte años y hace una semana obtuvo la condicional después de dos años en institutos de menores, y dos en los penales de Ezeiza y Marcos Paz, por delitos que cometió con una bandita de la villa Carlos Gardel de El Palomar. González dice que en la cárcel «perfeccionó las ansias de otra vida», no porque el sistema penal esté diseñado para eso, sino porque el horror lo llevó a desear con mucha fuerza la libertad; pero lo que hizo otra vida posible fueron los libros.

Consigo un número y llamo a César González. Es seguro, pausado, gráfico, cuida las palabras pero sin reprimirse y agradece que se interesen por él. Cuenta cómo llegó a comprender, no en una revelación sino por aumentos, que la casualidad y la voluntad trabajaban en cooperación. También que antes ya le venía sucediendo algo menos palpable, que había en él como un llamado: los libros lo intrigaban. Un perspicaz abogado de oficio le insistió en que leyera; él empezó por Bioy, fue pasando a otros, y en el cuarto instituto de menores ya se ocupaba de actualizar la biblioteca. «Hay mucha mentira sobre qué es estar en la realidad y qué no. Yo descubrí que se podía usar la cabeza para otras cosas; la mente es muy poderosa; a mí me salvó de la opresión de las rejas. Un nudo que tenía dentro se rompió en ramificaciones, en cadenas. Me dieron ganas de hacer algo que no propagara el mal. Pero en la cárcel es difícil rescatarse, porque existe un molde preestablecido para que un pibe no se rescate.» Cuando un amigo le dio a leer a Walsh, lo admiró que hubiera existido gente que daba la vida por algo mejor. «En el barrio te hacen creer que si no tenés la Nike o una pistola en la cintura no sos nada, pero a los pibes hay que demostrarles que la cosa no se termina a los veinticinco con un plomo de la yuta. En la cárcel, en las charlas de noche, yo siempre tiraba algo que hiciera pensar. Lo grande fue que al final me pedían que les leyera mis poemas. Ahora en esta velocidad ando medio desacomodado; las cosas en la Villa están peor y es jodido no tener un mango en el bolsillo, pero ahora discierno de otra manera. Voy a estudiar filosofía.»

Cadenas. Ramificaciones. ¿Los libros sacan la realidad de la cárcel ideológica del «realismo»? En mi cuenta virtual llevo un Douglas Preston (*Tiranosaurio*), un Sándor Márai, un Marcos Aguinis, dos Isabeles Allende, un Matilde Asensi, un Jung, un Bradbury y otros títulos típicos de librería de viejo, un Dan Brown... Ningún otro best seller, y ningún libro de un narrador o un poeta argentino. El operador sociológico que nos infiltra las conciencias no conseguirá que con esto arme una estadística. ¿Quién compra la friolera de libros que se publican? ¿Los que se mueven en coche? ¿Gente que se los lleva a la playa? Ahora, en un vagón del subte D entre Catedral y Palermo, veo cómo una muestra social uniforme pugna por encuadrarse en lo que se espera de ella. Desatildados, sudorosos administrativos, protobrokers y pasantes aguantan, y algunos se hacen espacio para la lectura, valor en sí. Una chica de ojos de menta lee a Kerouac. Una colérica trajeada, *Nueve cuentos,* quizá porque esta semana murió Salinger. Carlos Fuentes. Laura Roberts. Banana Yoshimoto. Literatura acá solo leen mujeres, como si en efecto, según se estudió que ocurre desde hace siglos, las mujeres fueran la avanzada de la lectura, no como educación, no como alimento de fantasías, sino porque sí.

Considerando la amplitud del desinterés por todo lo externo, el ideal de que todos los viajeros se ensimismen leyendo no es incuestionable; igual de bueno sería quizá que aprovecharan el viaje para charlar, escucharse, cambiar noticias, enriquecerse con las vidas de los demás. Solo que, tal como estamos de expresión, todos los relatos se parecerían demasiado. En este punto regresa la abnegada doctora del 109: «Me leí tres libros de este autor». No se trata de simple apropiación. Es como si el que se lee un libro se tragara un psicotrópico y, si se lo lee en un vehículo, el desplazamiento mental, sin dirección, se acoplara al momento de inercia del traslado; como si así se consumara la evasión de una realidad abusiva a lo imposible real, o a lo posible negado.

Hace años ya que tengo *Galpa*, uno de mis tres libros de Marcel Cohen, colocado de frente en el anaquel correspondiente de la biblioteca: no sé si es un tributo supersticioso forzado por el remordimiento o un mal chiste. No hay una sola visita que lo haya notado. Mañana voy a cortar la teatralidad y ponerlo de canto.

Pero fuera la función no para. Ni a las dos de la tarde en el 42 que cruza Nueva Pompeya. Al lado mío, un criollo viejito, de leve camisa blanca, lee un Graham Greene, *El factor humano*. De pronto señala mi *Vida y destino*, y comenta que él leyó este libro. «Algo pesado para el colectivo», contesto yo. «Qué observación tonta, señor, sobre una novela tan llena, no sé, de historia, guerra, familias, verdades, de sufrimiento; a ver ¿usted cómo lo describe?» Yo me enderezo y declamo: «Bueno, trata de la batalla de Stalingrado, de los ecos en toda la Unión Soviética y de cómo Stalin aprovechó la victoria sobre Hitler para liquidar el socialismo en la ideología mortífera del nacionalismo estatal». Él se estira la barba canosa: «Está muy bien; ¿y no le parece que el estalinismo es más misterioso que el nazismo?». «Me parece, sí; sobre todo si uno es de izquierda.» Él golpea mi novela con un dedo; siento el temblor del cuerpo quebradizo. Murmura: «Qué cosa, uno lee y ve cómo aumenta la montaña de lo que no supo». «Una lección», digo. «Ah, no, señor, no; yo con una novela no progreso; no me lleva a ningún lado.» Solo al rato le pregunto por qué lee. Él deja pasar una cuadra, me toca el brazo y se tapa una risita: «Por eso».

ÍNDICE

MINIATURAS QUE ENSAYAN Y CRÓNICAS EN MINIATURA

CRÓNICAS QUE ENSAYAN